古典文獻研究輯刊

三四編

潘美月・杜潔祥 主編

第51冊

越南嗣德皇帝《御製越史總詠集》之研究

NGHIÊN CỨU *NGỰ CHẾ VIỆT SỬ TỔNG VỊNH TẬP* CỦA VUA TỰ ĐỨC

阮福安 著

Nguyễn Phúc An

國家圖書館出版品預行編目資料

越南嗣德皇帝《御製越史總詠集》之研究／阮福安 著 -- 初版
-- 新北市：花木蘭文化事業有限公司，2022〔民 111〕
序 4+ 目 2+252 面；19×26 公分
（古典文獻研究輯刊 三四編；第 51 冊）
ISBN 978-986-518-906-8（精裝）
1.CST：詠史詩 2.CST：越南
011.08   11002269

ISBN-978-986-518-906-8

9 789865 189068

古典文獻研究輯刊
三四編　第五一冊   ISBN：978-986-518-906-8

越南嗣德皇帝《御製越史總詠集》之研究

作　　者　阮福安
主　　編　潘美月、杜潔祥
總 編 輯　杜潔祥
副總編輯　楊嘉樂
編輯主任　許郁翎
編　　輯　張雅淋、潘玟靜、劉子瑄　美術編輯　陳逸婷
出　　版　花木蘭文化事業有限公司
發 行 人　高小娟
聯絡地址　235 新北市中和區中安街七二號十三樓
　　　　　電話：02-2923-1455／傳真：02-2923-1452
網　　址　http://www.huamulan.tw 信箱 service@huamulans.com
印　　刷　普羅文化出版廣告事業
初　　版　2022 年 3 月
定　　價　三四編 51 冊（精裝）台幣 130,000 元

越南嗣德皇帝《御製越史總詠集》之研究

阮福安 著

作者簡介

阮福安，男，1984 年。現在越南胡志明市國家大學人文與社會科學大學文學系任職。曾於本校中國語文系就讀並獲得學士學位。

2009 ～ 2012 年於台灣元智大學中語系研究所就讀並以〈越南五種漢文傳奇小說研究〉題目獲得碩士學位，本論文已經更改及補充，同時翻譯成越南語於越南出版。

2013 ～ 2019 年於台灣國立成功大學中國文學系就讀博士，並以〈越南嗣德皇帝《御製越史總詠集》之研究〉題目畢業。

已經出版著作：

阮福安譯：《生命密碼》，洪德出版社，2013 年。

阮福安譯：《越南阮朝所藏中國漢籍與使華詩文》，師範大學出版社，2018 年。

阮福安著：《越南南部才子音樂考與論》，越南胡志明市，胡志明市綜合出版社，2018 年。

阮福安著：《副榜明川黃燕及其《琴學尋源》》，越南胡志明市，文化文藝出版社，2019 年。

阮福安、皇親著：《以越南南部才子音樂的曲子敘述《翹傳》》，越南胡志明市，胡志明市綜合出版社，2019 年。

阮福安著：《越南中代文學——越南漢文傳奇小說》，越南胡志明市，胡志明市綜合出版社，2020 年。

阮福安著：《《知新雜誌》中花朋與其文學史著作研究》，越南胡志明市，文化文藝出版社，2020 年。

阮福安譯：《三國人物傳說》，青年出版社，2021 年。

阮福安譯：《複眼人》，文學家會出版社，2021 年。

提　　要

越南歷史中的阮朝，從來被片面消極的認同，尤其是現代學者踴躍控訴阮朝使越南陷入法國人之手，亡國之罪被灌到嗣德皇帝身上，因此阮朝相關資料時代離現代非常近而似乎很少被公開研究，學者們因某種政治思維的引發而沒辦法脫離原來的道路走。

從以上的條件下，我對本論文集中研究阮朝嗣德皇帝本身的人，包括他詩人的人以及他政治人物的人。嗣德皇帝因為特殊狀況，又是皇帝，又是詩人，在政治崗位上，他被時代的確切拘束，幸虧秉性擁有藝術的性靈，他因此想藉由藝術、文學、詩歌等等方面來抒發內心的抑制。所以，我們著手研究嗣德皇帝的作品的同時，發現嗣德皇帝不只是一位普通的詩人，而且實在能稱謂一位偉大的詩人，一位有強大創作力的作家。嗣德皇帝本身學識又淵博，雖然日常生活對國家政治非常用功而疲勞，不過在創作上我們不難發現他一點都沒有疲勞，或者說嗣德皇帝作家以創作為政治疲勞的補缺、消遣的工具。

創作力強，使得大量作品問世，又是皇帝身分所以在刊印方面沒有阻礙，嗣德皇帝給世人留下非常多的著作，包括漢文作品以及喃字作品。可是問題卻在於它們作品現在不得以留世，這方面要算到不識傳統文字的喃文和漢文問題，不過除了大部分不識字的人外還有小部分識字的人，不過因為越南在嗣德皇帝時代失於法國人手上，所以皇帝本身被控訴、歧視，他的作品在文學角度上也同時被連累。

我希望可以慢慢接近嗣德皇帝的作品，逐漸認識嗣德皇帝詩人本身以及逐步接觸他每一步作品，在日後記過一段研究的事件，趁機會認識他全部作品，以及將之公開讓學界能夠體會一位非常優秀的詩人又是一位非常詩人的皇帝。

序

陳益源

　　從我 1985 年夏天參與陳慶浩、王三慶兩位恩師主編《越南漢文小說叢刊》的校點整理工作算起，迄今已近卅六載；從我 1988 年在王三慶教授指導下完成碩士論文《〈剪燈新話〉與〈傳奇漫錄〉之比較研究》算起，到現在我已出版過七部越南研究專書和六、七十篇期刊論文；從我 1998 年獲得國家科學委員會補助「中越《金雲翹傳》之比較研究」開始，到現在我也前後執行了近二十項與越南有關的科技部專題研究計畫。

　　可以這麼說，我這三十幾年來的閱讀、研究與教學，幾乎天天都與越南為伍，而且隨著涉獵越來越深，我指導研究生撰寫與越南相關的學位論文也與日俱增，例如碩士論文有《明代中國所見越南漢籍研究》（吳秋燕，2008）、《〈西廂記〉、〈玉嬌梨〉與越南文學》（阮黃燕，2010）、《越南〈二度梅〉研究》（莊秋君，2010）、《在中國當官的越南人——以〈我國人入仕中國〉為研究對象》（吳氏新，2015）；此外，《〈聊齋志異〉影響之研究》（2003）、《廣西京族民間故事研究》（2006）、《接受與再生：〈平山冷燕〉之書寫續衍與轉化研究》（2008）、《馮小青故事研究》（2008）、《〈嶺南逸史〉研究》（2010）、《繆艮其人及其作品研究》（2011）、《項羽形象的塑造與轉變》（2017），其實也都與越南有程度不一的關聯。

　　至於我所指導與越南研究有關的博士論文也不少，包括《潘佩珠及其漢文小說之研究》（羅景文，2012）、《越南「雄王文化」研究》（裴光雄，2013）、《中越儒學傳統現代轉化與價值路向之比較研究：以梁漱溟和陳仲金為例》（阮壽德，2013）、《1849～1877 年間越南燕行錄之研究》（阮黃燕，2015）、《十七世紀閩南與越南佛教交流之研究》（范文俊，2015）、《十九世紀馬來群

島和越南的交會與互動——以越南使節作品為討論對象》（邱彩韻，2015）、
《清代越南使臣在廣東的文學活動研究》（莊秋君，2017）、《清代越南燕行
使節的北京書寫研究》（李宜樺，2017）、《〈三國演義〉與〈金雲翹傳〉在越南
南部的傳播與影響》（阮清風，2019）、《越南嗣德皇帝〈御製越史總詠集〉之
研究》（阮福安，2019）、《越南阮朝探花潘叔直漢文作品之研究》（吳氏新，
2021）等。

其中，阮福安所撰寫的博士論文《越南嗣德皇帝〈御製越史總詠集〉之
研究》，現在就擺在讀者諸君面前。

福安 2009 年遠從越南安江到臺灣留學，先是到元智大學中國語文學系
師從莊雅州教授，撰成碩士論文《越南五種漢文傳奇小說研究》（2012），隔
年又到國立成功大學中國文學系博士班深造，2019 年 12 月以高分通過了口
試委員王三慶、鄭永常、蔡振念、龔顯宗和我的面試，順利取得文學博士
學位。

福安天資聰慧，而且多才多藝，還記得福安初進成大中文系時，曾向我
表示他最感興趣的是越南南部才子音樂的研究，後來他果然撰寫了幾部相關
書籍，並且交付出版，包括《越南南部才子音樂考與論》（2018）、《副榜明川
黃燕及其〈琴學尋源〉》（2019），以及《以越南南部才子音樂的曲子敘述〈翹
傳〉》：這部書是福安和他的父親阮安立（1951～，筆名皇親）合著完成，由胡
志明市綜合出版社於 2019 年正式出版，別具意義，也可見福安的音樂天分有
來自他家族的遺傳。

由於越南南部才子音樂若要譯成中文，存在一定的難度，因此福安後來
放棄了他原訂的博士論文題目，調整為研究越南嗣德皇帝的《御製越史總詠
集》，不幸的是福安的母親於 2018 年病逝，讓他在精神上深受打擊，所幸他
最後還是想到母親生前對他的殷殷期許，終能靜下心來及時完成博士論文。

越南嗣德皇帝阮福時（1829～1883），十八歲登基，在位三十六年，後人
對其政治功過評價不一，連帶影響了對他的文學成就的正確認識，福安能將
眼光轉向嗣德，並且力求客觀地重新評論這位皇帝詩人，取得佳績，我相信
福安若將此書獻給自己的母親，是足以告慰她在天之靈的。

福安是個孝子，也是位才子，勤於筆耕，我不僅感謝他協助翻譯我在河
內師範大學出版社出版的《越南阮朝所藏中國漢籍與使華詩文》（2018），同
時也感謝他能夠翻譯口試委員鄭永常教授的《征戰與棄守：明代中越關係研

究》、《紅血的桂冠：十六至十九世紀越南基督教政策研究》，以及臺灣小說家吳明益的《複眼人》等書，陸續在胡志明市推出。

　　忝為阮福安博士論文指導教授的我，謹以此一短序，恭賀本書的在臺問世，並期盼 2021 年起任教於胡志明市國家大學所屬人文與社會大學文學系的福安，在傳授「中文翻譯技能」、「越南古典文學」、「越南南部傳統藝術」等課程之餘，能夠繼續發揮他的長才，為臺灣與越南的學術交流而努力不輟。

國立成功大學中國文學系特聘教授

陳益源　2021/7/9

致　謝

本篇論文獻給媽媽！

一篇論文不由我一個人自己可以完成，其中得到眾多人的支持，包括物質與精神。

首先要感謝我媽媽一直以來鼓勵我完成學業，至於在她去年仙逝前幾個月，在身體病弱狀態下一樣鼓勵我專心寫論文，也就此深重的期待使我在媽媽仙逝後精神非常跌倒狀態中能站起來繼續撰寫本論文。在媽媽鼓勵的同時，爸爸也是我的精神上的鼓勵，趁此機會對椿萱之恩情表示知恩。

感謝指導教授陳益源先生，自從為我的碩士論文口試委員起，陳益源老師一直嚮導我走將來研究之路。在老師研究室門下，除了學術指導外，我隨時都能收到老師在生活上的照顧。本論文在恩師的指導下完成作為我學術之途，趁此向陳益源老師知恩。

感謝本論文的口試委員王三慶先生、鄭永常先生、蔡振念先生和龔顯宗先生，對於論文的打磨與鼓勵，讓這本論文從發育不良逐漸成為一個四肢健全但長相仍有待加強的孩子。

感謝研究室學長姐弟妹們，凱蘋、景文、小三、秋君、文俊、彩韻、清風、小新等在我艱難下鼓勵我完成學業。感謝秋君學姐非常疲勞為我看論文，檢查錯字及修改文字，並且隨時為我提出很多有益的意見。同時感謝系上欣儀姊跟助教邱文彬先生協助我完成畢業手續；感謝陳佳杰學弟在口考的匆忙下協助我順利完成。

本論文完成不代表其已完善，作為學術路途之開頭，希望在時間的順暢

流逝，能收到各位老師、學者和朋友們為我繼續挑出不妥當之處讓我能繼續糾正。

趁此感恩！

於台南成大勝六舍204室

2019年·冬天

前　圖

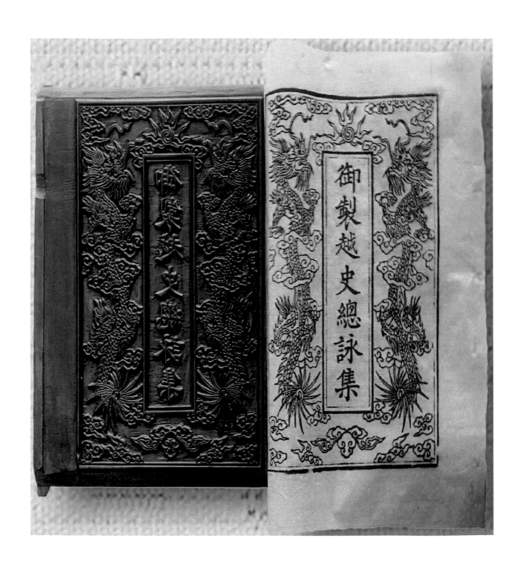

目

次

第一章 緒 論

第一節 研究動機與目的

　　越南與中國有著悠久的密切關係，尤其在文化文學方面，非常明顯的一面就是文字（漢字）。越南長期使用漢字為官方文字，雖然日常生活仍然適用越南語言，不過在正統官方、外交、科舉方面還是以漢字（文言文）為主。喃字（記越南語的音字）以及喃字文學雖然存在，曾經被歧視，不登大雅之壇。不過，隨著民族意識日益提高，喃字文學逐漸被重視，到黎中興後期經過西山朝到阮朝喃字文學時代，得到認同。漢字以及漢字文學長期佔住越南是文壇，因此越南儼然成為「東亞漢子文化圈」的一部份成員。

　　經過千年北屬，所謂郡縣時期，越南終於在公元 938 年，吳先主（吳權）在白藤江打敗南漢軍隊，把越南國家的獨立權爭奪回來。越南國從此開始自力更生，自己塑造獨特的文化，促成喃字萌芽及發展。雖然如此，政治、行政方面還是受中國的影響，公文書、文獻大部分還是以漢文為主。當時，儒家思想及儒家經典在越南普遍流傳，它們一樣構成越南封建制度國家的重要一部分。中國古代思想經典，受到越南知識分子的歡迎。中國古代文獻、文學經典通過商人、使臣大量的輸入越南。從而，越南古代詩歌、小說、文體、文類大部分由中國流到越南，基本上以漢文為主，形成漢字文化文學的一部分。

　　陳益源教授認為：

　　　衡諸域外漢文化區各國中，「中國化最濃厚的莫如越南」，「受儒家

―1―

思想影響最深者，則首推越南」，「日本、朝鮮、越南都受到中國古
典文學的影響，其中越南，尤其突出」，如果我們試圖建立東亞地
區漢文化傳統的文學標準，而置越南文學於不顧，那是不夠周延
的。〔註1〕

由於越南長期使用漢字的緣故，因此保存下來大量以漢字創作的文獻，
包括近代阮朝詩文人產生大量漢字文學著作，雖然不完整的保存下來，不過
還是比諸前朝完善得多，阮朝前期各位皇帝的著作如嘉隆皇帝、明命皇帝、
紹治皇帝及嗣德皇帝著作等身，現代中代文學〔註2〕研究者仍然研究。這些漢
文文獻不斷的產生出來，直到十九世紀中葉（1858 年）越南變成法國殖民
地，越南漢文學產生、研究才開始換成另外一個形式，就是以法文、國語文
為主，漢文為次：

1858 年終結民族歷史其中一個階段，另外再開一個新的階段。對於
文學來講，1858 年亦終結一個階段，並開另一個新的階段。〔註3〕

越南文獻存留是一個大問題，由於越南長期戰爭、氣候潮濕等原因，資
料的保存的問題，殊非易事，關於漢文籍的保留情況，陳慶浩教授指出：

相形之下，越南情況較差。首先是越南語拉丁化和殖民地的教育，
使越南有半個世紀時間割斷和本國漢文化的聯繫，獨立初期的越南
仍繼續對漢文化抱敵視的態度；再者，中南半島的氣候本不易保存
古籍，加以連年戰爭的破壞，使得越南漢籍的保存研究在整個域外
漢文化區中較為後進。〔註4〕

因此導致越南漢文書籍亡佚不少，尤其在法屬時期，漢詩文創作被法國
殖民者所排斥，大量漢詩文籍被禁毀以及隨著流亡的移民而流失海外。另外
一部分書籍被法國蒐集運往法國其中不少，現存法國遠東學院。越南從變成

〔註1〕陳益源著：《《剪燈新話》與《傳奇漫錄》之比較研究》，臺北：學生書局，1990
年，頁4。

〔註2〕所謂越南「中代文學」這個術語，黎智遠教授從 1984 年在《越南文學史的有
規律性的特點》這本書開始使用，指越南文學從十到十九世紀的階段。至今
它受到學界的公認與廣泛使用。

〔註3〕Nguyễn Lộc（阮祿）著：《Văn học Việt Nam（nửa cuối thế kỷ XVIII-hết thế kỷ
XIX）》（越南文學（十八世紀下半葉～十九世紀終）），峴港：教育出版社，
1999 年，頁 13。

〔註4〕陳慶浩、王三慶編：〈總序〉，《越南漢文小說叢刊》（第一輯），臺北：學生書
局，1987 年，頁 3。

法國殖民地以後，漢文化教育立即中斷，而轉為西化教育；漢字喃字不再受到歡迎，主要是因為難學（對於一般人民來說），而國語字（Chữ Quốc Ngữ）的誕生就是漢喃字終結的暮鐘。國語字很容易學習，只要認得拉丁字母以及拼音機制，一個普普通通的人都可以看得懂任何書籍以及抄寫。因此，人們忽略以前的那些漢詩漢文書籍，因此認得漢字，懂得古典文獻的人越來越少。一般人總是以國語字、法語來代替。

由於對古典文獻越來越陌生，導致對其研究也越來越疏遠。直到越南改革開放以後，一部分研究者才重新體會到越南中代文學的珍貴文獻的文化、歷史價值。近三十年來，越南學者開始才著手研究。不過對於越南現代研究者大部分不識漢字，研究古籍文獻一般通關翻譯，就是把古代越南人以漢字創作的著作翻譯成現代越南語言的國語字（即現代越南話）。不過，這樣的情形也有好歹兩個方面：好的，就是讓越南古籍有機會得到新的接觸，新的認識，新的研究；歹的，就是讓現代不識漢字的研究者以來著譯者，沒辦法直接接觸到原文，研究成果有時候托於譯者之手，好的譯本就有好的結果，反而就不好。

所以接近越南古代漢字與喃字文獻對現在的學者而言是一個大問題，雖然從越南統一後，有一段時間因與中國共產黨類似文革的問題使得大量書籍被毀壞，一部份書籍、古籍隨著流亡者留到國外，一部份被燒毀或社會條件不允許存在而失去。近代國內外陸續出版越南中代文學作品、史學材料、甚至哲學思想的書籍，當然以越南現代國語字譯本為主，不過一部份也有意識的附錄原文（漢文或喃字），在這種情況下對於能識漢喃字學者有機會接觸原文，而不只是依靠譯者的譯本，不過數量上可稱為不足。

在越南古籍資料開放的情況下，不僅對越南國內研究者由幫助而已，對國外學者也有幫助，就是在資料開放的同時，越南得到世界學界上的注意研究，從而在互相的交流下，越南得到多方面的認識。其中可以算到俄羅斯學者、臺灣學者、中國大陸學者、日本學者、法國學者、美國學者、韓國學者等等。

越南歷史中的阮朝（1802～1945），從來被片面消極個認同，尤其是現代學者踴躍控訴阮朝使越南陷入法國人之手，亡國之罪被灌到嗣德皇帝的身上，因此阮朝相關資料時代離現代非常近而似乎很少被公開研究，學者們因某種政治思維的引發而沒辦法脫離原來的道路走。

從以上的條件下，我對本論文集中研究阮朝嗣德皇帝本身的人，包括他

詩人的人以及他政治人物的人。嗣德皇帝因為特殊狀況，又是皇帝，又是詩人，在政治崗位上，他被時代的確切拘束，幸虧秉性擁有藝術的性靈，他因此相藉由藝術、文學、詩歌等等方面來抒發內心的壓縮。所以，我們著手研究嗣德皇帝的作品的同時，發現嗣德皇帝不只是一位普通的詩人，而且實在能稱謂一位偉大的詩人，一位有強大創作力的作家。嗣德皇帝本身學識又淵博，雖然日常生活對國家政治非常用功而疲勞，不過在創作上我們不難發現他一點都沒有疲勞，或者說嗣德皇帝作家以創作為政治疲勞的補缺、消遣的工具。也有現代惡意的意見說因為嗣德皇帝曖昧文學創作而使得國家不得到衷心注重，導致王國衰亡的狀況，我對於這種意見表示不贊同，評論者好像因不喜歡便一概而論，對於這種意見我以下會繼續解答。

創作力強，使得大量作品問世，又是皇帝所以在刊印方面沒有阻礙，嗣德皇帝給世人留了非常多的著作，包括漢文作品以及喃字作品。可是問題卻在於它們作品現在不得以留世，以方面要算到不識字的問題，不過除了大部分不識字的人外還有小部分識字的人，不過因為越南於嗣德皇帝時代失於法國人手上，所以皇帝本身被控訴、歧視，他的作品在文學角度上也同時被連累。

我們閱讀越南文學史的時候，不難發現大部分不提及阮朝各位皇帝的文學事業，或者只是忽介紹而不深入研究，至今嗣德皇帝的全面作品還沒被齊全的認識，這種狀況非常遺憾。

從以上的動機推動，我希望可以慢慢接近嗣德皇帝的作品，逐漸認識嗣德皇帝詩人本身以及逐步接觸他每一步作品，在日後記過一段研究的事件，趁機會認識他全部作品，以及將之公開讓學屆能夠體會一位非常詩人的詩人又是一位非常詩人的皇帝。不過這個試圖仍然待研究的條件、機會以及幸運。

第二節　研究狀況與問題意識

對於越南古籍的研究就是研究越南中代文學屬於漢字文化圈的一種多方面研究。從文化、文學、詩歌、小說、思想等多多少少給漢字文化圈的認識，也就是再一次認識越南古代。

首先要提到的是朱雲影教授的「一部傳世不朽之作」〔註5〕《中國文化

〔註5〕王爾敏：《中國文化對日韓越的影響》，2008 年再版代序〈一部傳世的不朽之作〉，桂林：廣西師範大學出版社，2008 年。

對日韓越的影響》，被譽為「研究『中國文化圈』的開山之作」〔註6〕一書，於 1981 年問世，朱雲影教授是「最早提出『中國文化圈』概念」〔註7〕的學者，這本書原來就是朱雲影教授的一系列單篇論文集結而成的，已經在《臺灣大學學報》、《臺灣師大歷史學報》、《歷史匯刊》等學術期刊發表，前後經歷十七八年左右之功夫〔註8〕。這本書雖然重於文化方面而不單獨只談文學方面，但是文化的範疇甚廣，包括思想、政治、風俗、宗教等問題，以中國文化為中心的「中國文化圈」的日韓越三國論述，使讀者重新認識及全面地了解中國文化的具體內容、中國文化的客觀價值，王仲孚教授說：

> 時人高談中國文化，但是中國文化的具體內容是什麼？中國文化的
> 客觀價值何在？本書以學術、思想、政治、產業、風俗、宗教等六
> 大項目二十篇專論，做出了具體的陳述，可以說篇篇落實。而在各
> 篇之中，章節段落層次分明，一切依據日韓越的原始文獻和考古資
> 源說話，避免無稽的游辭。這與過去侈談中國文化如何偉大或痛批
> 中國文化一無是處者比較，就更能看出本書的學術價值。〔註9〕

本書不專談越南漢文學，而是以「中國文化圈」為主軸談論日韓越三國的文化文學，其中越南部分也佔有與其各國相當的篇幅，為研究越南漢文化的領域奠定了基礎，讓後輩學者得以此更進一步發揮。

1987 年，法國遠東學院出版，臺灣學生書局印行的《越南漢文小說叢刊》第一輯問世之後，中國大陸、臺灣域外漢學專家恍然大悟，原來越南中代時期有如此豐富的漢文學作品，該書第一輯共有 7 冊，收集了 17 部越南漢文著作，第一冊《傳奇漫錄》；第二冊《傳奇新譜》、《聖宗遺草》、《越南奇逢事錄》為傳奇小說類；第三冊《皇越春秋》；第四冊《越南開國志傳》；第五冊《皇黎一統志》，為歷史小說類；第六冊《南翁夢錄》、《南天忠義實錄》、《人物志》；第七冊《科榜標奇》、《南國偉人傳》、《大南行義列女傳》、《南國佳事》、《桑滄偶錄》、《見聞錄》、《大南顯應傳》，為筆記小說類。

〔註 6〕 王仲孚著：《中國文化對日韓越的影響》，2008 年再版代後記〈研究「中國文化圈」的開山之作〉，桂林：廣西師範大學出版社，2008 年。

〔註 7〕 王仲孚著：〈研究「中國文化圈」的開山之作〉，《中國文化對日韓越的影響》，桂林：廣西師範大學出版社，2008 年，頁 475。

〔註 8〕 王仲孚著：《中國文化對日韓越的影響》，2008 年再版代後記〈研究「中國文化圈」的開山之作〉，桂林：廣西師範大學出版社，2008 年。

〔註 9〕 王仲孚著：〈研究「中國文化圈」的開山之作〉，《中國文化對日韓越的影響》，桂林：廣西師範大學出版社，2008 年，頁 476。

　　1992 年《越南漢文小說叢刊》第二輯接著出版，共有 5 冊，第一冊《嶺南摭怪列傳》、《嶺南摭怪列傳卷三・續類》、《嶺南摭怪外傳》、《天南雲籙》；第二冊《粵甸幽靈集錄》、《新訂校評越甸幽靈集》、《越甸幽靈集錄全編》、《越甸幽靈簡本》，為神話小說類；第三冊《皇越龍興誌》、《驩州記》、《後陳逸史》，為歷史小說類，第四冊《南天珍異集》、《聽聞異錄》、《喝東書異》、《安南國古跡列傳》、《南國異人事跡錄》；第五冊《雨中隨筆》、《敏軒說類》、《會真編》、《新傳奇錄》，為筆記小說類，其中最後一冊《新傳奇錄》為傳奇小說類。對於第一輯來說，第二輯連續補充了不少資料，這兩套書的出現對東亞漢文學研究具有重大意義。陳慶浩教授曾經認為：

> 作研究首先要掌握資料。要對漢文化作整體研究，第一步是作出漢籍聯合書目。這是一項龐大的工程，非得到國際間合作不能辦。……倘若能掌握到各項資料，就能將傳統的漢學，從只限於中國漢文獻研究中拓開，變成對整個傳統漢文化區的研究。這對了解中國漢文化的流傳和各國漢文化的特點，都有莫大的好處。只有全面的研究，才能顯示出各部分的特點。〔註10〕

　　按照陳慶浩教授的意思，《越南漢文小說叢刊》這項成果就是越南漢文小說研究的奠基工程，唯有做好第一步才可以對整個東亞漢文化進行全面研究。對於某種文化文學研究者來說，基本資料的蒐集是令人頭痛的問題，尤其是古典文獻，它不僅罕見，而且還受到國家的管制，一個普普通通的年輕研究生、研究員向國家資料庫管制機關申請資料是很難如願以償的，尤其外國學者更為困難，因此《越南漢文小說叢刊》這套書的問世為越南漢文小說國內外研究者帶來了極大的方便，使得任何有志研究者都有好條件接觸到古典文獻，做好研究工作。我負笈來臺，原本就有志好好鑽研古代的漢文學，現在既然有機會接觸到這麼豐富的資料，那當然要用心來進行探討。

　　最近中國大陸、臺灣、日本對越南的漢文著作出版非常激烈。日本曾經於 1979 年 4 月出版越南木刊板的《大南寔錄》（二十冊）由東京慶應義塾大學言語文化研究所複印本。中國大陸上海古籍出版社出版比《越南漢文小說叢刊》更齊全的《越南漢文小說集成》（二十冊）；中華書局 2001 年初版黎崱《安南志略》；關係師範大學出版社、人民出版社於 2015 年 12 初版《大越史

〔註10〕陳慶浩著：〈十年來的漢文化整體研究〉，《《剪燈新話》與《傳奇漫錄》之比較研究》，臺北：學生書局，1990 年，頁 II～V。

記全書》等等，從那些資料原稿的基礎上，世界各國學者已經著手研究，得到許多研究著作如：任明華的《越南漢文小說研究》、陸凌霄的《越南漢文歷史小說研究》、或者在各個論文集如《域外漢文小說論究》、《域外漢籍叢考》中的許多論文；陳益源教授的《《剪燈新話》與《傳奇漫錄》之比較研究》、《越南漢籍文獻述論》；劉玉珺的《越南漢喃古籍的文獻學研究》；鄭永常老師的《漢文文學在安南的興替》等等。

　　資料開放促使研究開發，越來越有許多外國學者注意研究越南古代及現代，有關漢學屆研究越南的成果，我們可以點一些研究作品為代表，如：楊保筠的《中國文化在東南亞》（鄭州：大象出版社，2009 年）；牛軍凱的《王室後裔與叛亂者——越南莫氏家族與中國關係研究》（廣東，世界圖書出版廣東有限責任公司，2012 年）；鐘彩鈞主編的《東亞世域中的越南》（臺北：中央研究院中國文哲研究所，2015 年）；邵循正的《中法越南關係始末》（河北：河北教育出版社，2001 年）；孫宏年的《清代中越關係研究（1644～1885）》（山東：黑龍江教育出版社，2014 年）；龍章的《越南與中法戰爭》（臺北：臺灣商務印書館，1996 年）。

　　不止越南古籍開放才促使越南研究得到中市，另一方面是有關越南阮朝法文、英文的資料挖掘，從國外回流越南，並得到外國學者開拓研究，例如日本學者坪井善明（Tsuboi Yoshinaru）已經通過他的漢學知識以及法文能力在法國巴黎著手他的博士論文研究越南阮朝嗣德皇帝的政治相關問題，論文後成書出版名曰《L'Empire vietnamien face à la Chine et à la France, 1847～1885》（大南國面對法國與中華）；蒙古學者李塔娜著的《越南阮氏王朝社會經濟史》李亞舒、杜耀文譯（北京：文津出版社，2000 年），也曾經被譯成越南文（Xứ Đàng Trong-Lịch sử kinh tế xã hội Việt Nam thế kỷ 17～18）等等研究成果。

　　可見，越南中古代頗受國內外學術界的注意研究，而且是多方面研究，使得越南國內學術界得到新的看法、新的詮釋甚至於對立的研究論述，這樣一來，對於反辯思維有很大的幫助。

　　不過嗣德皇帝是一個例外的人物，或者說嗣德時代是一個例外的時期。越南在嗣德時代失於法國人之手，所有罪過都被現代史學家、政治學家歸為嗣德皇帝身上，從而整個學界長期以來對嗣德皇帝持有惡意成見與偏見，在政治上否認嗣德皇帝的身分，連文學上也不想提。不過，不是沒有人注意到嗣德皇帝本身作家身分，就是國內本身不積極研究作家的嗣德皇帝，在資料

罕見的情況下，研究因此沒有被注意，沒有研究成果。史學家、政治人物陳
仲金史家曾經對在《越南史略》對嗣德皇帝的認定：

> 翼宗是阮朝時代最為博學的一位皇帝，因此十分重視儒學。他留心
> 科甲之事，改革科舉，增開雅士科和吉士科，以選拔文學之士，出
> 來做官。翼宗又設置集賢院和開經筵，以親自於官研討典籍，作詩
> 賦或談論政治。又命人編纂《欽定越史》，述自上古以迄後黎之事。
> ——（戴可來譯）〔註11〕

可是檢查《文學研究期刊》總目的題目，從 1960 年到 2010 年整整五十
年，對於嗣德皇帝的文學身分或作品全無一篇。甚至對於阮朝皇帝的文學事
業都一無所有。為何？這樣的狀況，是否偏見？或者說對嗣德皇帝或阮朝皇
帝們的文學事業有所輕視？我個人覺得不太公平。

我認為不會沒有人注意到阮朝皇帝們的文學價值，也不會沒有人去研究
它們的豐富作品，只是有可能因為《文學研究期刊》宗旨有所限制，或者是
被當時的社會主義國家建設的主導思想和意識形態所拘束。雖然文學院沒有
著重刊登，但是如果我們隨便問一位越南文學研究的專家的話，沒有一個人
不知道嗣德皇帝是一位文學家，甚至是傑出文學家。

歷來，對嗣德皇帝直接有大相關的作品就是日本學者坪井善明（Tsuboi
Yoshinaru）博士論文《L'Empire vietnamien face à la Chine et à la France,
1847~1885》（大南國面對法國與中華），作品原本以法文完成，後翻譯成越南
文讓越南學界有機會接觸研究成果。作品本身是史學研究而不是文學研究，
主要開拓嗣德皇帝時代政治問題，與原來中華的關係，與近代法國帝國的關
係問題，作品雖然提及嗣德皇帝身分，從他的登基問題以及其被爭執的問題，
因為作品主要提及嗣德皇帝的政治題目所以沒有提及文學事業。

越南國內，南北尚未統一時期，南部越南共和曾經將嗣德皇帝部分作品
譯成現代國語字如：《御製越史總詠集》、《嗣德聖製字學解義歌》、《嗣德聖製
文三集》、《聖諭訓迪十條演義歌》四部著作。這四部著作於二十世紀六十年
代由文化特責國務卿府組織選擇越南古籍翻譯成現代國語字讓不識漢喃文研
究者能夠接觸著作。1975 年南北統一後，沒有任何作品繼續被翻譯，可見這
是一種政治上的機制。

〔註11〕Trần Trọng Kim（陳仲金）著：*Việt Nam sử lược*（越南史略），Nxb Văn học（文
學出版社），Nhã Nam phát hành（雅楠發行），2015 年，頁 379。

第三節　研究方法與進程

　　本論文對嗣德皇帝阮福時生平包括其政治事業、文學事業相關以及他詠詩集《御製越史總詠集》的文學角度的研究。

　　因此，本論文從史學和文學研究角度切入，因此需要結合史學研究法、文學研究法、詩學研究法、文獻學研究法：

史學研究法

　　從阮朝國史館正式編撰的《大南寔錄》、《大南列傳》的基礎上結合野史資料，以及接受各位國內外史學研究者的研究成果，借前者的外文（法文、英文）資料使用來補充國內正史、野史的缺乏。因為雖然是正史，各個歷史事件一樣曾經被統治者的一個固有的思想投照，因此會以他們故意選擇或淘汰的事件，甚至一些史件被故意扭曲符合他們的制度、用意。因此，野史或國外外文資料由客觀的國外人隨時記下來讓我們有一種客觀的眼光去比較推論。

　　越南歷史研究一直存有不及的狀況，每一個時代有每個時代的問題，例如在歷來的史料記載，在還朝代的時候史料會有新的一種面貌流世，新朝對舊朝的否認，重編甚至燒毀，在這樣的狀況下，以每一個新朝代的戰勝者的角度去否認失敗者的事實，我們不難發現這種狀況於用詞、稱呼舊朝的部分，會表現當朝對舊朝的態度。所以，野史通常就是正史的好不缺，另外外國人對越南歷史的筆記記載也是一種很客觀的正史不缺，我們在以正史於那些野史、外國筆記資料互相對比，加以邏輯思維，會擬造出一個比較充分全面的歷史背景，從而能判斷每一個史學家的研究推論。

　　越南阮朝除了正史和野史的漢文資料外，幸虧比各前朝多了幾分法文、英文的資料，這樣對善於法文、英文的研究者來說是一個大資料來源，研究對象比較充分，讓國內不懂法文、英文學者補充的非常適當。

文學研究法

　　從文學史的角度切入，再一次認識嗣德皇帝作家，我們發現嗣德皇帝已經吃了很多虧。嗣德皇帝著作等身，但因政治身分影響到他的文學事業，現代學界忽略他，如果查看越南南北尚未統一前期，南方的越南共和國文學史、文學教科書等都有部分提及，甚至嗣德皇帝部分作品得到翻譯成越南現代國語字，讓現代讀者有機會接觸，計劃正在進行中，南北統一，越南全國變成

越南社會主義領導國家，統一前越南北方屬於共產黨社會主義國家，對阮朝幾乎否認，尤其是各位皇帝的文學事業，所以對他們的研究作品罕見。統一後依然如此，之前南方越南共和國正在持續的翻譯工作遇到阻礙而停止。因此，我們對嗣德皇帝的翻譯作品只有上述四件。

因此，至今對於嗣德皇帝的文學事業只停留在以前越南共和國時代提及的那些資料。法國人統治越南的一開始，馬上就毀滅漢學，越南最後科舉結束於 1918 年，主要是讓越南和中國清朝切掉關係，這樣的目的就是想要孤立越南離開大中國，不過當時中國雖大但內亂外侵，也許也沒辦法讓越南可能依靠的力量，同時亦使越南和古代歷史一刀兩斷，這個事實到現在就一清二楚，越南人對漢學陌生，對漢字、喃字完全不認識，除非部份專家能夠讀懂。但是在二十世紀上半葉，仍有許多學者漢學水準很高，對古代史料理解還很深，因此在翻譯成果上非常有價值。可惜沒得持續。

就資料罕見的狀況，加以計劃執行不得支持所以文學界上很少提及嗣德皇帝作家、作品。本論文希望通過漢喃院所藏的漢學資料，能夠慢慢挖掘嗣德皇帝作家的作品，逐漸提供給文學家在這個已經開始開放的狀況，得到一個客觀的、全面的眼光，對阮朝尤其是嗣德皇帝作家身分、作品認識。

詩學研究法

越南詩歌與中國詩歌源淵悠久，甚至漢字越音曾經被公認與中國唐代讀音接近，唐代詩學發達，音韻因此得到注重，詩歌押韻規律以及平仄規律非常嚴格，唐代漢字讀音已經和現代漢語讀音差得多了。不過許多讀音仍於越南話漢字讀音留存。因此研究越南中代文學詩歌形式對中國詩學有大幫助。因此我這裡加上附錄嗣德皇帝《御製越史總詠集》的全部詩篇的原文及其漢越音，讓臺灣學術界有資料參考。

嗣德皇帝創作《御製越史總詠集》的詩歌形式為五言律詩、七言絕句、新樂府詩，因此在參考中國古代詩學的詩歌理論上為基礎，分析嗣德皇帝的詩歌創作手法，與歷來越南對唐律詩有何認識，是否與中國相合。同時，對照現代研究古代唐律詩的學者研究成果有什麼差別，因為在越南與漢字切斷後，除了古籍中留有漢文的詩學理論現代學者不太清楚，後來學界曾經屢次以現代越南國語字編撰部份唐律詩理論、創作法等，我發現有許多與中國古代律詩理論有差別，趁機糾正。

從上述的目的出發，我分析、論述方法是以是學理論對照作品，先展現

中國古代對唐詩的認識，讓越南學者可以對比，然後以其討論嗣德皇帝作品《御製越史總詠集》中的詩作。

文獻學研究法

越南漢喃資料現在集中在越南河內漢喃研究院圖書館、國家大學圖書管以及幾個資料庫所藏。阮朝內閣書院（圖書館）曾經被分割到幾個地方（資料庫），後來被集中回來在同一個地方，也有部分資料流到海外。我這裡研究對象為嗣德皇帝的詠詩集《御製越史總詠集》雖然版本蠻多，可是善本也有幾種，其他是缺本作為補充。

劉玉珺教授曾經著一本《越南漢喃古籍的文獻學研究》之書，讓漢學界有個概況的了解越南中古代時期的漢學情形。早期越南漢學家陳文甲（Trần Văn Giáp）在八十年代曾經著一本越南漢文獻資料庫名曰《漢喃資料庫探討》（*Tìm hiểu kho sách Hán Nôm*）（上下冊），不過當時的資料不足的狀況下這部書也只能暫時提供給學界一個暫時性的資料查詢工具書。2002 年，在開放的狀況下從臺灣中央研究院結合越南河內漢喃院劉春銀、王小盾、陳義組織編撰一本比較齊全的越南漢學資料查詢工具書名曰《越南漢喃文獻目錄提要》。臺北，中央研究院中國文哲研究所編印，2002 年出版，讓我們研究越南漢學屆研究者得到很大幫助。

從以上的基礎，我對《御製越史總詠集》的版本查詢的到很大的幫助，在兩個基礎的版本：

一、國務卿文化特賣出版的越南國語字譯本，後面附錄影印木刊板作為對照。

二、從法國所藏的木板刊印本《御製越史總詠集》於嗣德三十年（1877）刊板，記號：Paris BN VIÊTNAMIEN A.29/1-11。

從而與其他有所缺漏的版本對照，決定使用法國巴黎所藏版本記號：Paris BN VIÊTNAMIEN A.29/1-11 為底本，作為研究使用的引文部份，國務卿文化特賣出版的影印本以及國語翻譯本作為參考補充。

第二章　嗣德皇帝之研究

第一節　嗣德皇帝的生平

　　嗣德皇帝生於己丑年八月二十五日，陽曆 1829 年 9 月 22 日（比他大哥洪保一百日），是越南阮朝第四代皇帝，在位自 1848 至 1883 年，越南全國陷入法國人手中，成為法國的屬地國。越南阮朝正史《大南寔錄》「正編第四紀卷之一」對嗣德皇帝的記載：

> 翼宗英皇帝寔錄。翼宗繼天亨運，至誠達孝體建敦仁謙恭明略睿文英皇帝，諱時，字洪任。聖誕己丑年八月二十五日丙戌（聖祖仁皇帝明命十年，清道光九年），憲祖章皇帝第二子也。母慈裕博惠康壽太太后范登氏。初夢一神人寬衣博帶，白首皤眉，捽持黃紙朱書璽跡一幅，竝明珠一串授之。帝生寔應其兆。（誕生于原長慶府邸）。紹治三年正月，冊封福綏公，辰安豐公洪保雖長而庶出又寡學，徒事嬉遊。帝性仁孝而聰敏好學（在潛邸無他嗜好，惟博究經傳，日以繼夜，百家諸子之書，無不披閱）。憲祖章皇帝以為肖己，卷注特異數奉，特旨宣召入侍。訓以帝王為學之道及民生稼穡之艱，或于幾暇，即席聯吟，揮毫立就。屢蒙獎以詩章（有「服膺息木乘舟訓」與「家兒三善勵良箴」等句）有嘗奉面諭云：「賜爾金玉，亦不是貴，著獎爾無忝所生一句，爾其服膺之」。帝銘刻于心，欣感無或忘也。〔註1〕

〔註 1〕國史館：《大南實錄正編第四紀》卷一，《大南實錄》第十五冊，東京：慶應義塾大學言語文化研究所複印本，1979 年 4 月，頁 5693～5694。

關於嗣德皇帝的誕生也被染上一條屬於古代文學思維所謂傳奇情節的，就在《大南正編列傳》裡嗣德皇帝母親儀天章皇后傳講述在生嗣德皇帝之前，夢見神人遞給她一條黃紙朱書璽跡而後懷孕生嗣德：

> 一夜夢神人寬衣博帶，白首皤眉，捧將黃紙朱書璽跡一幅，並明珠一串授之曰：「觀此即為後驗」。后受之，既而有娠，遂誕我翼宗英皇帝，果符所夢云。〔註2〕

就此而言，嗣德皇帝一樣和之前的各位皇帝因要正統化他的天子身份而噴上一股神秘傳奇的情節，這一點在古代的文史思維不罕見。

《大南寔錄》正編第四紀在成泰皇帝之前已經完成編撰，成泰六年（1894）帝諭太子領國史館各史官員編修成書，在諭中對於前帝的敬謹愛慕不言而喻，其中不少讚嘆，雖然在嗣德末年順化朝庭的權利被法國人奪去，但是成泰皇帝已經對嗣德皇帝的政治事業有所同感：

> 成泰陸年拾壹月貳拾肆日
>
> 上諭：國有正史，益以記言行政事之迹，寓精神心術之要，闡發鴻緒揚麻光，一代大典於是乎。在我國家肇基南服，神傳聖繼創業同周漢之盛，守文有成康之美，慶澤敦厖，治化翔洽，奉我列聖《寔錄前編》，暨《正編》第一、第二、第三諸紀次第告成，付梓登之皇史宬矣。欽惟：我翼宗英皇帝稟聖哲之資，承隆平之運，遵成法則兼述作之大，奉東朝則備帝王之孝。敬天勤民，體臣惠士，班班善政，史不勝書。屬以疆場多虞，閭閻未遂，勤恤祗畏，本之於至誠，沈幾深略，守之以至一，弘廟謨而不要，莫金甌而罔缺，仰惟三十六年之間，心思經緯，道德風烈，洵足以光于簡編而傳之萬世。史臣遵奉編輯節經，申定義例，詳加考訂，以要其成，茲據國史館總裁阮仲合，副總裁張光憻、段文會、裴殷年，纂修黃有秤、阮瓛、鄭省潛等奏，敕欽修《翼宗英皇帝寔錄正編第四紀》告成。奉將精繕進呈，請行鐫刻各理。朕恭謹閱，誠，仰見大君有作，心法，原於性命，治法，垂為典章，啟迪後人，輝焜前古，蘭臺纂輯，經閱八稔，始克就編，允宜壽之梨棗，彰茲景爍，與列祖前編、正編諸紀，並垂罔極。其欽修《翼宗寔錄正編第四紀》若干卷，著由

〔註2〕國史館：《大南正編列傳二集》卷二，《大南實錄》第二十冊，東京：慶應義塾大學言語文化研究所複印本，1979 年 4 月，頁 7611。

太史涓吉于館內開局起辦，仍交纂修等員詳加檢校字畫款式，務得週妥，總裁大臣加心檢炤，用期早完大典，所有合行事宜，著有司謹遵辦。

欽此。〔註3〕

諭中，成泰皇帝對嗣德皇帝的讚譽非常恭敬，表示成泰皇帝對先王的敬仰，「我翼宗英皇帝稟聖哲之資，承隆平之運。遵成法則兼述作之大，奉東朝則備帝王之孝。敬天勤民，體臣惠士，班班善政，史不勝書。屬以疆場多虞，閭閻未遂，勤恤，祇畏本之於至誠沈幾深略守之」，「惟三十六年之間，心思經緯道德風烈，洵足以光于簡編而傳之萬世。」意思尊敬羨慕，深有感通。成泰六年（1894）下諭修史書，至成泰十一年（1899）完成，七月二十九日史臣上表進書，共有張光憻、阮述、黃有秤、阮瑾、吳惠連、阮璉五人上表。《寔錄正編第四紀》共七十卷目錄一卷合成七十一卷。

從成泰皇帝的語氣中，我們可以看到雖然大南在嗣德皇帝時代失於法國，但是嗣德帝沒有被過分控訴賣國或者像近現代史學者把亡國之罪壓在他身上，而且成泰皇帝非常恭敬而仔細的嗣德皇帝時代的史料。

嗣德皇帝體質衰弱，疾病連綿，他曾經在自己謙陵題〈謙宮記〉一篇坦白的敘述自己的心事，其中對身體的狀況不隱藏的告白：

予稟受甚薄，初生辰已為母氏病痛累，旬月始愈，食母不謹潔，母訓不悛，恐昏憒，纔到三歲已屏斥絕乳，氣惟躬自撫育，自是羸疾，牽延屢危殆，朝夕懷抱劬，勞極矣。〔註4〕

有可能因為體制不強壯，使得嗣德姿態也委婉，心態害羞，不活潑，與人交際不善於親切，甚至於他有時承認自己行動姿態類似女人：

聖心本自深，遠非炎涼徒所可測。予亦視之闊然，未嘗留意。有忌兢者，若罔聞。有勸入閣，閱習政事者。曰：有兄在。性又寡、言多羞。凡非至親，故雖親藩大臣入朝相遇，亦罕致詞。作態如夫人之為者，以故人亦寡交。〔註5〕

〔註3〕國史館：《大南實錄正編第四紀》諭，《大南實錄》第十五冊，東京：慶應義塾大學言語文化研究所複印本，1979年4月，頁5671～5672。

〔註4〕國史館：《大南實錄正編第四紀》卷三十七，《大南實錄》第十七冊，東京：慶應義塾大學言語文化研究所複印本，1979年4月，頁6475。

〔註5〕國史館：《大南實錄正編第四紀》卷三十七，《大南實錄》第十七冊，東京：慶應義塾大學言語文化研究所複印本，1979年4月，頁6476。

　　嗣德皇帝是一位深受儒家思想的皇帝，從小就被束縛於母親的嚴肅教養，「太后慈而嚴，日常教以應對進退之節務合禮度，不許嬉遊，每旦出外舍學問，近午方入，有失記怠惰譴責，隨之若未熟讀方止，否則雖戲劇近前亦未許一看。」〔註6〕還未長大就得到父親即紹治皇帝的寵愛，可是身為君王的父親，雖然寵愛兒子，可是他以另一種寵愛去對待嗣德，因為期望嗣德能夠達到足以治國的知識，因此戀戀不捨地把兒子培養成一位知識充足的男人，除了教他讀書，又命令他作詩，看曰國家公文。那麼，嗣德從小就從事政事，除了讀書作詩參政意外為樂就無另外。「皇考嚴而慈（小子）自幼至成童，因行輩過失得笞責只一次數下而已，甚敬憚不數訓，訓必勉。」〔註7〕也是他自己述說小時候的一件事：

　　　　皇考奉旨閱定秋審冊，不敢輕委于人，親自寫奏章，夜深亦合（小子）侍側呼字便寫，是歲纏周星，適皇考初受靈，遭大故之詰，朝眾妾子未暇召，獨先召（小子），入星福殿護侍。明年命出居潛邸（後更名善慶堂也），便講習。又明年，遇邦交鉅典，將命充京守，尋復隨駕北巡，預執事，一路往還，朝夕隨御營。又明年，賜封公爵，出府納姬，正志學之年也。雖已有室猶常召入侍內庭，遍陪御筵，賜予特厚，有至夜深始出者，或遇敕諭大文字，亦命檢校，御筆應制賦詩則數焉。有辰方侍膳賜食，亦命放箸即席成詠，使宮嬪擇御筵文寶函寘于座，許其取用。待不疑，恩至渥，小子何敢踰。則詠成，即以方御用，御盌迮餘飯，賜之曰：兒食此，以承餘慶。有辰侑觴，奏樂鼓吹，歌舞翁如也。亦命即事口占，小子勉承，即得一絕。立取**御用金玉指環，以賜之曰**：此不足珍，今賜爾，無忝爾所生一句，爾其念哉。〔註8〕

〈謙宮記〉其實對嗣德皇帝生平事件給我們提供了豐富資料（詳見附錄一）。〈謙宮記〉被嗣德皇帝於1871年親自撰寫，1875年刻於石碑上。對於這座石碑及其碑亭被稱為一座建築美術的藝術作品。在梅克應著作《謙陵與嗣

〔註6〕國史館：《大南實錄正編第四紀》卷三十七，《大南實錄》第十七冊，東京：慶應義塾大學言語文化研究所複印本，1979年4月，頁6475。

〔註7〕國史館：《大南實錄正編第四紀》卷三十七，《大南實錄》第十七冊，東京：慶應義塾大學言語文化研究所複印本，1979年4月，頁6475。

〔註8〕國史館：《大南實錄正編第四紀》卷三十七，《大南實錄》第十七冊，東京：慶應義塾大學言語文化研究所複印本，1979年4月，頁6475～6476。

德皇帝》書中有一段仔細的描寫碑亭的美麗。

> 碑亭又「聖德神功」之碑，是龐大青石做成的，重量約二十頓左右
> （許多人認為是全國最大的石碑）高 4.85 米（連碑擔）寬 2.5 米（連
> 耳朵），厚 0.48 米。另外碑擔部份是單獨一塊立方型清化石頭，高
> 1 米，寬 1.63 米，長 3.08 米，四面雕刻龍雲交集非常美麗（這些石
> 頭從清化省以人力和象力運過來）。石碑是一副完美的藝術作品，呈
> 現越南十九世紀越南人的審美水平，同時保存一篇珍貴的歷史資料
> 的碑文。通過碑文內容，大家可以增加理解越南十九世紀末越南社
> 會背景中的阮翼宗皇帝，另外了解當時國家許多變動歷史階段的阮
> 朝與皇室內情。石碑本身就是一座生動的文化遺產，高質量的審美
> 價值，同時隱藏一世代的多樣、豐富的精神文化價值。〔註9〕

這裡作者提到「聖德神功」之碑就是上述嗣德帝的〈謙宮記〉佳作。真
的看〈謙宮記〉全文，我們不覺與這位皇帝有著一種同感。作為一位君王，但
是文章非常謙恭平易，把自己成長過程以致政治事業的逐漸衰落甚至失敗坦
白的述說，一點沒有誇張，一點沒有把責任全推於人，雖然裡面的言詞有時
會對各官又譴責，但是譴責的角度合當，同時認為亡國之罪與人分擔。

> 不知人心曾否隱痛，然而知人不明，予罪也，用人不稱亦予罪也。

> 凡百不舉皆予罪也。〔註10〕

我們後代人的讀者眼看這些語詞，若以現代的角度去看的話可能沒辦法
擬定出來古代社會觀念，又以皇帝身分能講出這樣謙恭委婉的言語真的不可
思議。足見嗣德皇帝當時的心裡爭扎，又帶有自己反省，後悔的心態。使得
我們讀者不能不為他傷心，具有同感。

嗣德皇帝稟性軟弱，幼小常病，最嚴重一次就在於他二十歲時出水痘臨
危：「冠年六月忽出痘毒甚危劇，賴父母多方醫禱，八月始愈」〔註11〕古代水
痘症非常嚴重，甚至會奪去人命，通常挨水痘者若沒治好，會留下一些遺
症。嗣德皇帝長水痘後的遺症就是使他生育功能衰落。嗣德皇帝一輩子沒有

〔註9〕Mai Khắc Ứng（梅克應）著：*Khiêm Lăng và vua Tự Đức*（謙陵與嗣德皇帝），
　　　Nxb Thuận Hoá（順化出版社），2004 年，頁 30。

〔註10〕國史館：《大南實錄正編第四紀》卷三十七，《大南實錄》第十七冊，東京：
　　　慶應義塾大學言語文化研究所複印本，1979 年 4 月，頁 6478。

〔註11〕國史館：《大南實錄正編第四紀》卷三十七，《大南實錄》第十七冊，東京：
　　　慶應義塾大學言語文化研究所複印本，1979 年 4 月，頁 6476。

子女。對於一個深受儒家思想的社會,「不孝有三,無後為大」的觀念一直纏綿,使人痛苦。雖然死的可以收養子,實際上他也收了許多養子,但是這個痛苦不斷陶醉。

> 予亦樂安於澹拙也,氣血弱,身體常瘦,方此妙年無事而嗣續,猶艱難慰父母之望,甚愧焉。〔註12〕

嗣德皇帝雖然結婚很早,但是上述因為水痘症使他不能有小孩,這個事故已經引起到他崩後的一些政變。嗣德皇帝一生中離不開衰弱,身體一直不好,他常常暈倒,甚至沒辦法參加一些國家儀式、祭拜,就像他在〈謙宮記〉裡面述說:

> 回思當日,羽檄角馳,機務填委,日夜寢饋失節,如痴如醉。至今驚魂猶未定,而羸疾日更加甚,又不幸卒遭急病,絕而復蘇。於是頭運(暈)目眩,腳輭腹滯,諸虛證悉見,祭祀不能親,問政不能勤,而咎謗所由來加也,誠恐一旦奄忽智不弧若為羞。〔註13〕

也是因為身體不健康,所以嗣德皇帝一直留在宮內,每年兩次到順安避暑避寒,順安位於海岸邊,離順化大約十公里,這裡氣候溫和,適合保養。嗣德皇帝一生中除了一趟和父王紹治皇帝出遠門以外就沒有了,那一次就於1842年趁父王赴河內參加封王典禮,當時十二歲。嗣德皇帝是一位善於文學的皇帝,可是對於弓箭技術也沒有顯得沒能力,「日侍射于禁園,有太后侍,予已發四矢,尚持一矢,奉面諭:爾射此矢,務中鵠,以慰爾母心。(小子)承命即彎弧發矢,幸亦如旨。」〔註14〕但是也因為身體不好所以他從來沒有參加戰爭,嗣德在宮內執行自己的治國工作。

嗣德不幸接任一個已經面對非常糟糕世居的國家,雖然意志堅強,心有懷抱,可是力不從心,身體的氣質不好,皇帝一直受自卑的心情干擾,心情一直憂悶,找無出路,以現在醫學的判斷所謂精神病態,壓力大、聖體壞,因為皇帝受到好教養所以不會當一個壞皇帝,他一直想辦法或靠自己或靠眾臣找到新出路,但是實在很難。心力壓迫很大所以皇帝一直自責,我們不難發

〔註12〕國史館:《大南實錄正編第四紀》卷三十七,《大南實錄》第十七冊,東京:慶應義塾大學言語文化研究所複印本,1979 年 4 月,頁 6476。

〔註13〕國史館:《大南實錄正編第四紀》卷三十七,《大南實錄》第十七冊,東京:慶應義塾大學言語文化研究所複印本,1979 年 4 月,頁 6478。

〔註14〕國史館:《大南實錄正編第四紀》卷三十七,《大南實錄》第十七冊,東京:慶應義塾大學言語文化研究所複印本,1979 年 4 月,頁 6476。

現在他文章詔諭詩歌中的自卑自責的詞語，比如一下在《嗣德聖製文三集》
裡面的心事：

> 朕嘗自念無功有過，不敢以身累人，故久已忽耐抑默安命而已，奈
> 庶事日繁，百句交責，身不可彊，事亦隨廢，故不已於言，不言非
> 親非義，何以為情。（〈令察舉良醫諭〉）〔註15〕

> 朕冲齡踐阼，憑藉前麻，國家全盛，政務世故，未嘗留意，昧居安
> 慮危之戒，惟眈樂之從，以致上干天譴，下畜民怨，外招鄰怒，內
> 乏良籌，事至而憂，無救于事。勉從老成謀，捐此南圻六省土地人
> 民，以息兵爭，以安天下。二百餘年創守艱難，棄于一旦，是予小
> 子之罪，不可勝言，縱有何功德亦不足以贖。況無功無德，徒靦面
> 尸位，積日以至于衰老，人不忍斥，予豈何心。（〈自貶諭〉）〔註16〕

看以上的語言，我們部分了解皇帝的精神壓迫感，甚至靠近憂鬱症的狀
態，我們不得不為他傷心。另外的問題就是皇帝無子的，這個問題原因處於
他小時候挨逗症而引起，非常顯明，可是對於深受儒家思想的人來說，那是
一種罪惡感，不得不自卑傷心，雖然努力多方尋醫，嗣德皇帝實在屢次頒諭
尋高手醫師想要改善自己的身體狀況，例如上述的〈令察舉良醫諭〉諭等等，
可是非常倒霉，病仍依舊，在一則論文〈示臣工論〉裡面，嗣德皇帝一方面解
釋為何以「嗣德」二字為年號，一方面痛責自己：

> 諭：朕寡學德涼，謬承付畀。凡事仰憑列聖德慶垂裕無彊，朕無寸
> 善薄，能可以當得。故於嗣統伊始即以嗣德紀年，寔惟一片積誠，
> 但望克嗣厥德而已。無如惡積咎集，事與心違，嗣而不尚可為人。
> 寔由朕惷不敢毫有尤怨，惟念國體以大夫為股肱，以士民為肌膚，
> 誠痛癢相關，得失相濟，千金之裘非一狐之腋，自古聖帝明王未有
> 運獨智而能成大事也。朕無他長，向來惟以好士愛民為念爵祿法度
> 皆祖宗所創。垂當與天下共守之。朕惟持此虛心，物來則應，未嘗
> 敢以私於人也。凡有耳目諒已稔悉安敢自飾，無奈有心無德，既不

〔註15〕《嗣德聖製文三集》卷之二（頁 5b、6a），Phủ quốc vụ khanh đặc trách văn hoá
　　　　xuất bản（國務卿府文化特責出版），第二冊（原作），Saigon，1971 年，頁
　　　　LXXXII～LXXXIII。

〔註16〕《嗣德聖製文三集》卷之二（頁 17b、18a），Phủ quốc vụ khanh đặc trách văn
　　　　hoá xuất bản（國務卿府文化特責出版），第二冊（原作），Saigon，1971 年，
　　　　頁 CVI～CVII。

能以福臣民，反致禍之，國未富強，人多愁苦，是以朕一人而累及
天下。朕尚敢復有何言哉。故曩既自處他日不敢入廟，誠以無面目
以見祖宗於地下也。惟念天機人事每常相因，未有人不盡心而可邀
天福，若謂往者不答，來者不干亦已焉哉，又何足道，縱有召虎之
拜益病其生。子囊之諫亦弗安其鬼。言已至此，嗚咽難言，無日弗
克，惟既厥心日新又日新，在人而已矣。古人好士愛民亦必得報。
朕非敢望，亦不敢盡，誣一世無人也。欽此。嗣德三十年二月十二
日。〔註17〕

就看此論文，不能不承認嗣德皇帝非常謙虛，一直克己，就看最後一語
曰：「惟既厥心日新又日新，在人而已矣。」出自《禮記‧大學》裡的「苟日
新，日日新，又日新」一語。可見皇帝是一位克己、謙虛、求進的儒者。

嗣德皇帝是紹治皇帝的第二子，紹治皇帝總共有六十四個子女，男有二
十九，女有三十五。雖然長子洪保比排行第四的皇帝大，但是紹治妾之子，
而嗣德皇帝洪任才是紹治正妻之子。慈裕太后諱名是范氏恆，禮部尚書范登
興之女，籍貫嘉定省新和縣，慈裕太后十四歲被選入宮，隔年生延福公主，
十九歲生嗣德皇帝。《大南正編列傳二集》卷之二「后妃列傳」對儀天章皇后
即慈裕太后的記載如下：

憲祖儀天章皇后，范氏，嘉定新和人，禮部尚書贈勤政殿大學士封
德國公登興之女，母范氏（異姓）封一品德國夫人，嘉隆九年夏五
月十九日生。少好讀書，通經史大義，有賢德至行，年十二其母夫
人病，好獨臥，凡家人不得親近服侍，后日夜奉侍膳藥不離左右，
迨夫人薨，晝夜號哭不絕，執喪哀毀，若成人遠近聞之咸嘖嘖稱異。
年十四，順天高皇后聞其賢召選入宮，命進侍憲祖潛邸。〔註18〕

慈裕太后從世家望族出生，本身教養高，就是說對於當時社會背景顯得
不錯，高水準，所以從小嗣德皇帝已經被母親仔細教練，就嗣德自己說：
「太后慈而嚴」。就到嗣德即位，慈裕太后仍是一位影響他的政治事業的巨
大人物。

〔註17〕《嗣德聖製文三集》卷之四（頁 3b、4a～b、5a），Phủ quốc vụ khanh đặc trách
văn hoá xuất bản（國務卿府文化特責出版），第二冊（原作），Saigon，1971
年，頁 CLX～CIXIII。
〔註18〕國史館：《大南正編列傳二集》卷二，《大南實錄》第二十冊，東京：慶應義
塾大學言語文化研究所複印本，1979 年 4 月，頁 7611。

　　嗣德非常敬愛母親，非常關心母親的心情，同時每月雙日朝宮陪母親，單日御朝，三十六年在位依然如此，除非身體不好或離宮室而去才破例。總督申仲懍曾經述說嗣德皇帝對母親的敬愛及對待：

> 皇帝侍慈裕至孝。常例逢雙日朝宮，單日御朝；一月之中，朝宮 15次，御朝 15 次，除非巡幸外地和龍體欠安。在 36 年之中，經常如此，未嘗有一日之差。當朝宮之時，皇帝敷陳此事彼事、國事家事及古往今來之事。慈裕熟讀史書甚多，且對世事亦知之甚廣。倘慈裕有何妙句，則立即編入稱之《慈訓錄》的書內。一日閒無國事，帝御狩於順直森林，適逢發洪水之時。再過二日即聖祖忌辰，而御駕未能返回。慈裕心急如焚，乃命大臣阮知方前去迎駕。阮知方行至中途，適遇御船划來，然水流湍急，船無法速行。傍晚御船始達渡津。此時天正降雨，帝匆忙乘坐無蓬之轎直趨后宮，跪地請罪。慈裕面向慢幕而坐，不言不語。帝取一藤鞭，呈放硬木長几上，然後匍匐在地，請受鞭答。良久，慈裕扭過臉來，用手推開藤鞭，而對之曰：「罷了，赦之矣！游幸有勞官軍辛苦，當頒賞諸人，明晨前去主持忌辰之祭。」帝叩謝而退，是夜即批示分賞候駕諸官員軍士。官則每人得銀幣一枚，大小隨品級而定，軍士每人得鋅幣一貫。至翌日晨，帝御龍安殿拜祭。觀帝侍母若此，古往今來，實屬罕見。（戴可來譯）〔註 19〕

　　就如申仲懍所說「觀帝侍母若此，古往今來，實屬罕見。」真的這樣的皇帝，從來得有幾個。足見皇帝品格如何孝順，如何善良。就如嗣德皇帝在受慈裕太后的勸諭後隨進表陳謝，表文中有言曰：

> 介福受于慶，知命屆茲正壽，上欲慰夫歡奉，下種拂夫與情，斟酌辰宜撙節浮費，有成典在（臣）何心哉……食臣者母焉，教臣者亦母焉，母而師焉，生臣者母也，知臣者亦母也，母是天也。〔註 20〕

　　關於嗣德皇帝對母親的敬愛，陸續在各種文籍都可以看到，尤其在《大南正編列傳二集》的「后妃列傳二、三」的「儀天章皇后（上、下）」記載甚

〔註 19〕Trần Trọng Kim（陳仲金）著：*Việt Nam sử lược*（越南史略），Nxb Văn học（文學出版社），Nhã Nam phát hành（雅楠發行），2015 年，頁 374～375。
〔註 20〕國史館：《大南正編列傳二集》卷三，《大南實錄》第二十冊，東京：慶應義塾大學言語文化研究所複印本，1979 年 4 月，頁 7623。

多，詳細情節請看附錄。

　　嗣德皇帝因為很多原因，有的人對他影響不好而訛傳他的面貌很醜陋兇惡。原因從很多方面迎來。第一是阮朝嗣德時代南圻被法國佔據，阮朝嗣德帝受到多方壓力，朝臣分成主戰派和主和派，一直互相攻擊，皇帝一遍猶豫一遍收到他們的動搖，宮內受慈裕太后的影響，雖然太后沒有惡作，但是屬於女方的想法，又不善國事，沒有實際經驗，主要的動搖就是一直打動皇帝不要放棄祖宗故鄉落入賊手，嗣德皇帝又非常敬愛母親，不忍看她傷心，導致很多不利的想法，人民不明局勢，眼看南圻被法國人佔據，而朝廷又勸不動手，以為朝廷放棄不管他們。所以，民間中流傳「潘林賣國，朝廷棄民」一語，就是說潘清簡和林維浹1862年在嘉定和法國簽「壬戌合約」把南圻三省（邊和、嘉定、定祥）讓給法國。南圻到處志士湧起抗法，朝廷因不敢驚動法國為了再找辦法和法國調整合約。因此這裡有點誤會。

　　第二，在謙宮建立，預計在六年之間（1864～1870）完成，但是因為工部辦理阮文質和兵部統制黎文車因要理工，向皇帝建議縮短時間成三年之間，但是人工沒增加，三千人一樣負擔一樣的工程，可是工作量變加一倍，非常辛苦，一天的工作時間也以此而增。原本工人三個月定期休假，現在因此取消，人情怨恨。趁這個機會段有徵試圖激動人情推倒嗣德皇帝王位，因為他原本屬於洪保派的人。雖然之前洪保時間已經結束，但是擁護洪保的人還在，段氏想要把阮福應道（洪保的長子）擁上皇位。可是陰謀未成，所有人被抓，導致一個殘酷的局面。加上以前的洪保案子，嗣德皇帝被控訴兄弟相殘。

　　加上一個原因，就是古代皇帝不隨便讓別人見面，除非皇族或是大官才能接近皇帝，甚至不敢直視王面，所以通常皇帝面貌一片朦朧，所有人都不清楚，因此一般來說，隨著每個人的想像而擬造形象，善還是惡隨著自己對他的感情。我在這裡試圖把一些當時的書籍裡面，通過各個能有機會接見皇帝的政治人物的描寫重新展示嗣德皇帝的實際面貌。

　　首先，在陳仲金《越南史略》中引用一段話，述說總督申仲憺曾經面見嗣德皇帝，重新講述皇帝的真相面貌如下：

> 皇帝容貌似儒士，不高不矮，中等身材，不胖不瘦，稍嫌清癯。膚色不白不黑。臉稍長，領略小額寬而直，鼻高而圓，二目亮晶晶而善良。平日常包一小黃頭巾，著黃衣，當其年長之時，常穿內務府

所製黃褲和黃段子鞋，不喜修飾，且亦不許內宮嬪妃帶首飾，惟以整潔之衣著為美。皇帝性至和善。近侍者言：一日帝御朝于文明殿，手持火媒欲吸煙，一太監正為之扇涼，不意扇得過猛，火媒之火飛落皇帝手上，太監嚇得面色蒼白，而皇上惟擦其手，全無責備之言。

（戴可來譯）〔註21〕

　　據法國學者 Lé Opold Pallu，於 1864 年在法國以法文出版的《1861 年南圻遠征歷史》著作的作者，2008 年被黃風譯成越文以《*Lịch sử cuộc viễn chinh Nam Kỳ năm 1861*》為名，作者當時幸運朝見嗣德皇帝，以及其西方眼光對嗣德皇帝面貌的描寫如下：

嗣德皇帝個子相當高大，比一般安南人中等人稍大。樣子稍微駝。雙肩垂下，這種說法根據當地人民民間通用暗指因貪欲玩樂而提前衰老的人所有的樣貌。皇帝膚色全面蒼白：臉色平靜，全無體露，和一般安南人象貓眼睛似的具有忐忑不安以及騷動的眼光不一樣。不過，他仍然具有安南人種的所有個性，任何一個法國人若曾經見過某個安南高級大官軍都可以擬造嗣德皇帝的舉止、樣貌級臉色。嗣德皇帝牙齒染黑；頭髮綁成一團，以金叉穿過固定。我們法國人仍然把他視為一個兇暴渴血的猛獸，可是這種看法只是一個尋常的人把敵人侮辱輕蔑的作法，然後拍馬屁的人就照樣學了起來。對安南人來說他是一位堅強而仁道的皇帝。事實上，他性格顯得非常溫和以及友好的態度。就從小時侯，他的溫和個性就引起父王紹治皇帝的注意，因此特別照顧他。紹治皇帝反而堅持推開自己的長子不讓位，因為這位皇子非常兇惡及獨斷。居在朝廷裡面的一位懂拉丁語的安南人曾經告訴我上述的細節，當時拉丁語非常通用。他另外告訴我安南人稱他們的皇帝為：又 pertinax 又 tenax，意思是又靈敏又堅持。嗣德皇帝生於 1830 年。趁他即位時，他母親賜他一歲，長輩們獻他一歲，另外人民加以獻上他一歲，因此對於歐洲人來說他三十歲，可是對於安南人來說他卻三十六歲。〔註22〕

〔註21〕Trần Trọng Kim（陳仲金）著：*Việt Nam sử lược*（越南史略），Nxb Văn học（文學出版社），Nhã Nam phát hành（雅楠發行），2015 年，頁 374。

〔註22〕Lé Opold Pallu 著，Hoàng Phong（黃風）譯：*Lịch sử cuộc viễn chinh Nam Kỳ năm 1861*（1861 年南圻遠征歷史），Nxb Phương Đông（東方出版社），2008 年，頁 246～247。

　　這裡 Lé Opold Pallu 就給我們述說一個人收到兩方面的描寫，非常客觀以及仔細描繪，雖然出生年有何《寔錄》稍微差一年。可是和申仲憮的描寫有稍微不一樣就是皇帝的個子，可是二位沒有提出正確的數字所以只能當作參考，因為兩個人是不一樣的人種，二位的背景不一樣，可能每個人使用比對對象不相同，所以才有這樣的判斷。

　　另外一位當時是泰國 Bangkok 領使 Gabriel Aubaret 於 1864 年被派到越南順化工幹。在一次謁見嗣德皇帝後，對皇帝的影像及樣貌重新描寫如下：

> 嗣德具有一個非常可愛的容貌，深遠而毫無奸詐的顏色，膚色蒼白，無髭鬚，手腳修長，因此皇帝看起來好像女子似的。不過，嗣德皇帝的聲音沈重，言語溫和，清楚並易懂。皇帝和我閒聊一個多小時，只是因為黑夜降下皇帝才肯許結束一場顯得引他非常歡喜的閒聊。我等待通常在這種場合人家會提出的尋常問題，不過完全不然，皇帝顯得非常關心歐洲以及歐洲的各個大國。皇帝問我法國為何能強盛，我回答首要力量在於個人自由權以及各個民族之間的自由關係。答題好像使皇帝稍微驚訝。〔註 23〕

　　據 Aubaret 來說，嗣德皇帝非常友善而求進，他本身是一位知識愛好的人，所以提出讓他有充滿好奇的事。另外，據 Vial，嗣德皇帝稍微低調，可是他的聲音顯得明朗而充滿力量，很鮮明表示他是國家的真實統治者，但是也就是 Pallu 也說過嗣德皇帝不像一般人說他是一位專制的皇帝，而他的顧問高級官員來說然而都能自由發表。這一點來說合與他的求進性格，能聆聽別人的意見，所以希望每個人都能提出不一樣的看法，讓他能有機會去判斷事物。

　　在 Joseph Buttinger 的 *The smaller dragon-A Political History of Vietnam*（《較小之龍——越南的政治歷史》）這本書載嗣德皇帝的一幅鉛筆圖，由 Tran Tan Thanh 通過 *La Dépêche Coloniale* 雜誌 1909 年 L. Ruffier 描寫而畫成的。

〔註 23〕坪井善明著（Yoshiharu Tsuboi），Nguyễn Đình Đầu（阮庭頭）譯：*Nước Đại Nam đối diện với Pháp và Trung Hoa*（大南國面對法國與中華），Nxb Tri Thức（知識出版社），Nhã Nam phát hành（雅楠發行），2014 年，頁 222～223。

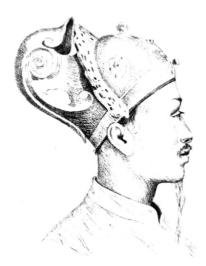

Joseph Buttinger, *The smaller dragon-A Political History of Vietnam, New York*, Frederick A. Praeger, 1966.

摘於 Guy-Marie Oury, *Le Vietnam des martyrs et des saints*, Paris, Le Sarment Fayard, 1988.

不過，經查得知 Guy-Marie Oury 載的那一副圖畫並不是嗣德皇帝本人，而是同慶皇帝，嗣德皇帝並不會讓人接觸，何況接近畫畫還是拍照，趁此糾正。《大南寔錄正編第六紀》同慶帝（1886～1888）允許法人繪畫面容如下：

> 準法官奉印御容辰，法副都統商敘，都統大臣委派畫圖印影官恭詣殿庭，奉印御容，寄回大法國以示相好。院臣言，西方國俗以此為重，請應依擬。乃以晴霽日，帝御大朝官服，坐文明殿，聽法官奉行印畫，仍準恭印二副，一留進，一寄回。〔註24〕

嗣德皇帝十四歲（紹治三年，1843）娶武春謹之女，籍貫廣平省麗水縣，就《大南正編列傳》裡卷四「后妃列傳四」之「翼宗麗天英皇后」記載：

> 翼宗麗天英皇后，姓武氏，廣平麗水人，父御前大臣太子太保東閣大學士，持進金紫榮祿大夫，封麗國公春謹。生母陳氏封麗國一品夫人。以明命九年戊子夏五月生，少而嫻靜端雅，有至性酷好圖史，閑於內則。紹治三年選侍我翼宗英皇帝潛邸后，齋莊表德，淑慎褆躬，逮事儀天章皇后於東朝，大德慈歡，為帝所禮愛。嗣德元年帝即位，封宮嬪，三年申定宮階晉封勤妃，冊文曰：奉若天道，次星式列于宸垣，御于家邦內宮寔襄父王化，宮階有序，禮命宜加嫋，惟宮嬪武氏，喬閬標芳，瓊姿表淑，內治式修齊之化婦道，恪循上事嫻婉娩之儀，慈心允慰式稽彝典用侈殊恩，茲持晉封為勤妃。〔註25〕

嗣德三十六年（1883）四月下旬，皇帝淋病加重，因此先製遺詔囑咐各事。嗣德皇帝原本收三位養子以便繼位，選膺禛封太子，後繼大統之業。《大南寔錄》記載：

> （嗣德三十六年）帝自四月下旬違和，數日漸瘳，力疾聽政，內方章疏均準，常進奏隨事批答。尋因勞瘁轉成沈重，太醫院臣侍藥弗能奏效。越是月之十四日壬戌，宣召機密院大臣陳踐誠、阮文祥宗室說入侍帝於宮中，親手批遺詔，以皇長子瑞國公繼大統。詔曰：「朕以先皇帝第二嫡子承天地祖考付畀繼大統，若臨大南三十有六

〔註24〕國史館：《大南實錄正編第六紀》卷二，《大南實錄》第十九冊，東京：慶應義塾大學言語文化研究所複印本，1979 年 4 月，頁 7405。

〔註25〕國史館：《大南正編列傳二集》卷四，《大南實錄》第二十冊，東京：慶應義塾大學言語文化研究所複印本，1979 年 4 月，頁 7641。

年于茲，兢兢業業，日慎一日，常恐弗堪，奈稟薄德涼，才輕過重，方思補過。而未能，詎敢何心而致疾，惟積憂已甚，勞若頻加，去年已發勞咳等證，今四月下旬，疾忽大發，諸虛石損，險證叢迫，經加藥治愈，日愈增積，誠至茲始得微有機會，不幸遄隕，萬古含悲，天難諶命，靡常凡事，不可不預立，朕豫養三子膺禛固是久學長成，正名亦久，但微有目疾，祕而不宣，久恐不明，性頗好淫，亦大不善，未必能當大事，而國有長君，當此辰艱，捨此將何以哉，朕萬歲後，其以皇子瑞國公膺禛繼大統，即皇帝位，爾當深思創守艱難，紹述不易，敢少肆惟期克濟無忝大命。晉尊皇太后為慈裕太皇太后，庶朕少報萬一。尊忠妃為皇太后，理內事，嚴訓嗣君，朕惟有一母一子，平生相依，茲不得送終是朕大不孝也。爾母子宜善事太皇太后，要得其心，日進康寧，慎終宜合。本朝家法甚嚴，從無垂簾之例。陳踐誠、阮文祥尊室說等與朕知遇雖有，久近微殊，而忠愛憂勤則一，久經參陪機要，親承指授，縱有紛難亦能排解，其以陳踐誠充為輔政大臣，阮文祥、尊室說充同輔政大臣，卿等宜正色立朝正身，率屬事事，同心妥辦，上以匡嗣君之不逮，下以正百官之偏邪，于以措國家於磐泰之安，是為不負委託也。統督黃佐炎身雖在外，寔係邊防久靖，北邊忠勤素著，準爾充為鎮北大將軍，平西定北諸軍事，一以委之，爾其勉之，毋替朕命，壽春王，綏理郡王皆是周親年德俱邁，朕素所敬重，凡見國家事有何不是，宜盡言正之，咸歸于善，方安于心，其餘皇親國戚，內外大小臣工，皆屬分誼，何待枚舉，咸懷忠良，以匡乃辟，弘濟辰艱，永世有辭，與國同休無斁。欽哉。又準皇三子充為皇子。陵墳皆從儉，廟號稱尊非有大功不得復稱祖，另於書遺囑詳焉。〔註26〕

　光看這段《實錄》載文，嗣德皇帝臨終之時首先還是眷戀母親，國事一一吩咐事宜，指定膺禛為嗣君，不過嗣君不幸登基三天後被阮文祥、宗室說廢黜，立朗國公洪佚，四個月後也廢黜，二位後亦被殺。嗣德皇帝雖然計算好各式各樣，但是朝廷內亂，強臣逼迫權揵也不得管制。最後一條「陵墳皆從儉，廟號稱尊非有大功不得復稱祖」表示嗣德皇帝的又謙恭又節省之性，

〔註26〕國史館：《大南實錄正編第四紀》卷六十九，《大南實錄》第十八冊，東京：慶應義塾大學言語文化研究所複印本，1979 年 4 月，頁 7193～7195。

生前不浪費錢財，不好裝飾品，通常一位皇帝龍袍不二用，但是嗣德皇帝可以接受重複穿上舊衣服，擔心死後喪禮隆重會影響國家的錢財，因此早點囑咐節省。嗣德三十六年六月十六日帝薨于乾成正殿。

> （嗣德三十六年）十六日甲子辰牌，帝崩于乾成正殿安梓宮，皇親文武臣工咸在，啟遺詔于勤政殿，嗣君皇長子瑞國公泣拜受命，入皇福殿宅憂（嗣君入尊殿甫三日，為文祥、說所廢，迎立朗國公洪佚，纔四月又廢弒之，嗣君後亦被幽殺……至成泰四年追尊為恭惠皇帝）甲戌成服，八月戊申奉迎梓宮啟行，庚戌安于和謙殿，十月庚申恭上尊諡曰：繼天亨運至誠達孝體健敦仁謙宮明略睿文英皇，帝號成祖，十一月丙申改上號翼尊，十二月戊申寧陵行隧禮，名曰：「謙陵」，巳酉奉題神主迎回和謙殿安位。同慶二年十二月乙酉奉神主升祔，世廟，聖位升祔奉先殿。〔註27〕

通過這段寔錄，詳細記載嗣德皇帝的後事，可見在嗣德末年不只是外侵的問題，而內亂的問題也顯得非常嚴重，逆臣弄權隨意廢立國家君主，甚至於在遺詔明明指定嗣君的事，好奇的是嗣君三天後就是嗣德皇帝萬歲後尚未入墓馬上被廢，真的不可思議。讓我們後世人觀看不得不為他傷心。

嗣德皇帝雖然就他自己認為沒有功德，「非有大功」又「大不孝」，當他在位年間外侵內亂連續發生，可是話又說回來嗣德皇帝自己也非常努力保全國家，有願望改善國家經濟但是其實因為力不從心，時局難為而已，《大南寔錄》最後也有一條公平的評審嗣德皇帝，也許能安慰他：

> 帝聰明仁孝，愛民好士，兢兢業業，勵精政事，三十六年常如一日，即位之初郊、饗必親，十餘年後積憂成病，每命恭代，然猶勉行，初獻禮或先自瞻拜，心嘗歉然，如不祭也，事皇太后篤恭子道，每日一朝至宮則整躬，屏氣長跪請安，既又談論書史及古今人物事蹟，或漏下四五刻，未嘗少懈，萬歲之暇，多作詩文，落筆成章，不假思索而汪洋浩瀚滔滔不竭，其評說辨難皆足以剖析疑惑，垂示勸懲，嘗厭士習卑陋拘於故套，屢更試法，申定教條，正科之外又開宏詞科「雅士科」淹博科，士有一藝一能，獎拔簡畀，尤至，由是螢窗芸案，爭自濯磨，文章為之一變焉。臨朝拱默，不言人過失，士夫

〔註27〕國史館：《大南實錄正編第四紀》卷六十九，《大南實錄》第十八冊，東京：慶應義塾大學言語文化研究所複印本，1979 年 4 月，頁 7195～7196。

有罪多寬，假之重者，亦但嚴禁俟審，不輕置之刑，尤勤恤民，隱
暑雨農功辰咨問，蠲租減稅，無歲無之。自法人之來也，三四年間
國貧於師，加以北邊連兵勞費，事機遂齟齬焉，迨合議定連失南境
每遣使求贖地而未之遂，居嘗不樂嘗曰：故疆未復，朕他日不敢入
世室，悲惋形於言語，至於如此，於是設山防，設海防，置營田，
置屯田，又立平準，開商政，孜孜汲汲，欲致富彊，而奉行之下，
未有以稱塞者，宮中無他，好辰由弋遊，或三五日一命駕，群臣多
以為言，帝亦自咎，然憂病煩鬱，非此不舒，故借以遣懷，而機務
亦未嘗少懈廢也。嗚呼！以帝之天資聖學，好文守成，使當隆運，
成康文景何足云乎。〔註28〕

第二節　嗣德皇帝的功業

　　嗣德皇帝自從父皇紹治薨後開始他的政治事業，繼承皇位，成為阮朝第
四代皇帝。

　　紹治七年（1847）八月初始，紹治皇帝身體欠安，過一陣子病時好時壞，
努力辦理國家事務，每日各方章疏送來不曾亭批，因此病狀日益嚴重，而太
子未定，使帝日夜不安，按理長子繼位但帝對其不滿而預定立次子，這樣的
想法對古代封建制度思維非常危害，甚至於違反天命，引起朝內不滿而亂。
洪保長子因性格壞，不認真學習，所以不適合當國家首領，帝因此召見大臣
張登、武文解、阮知方、林維浹商量意見，從而秘密決定二子洪任為嗣君。這
一事件後來被傳為張登桂等人偽造遺詔，廢長立次，從而導致後來的洪保奪
位事件。《大南寔錄》記載：

　　帝自八月初旬違和，數日漸瘳，力疾聽政，四方章疏均準，每日呈
　　進隨事批答，尋因勞瘁轉成沉重病。癸巳，宣召顧命良臣張登桂大
　　臣、武文解、阮知方、林維浹入侍。帝屏左右語之曰：朕纂承大統
　　于今七年，夙夜憂勤，不敢自暇自逸。近來邁疾，今憊矣。深惟祖
　　尊大業付畁，朕躬不可不預為社稷至計，朕諸子中，洪保雖長，庶
　　出也，愚鈍寡學，徒事嬉遊，不可以承大統。皇二子福綏公洪任

〔註28〕國史館：《大南實錄正編第四紀》卷六十九，《大南實錄》第十八冊，東京：
　　　　慶應義塾大學言語文化研究所複印本，1979年4月，頁7196～7197。

聰敏嗜學，克肖朕躬，可嗣皇帝位，昨已手批遺詔，納之龍筒，今
交卿等敬謹緘藏，萬一有不諱即宣之，使中外臣民咸知。朕所以慎
擇元良憂深思遠之意，卿等皆國家大臣，受恩深重，當以輔朕躬
者輔嗣君。欽哉！毋替朕命。諸大臣皆涕泣受命趨出，外庭不知
也。既而太醫日進湯藥不效，皇二子福綏公及諸皇子朝夕侍左右，
大臣張登桂等四人亦不辰宣召入侍，文武廷臣均于左右廡恭候請
安。〔註29〕

同樣潘叔直的《國史遺編》中亦載：

癸卯（二十七日）帝崩，先是八月十八日，帝不豫，湯藥弗瘳，猶
御勤政殿視朝，百司政務，隋奏隨批，至是病大漸，而儲位未定，
苟皇子保年長而剛爆，以酒色自樂，且其母賤，皇子任年少頗有學
行，上意欲立之，乃召張登桂諭意，登桂曰：天子為天下擇君，臣
等敢不奉詔，上乃出懷中敕，用赤紙，簽書名上，令登桂與文武五
人，聯名記字及簽書，方知立皇子為太子，俄而上崩。〔註30〕

紹治皇帝吩咐各項事宜後，病狀愈來愈差，十天後病情大發作，帝崩于
乾成宮。隨後各位大臣張登桂等人奉命宣讀遺詔使附隨宮登基，福綏公泣拜
受命，詔曰：

癸卯大漸，帝崩于乾成宮正殿，壽四十一，皇子女六十有四（皇子
二十九，皇女三十五）是日，皇親文武臣工咸在，宣遺詔于勤政殿。

詔曰：

自古聖帝、明王、賢君令辟莫不慎選主鬯，承祧之際，遺大投艱之
辰，重社稷之於光前，安天下之於裕後者也，朕涼德入受皇天之眷
命，祖考之付畀，撫御大南于茲七年，凜乎朽索之御六馬，日慎一
日，不敢逸豫荒寧，幸而仰蒙天祖相佑，皇考訓彝佩服，一心百為，
振整憂勤，一念萬民惟康，載續武功，真臘率賓納款，紹興文治，
春秋竝舉，連年教宣，昭水火兩邦，即敘恩禮，優遇賢良，百辟滿
朝。內晏外安，年豐河順，乃本年秋汛，珥河於河內、北寧、南定，

〔註29〕國史館：《大南實錄正編第三紀》卷七十二，《大南實錄》第十四冊，東京：
慶應義塾大學言語文化研究所複印本，1979 年 4 月，頁 5665～5666。
〔註30〕潘叔直輯：《國史遺編》，香港：香港中文大學新亞研究所東南亞研究室，1965
年，頁 389。

迭出險工，河堤決潰，朕念民依曷勝慌汗，籌辦憂思，幸而民居遠於決口，隨即合龍，致免為災，民居案堵，然朕為民先憂，即派御史前往會同地方官勘明，隨賑隨耀，以舒民食。頗幾年南顧籌邊甫寬念慮，今日北瞻水患益切，情懷復戀慕瑤宮懿德，日夏傷心，又勵精圖治，民嵒辰加勞瘁，八月初五日不豫，九日漸瘳，初十日御殿聽政，自是日至十六日，朝朝登殿辦事，詎意，是日聽政罷回宮，疾復大發，連至九月來茲轉成沈病，然而日日百司奏事均準呈進，力疾，隨事隨批，無少淹滯，且宣受寵綏之責，一息尚存，則一日民天國政妥為辦理，豈敢倚枕作倦勤乎，惟天難諶其命靡常，故畏天之威于時保之也，本日疾轉大漸，朕萬歲後著遺詔，以皇二子福綏公洪任有學而肖朕躬，可繼大統嗣皇帝位爾，嗣君洪任應深思列祖開創中興之艱難，列尊守成興治之不易，敬天法祖，勤政愛民，親賢圖治，止善，惇親，無謂善小而不為，無謂惡小而為之，凡事克遵成憲，其永無愆。又著顧命良臣張登桂大臣、武文解、阮知方、林維浹均充為輔政大臣且張太保兩次受憑几導揚，佐朕圖治歷年，于茲民安國泰，文治武成，當以此忠良輔國愛君，以事朕躬亦即以是心佐嗣君，為久安長治之至計。武、阮、林三卿與朕知育，報國致君，矢忠矢勤，作肱作股，諸卿等當上匡嗣君之不逮，下正朝廷之紀綱，使天下安如磐泰，誠無負彌留叮囑而圖報國恩也。其我親藩及子孫等皆仰蒙天祖垂庥各竭忠藎以圖報我皇祖、皇考作成之深恩，期無忝於天潢也，其內而卿宰部院，外而旬宣司牧，大小文武群臣，各供職事，大法小廉，致國憂君，安民佐治，以長承國家之寵，眎特弘佈告咸使聞知。紹治七年　月　日（原奉留空）〔註31〕

　　傳位遺詔宣畢，福綏公哭拜遵命。另外《大南寔錄》沒有紀錄的情節就是洪保大皇子認為自己一定當上皇帝，不料非然，因此當面昏倒。當時朝廷有擁護洪保的黨派，張登桂預料事情發生會有變所以自己和各位大臣先儲備事宜，《國史遺編》有一段文記載：

　　冬十月（初五）皇子福綏公即皇帝位，初張登桂定策宮中，外朝皆以為疑，及皇子即位，有不肯排班者，武臣何文章按劍押班曰：先

〔註31〕國史館：《大南實錄正編第三紀》卷七十一，《大南實錄》第十四冊，東京：慶應義塾大學言語文化研究所複印本，1979年4月，頁5666～5667。

帝彌留，預定儲扶，有不奉詔者，自有典憲，於是並排班羅拜。皇
子即位，詔以明年正月，為嗣德元年。〔註32〕

　　這一情節，後來被演繹成張登桂等人換假遺詔，因為長子洪保才真正能
當嗣君，現在的史學家不少人認為這是真的有偷換手段，因為現代史學家其
實不喜歡嗣德皇帝，他們認為因嗣德皇帝無才而導致越南陷入法國人手中開
始另外一段殖民歷史，甚至於他們還是擬定假設當時若洪保登基而不是洪
任，可能越南不會成為法國的殖民地。可是關於這個假設我只是當作假設，
因為洪保實在沒有當上皇帝，加上當時西方殖民主義勢力擴大，全世界各國
被捲入一股殖民的波浪，國家背景會使他會不會成為殖民地與否。嗣德皇帝
聰明伶俐、好學愛知，這樣的皇帝還是抵抗不了那一股殖民衝動，若洪保就
如紹治皇帝所說「茍皇子保年長而剛爆，以酒色自樂」這樣的性格，會不會
引導國家逃出那一股波浪。所以我認為各位學者擬訂的意見可能因為出發於
對嗣德皇帝的成見而已。

　　癸卯憲章皇帝紹治崩，二天後乙巳與各位大臣打開金櫃選嗣君的帝名，
以金冊裡取「日」字與「寺」字合成「時」字當作帝名阮福時，出生名洪任當
字名。

　　乙巳率大臣啟金櫃恭閱聖製帝系金冊以第二字（左從日，右從寺）
　　為御名，以前所命名為字。〔註33〕

金冊

〔註32〕潘叔直輯：《國史遺編》，香港：香港中文大學新亞研究所東南亞研究室，1965
　　　　年，頁389～390。

〔註33〕國史館：《大南實錄正編第四紀》卷一，《大南實錄》第十五冊，東京：慶應
　　　　義塾大學言語文化研究所複印本，1979年4月，頁5695。

從這個時候開始，嗣德皇帝有另外一個名字「阮福時」，金櫃金冊是聖祖仁皇帝明命創造的國寶，他試圖規劃皇族裡面的正系（帝系）與副系（蕃系）就是王公系。金冊銀冊於明命四年（1823）完成，《大南寔錄》載：

御製帝系金冊及蕃系銀冊成，先是正月元旦帝親定日字部二十（曔時昇昊昭晄晙映智暄暊暀晢曤曦〔日台〕）帝系親蕃系美字各二十。〔註34〕

帝系原來是一首詩曰《帝系詩》，詩曰：

綿洪膺寶永

保貴定隆長

賢能堪繼述

世瑞國嘉昌

這首詩一直被認為是明命皇帝創作，但是近來丁文年指出這一首詩詩他祖先原為東閣大學士丁洪藩奉明命皇帝的命令而創作。通過《帝系詩》發現綿是紹治皇帝，洪是嗣德皇帝，膺是裕德皇帝等，有連續性的。

四天後，即己酉，帝登基於太和殿，以明年為嗣德元年。

己酉即皇帝位於太和殿，以明年戊申為嗣德元年，頒恩詔于天下。

〔註35〕

從此開始他的政治事業。嗣德皇帝的「登皇帝位詔」如下：

詔曰：朕惟皇天佑德而眷命，申王者，體元而君道立，益神器至重，傳家通於傳賢，而曆數有歸正位，關乎正始經書，即位史紀改元年，所以彰一統之常經，示百王之打法也，我國家篤承天眷撫摸，有大南創業中興，聖神相繼，功高德厚，天地與參肇造之於前，光大之於後，誕受既固，永錫無疆。仰惟我皇考大行皇帝，以上聖之資撫盈成之連，修明禮樂，整肅紀綱，加意右文，勵精庶政，比歲開科取士，作興斯世之人才，頻年降赦蠲租，培植生靈之命脉，興平致理，內治克修，和眾安民，外援兼舉，西陸弔伐，以成信禦蠻夷，臘國率賓共尊，親如覆載，凡此七年開闔，運以朝乾

〔註34〕國史館：《大南實錄正編第二紀》卷二十，《大南實錄》第五冊，東京：慶應義塾大學言語文化研究所複印本，1979年4月，頁1688。

〔註35〕國史館：《大南實錄正編第四紀》卷一，《大南實錄》第十五冊，東京：慶應義塾大學言語文化研究所複印本，1979年4月，頁5696。

夕惕之心思，措為萬世尊安巍然，文治武成之功德堯年方祝，軒鼎初成，天下何辜？聖人奄棄，慕慈戴德，童隻莫不悲號，昌後燕天朝市帖，然肅靖予沖人，以先皇帝第二子，恐德弗類，遜志彌殷，遠膝承歡，恂恂溫清，趨庭侍問勉進修，惟思光訓恪遵，供乎子職，詎意元良默定，簡在聖心，欽奉玉几道揚，預為社稷至計，硃批遺詔，命以嗣位子，方觉觉在疚，五內鼎皇踊地跼天，陪切攀號之靡，及投艱遺大，深惟負荷之良難，皇親尊人府竝輔政大臣文武百官等奉宣遺詔，上箋勸進以為人心必有所屬，天位不可久虛，爰俯徇舉情，仰遵成命已於今年十月初二日祗告天地、廟社、瑤宮，請命几筵以處，三日己酉，即皇帝位于太和殿，履此光明殷哉。繼述予惟思一心夤畏，以永迓上天眷麻于邦家；庶政憂勤，以宣揚皇考大德于天下。其以明年戊申為嗣德元年，鼎新之義，既明乾德之施，斯普所有施恩……於戲！惟命於穆不已，格于皇考炤，格于皇天慎德，惟懷永圖，保兹受民誕，保兹受命居中建範，惟斂福而用敷發政，施仁乃體天之首，務尚賴勳元老大臣同寅協恭，匡子不逮，大小岳牧侯伯履政奉公期于予治，諸臣皆受國深恩，當思奉遺命保貌躬以報先皇帝之德，俾天下臣民共享昇平之福，我國家定有億萬年無疆之麻，特弘播告咸使聞知。〔註36〕

中間省略「施恩二十五條」詳細內容。對於嗣位紹治皇帝另外耳傳許多問題，一般來說正史都提到洪保派有意和嗣德競爭，但是在中華公使男爵 Forth Rouen 寄給巴黎的外交部長的信中提及：

澳門 1848 年 6 月 22 日……真的，好像與嗣德皇帝即位的對立派，大家提出許多爭奪的人物。不管已經有一次被推出來，可是這些人物為了爭奪皇位會繼續想方設法提出自己的優勢。在一派努力找辦法把皇位交給東宮兒子其中一個（東宮即明命皇帝的大哥皇子景，和監牧伯多祿（Adran）到法國去，以及和 Louis XVI 的部長簽一份合約保證他父親在與西山抗戰過程中得到法國的實際幫助）。另外一派試圖吧建安王登基，建安世明命皇帝的弟弟，人約五十歲被稱

〔註36〕國史館：《大南實錄正編第四紀》卷一，《大南實錄》第十五冊，東京：慶應義塾大學言語文化研究所複印本，1979 年 4 月，頁 5696～5699。

讚溫和開朗。每派都有自己的應員。皇保〔註37〕是剛過往的皇帝紹治，是第三派擁護的人。第四派提出不知真假的紹治遺囑，遺囑裏面指定嗣位者為皇帝的第二子，皇任〔註38〕，以嗣德為年號的人（意思是有道德的承嗣）。第四派擁護人的領導者是充滿權力和探望的官員們，他們渴望以一位年輕的皇帝名義來統治國家。就是我所說，第四派已經打敗其他派得到勝利，但是他們的勝利可能只是暫時性勝利……〔註39〕

這條引文出於 Forth Rouen 信中，我們可以知道除了洪保派和洪任派以外還有兩派：一是明命大哥皇子景的兒子其中一個，一是明命的弟弟建安。這條信息正史沒有提及。雖然不能證明這些訊息是真的假的，而且 Forth Rouen 當時在澳門（Ma Cao）這麼能收集到這些訊息，且是誰提供的？這個疑問非常有意思。可是，雖然如此，我們可以知道當時的爭奪皇位的競爭狀況非常要緊，反正能給我們一個客觀的背景，加以部分了解嗣德皇帝對於政治事業當初的許多艱難及壓力。Forth Rouen 的信在 1848 年寫的，當時是嗣德元年，他想法認為嗣德派只是暫時性勝利，沒想到嗣德在位直到他過世，總共三十六年。所以我們可以肯定 Forth Rouen 的想法帶有武斷及主觀性。

反正，嗣德皇帝已經在位三十六年，阮朝歷代最久的一代，雖然耳傳是一種陰謀，但是顯得成功，從以上的立論作者坪井善明認為，那是一種「宮廷政變」。當然《大南寔錄》裏面從沒找到一種所謂「宮廷政變」但是作者指出一些證據例如：

－1842 年紹治皇帝赴河內收封，洪任陪同紹治，把朝廷政事交給洪保。

－1843 年紹治皇帝紹治封洪保公爵，洪任隔年得封。

－1845 洪保生的長子，紹治組織皇家大禮成為「五代同堂」。

坪井善明認為以上三點有可能證明洪保是堂堂正正嗣位的證據。但是對我的看法來說，那些證據的可能性非常弱。原因如下。

第一點：與《大南寔錄》記載對查：

諭：禮部尚書充皇子皇弟師保阮登洵，曰：卿以耆舊之臣責兼師保，

〔註37〕應該是洪保。

〔註38〕應該是洪任。

〔註39〕坪井善明著（Yoshiharu Tsuboi），Nguyễn Đình Đầu（阮庭頭）譯：*Nước Đại Nam đối diện với Pháp và Trung Hoa*（大南國面對法國與中華），Nxb Tri Thức（知識出版社），Nhã Nam phát hành（雅楠發行），2014 年，頁 196～197。

皇子已長成，當開導誘掖，以成其德，且明命年間，卿曾護留京印，
素嫻事體，凡遇有軍國大事，準會同留京大臣商辦。

又諭洪保曰：汝學識粗淺，凡事必請于師保，古人聞昌言則拜，況
師保乎，謝光巨，何維藩，尊室帛等，皆耆舊親信之臣，宜以禮事
之，不得妄自阻撓，凜之，勉之。〔註40〕

裏面有言「又諭洪保曰：汝學識粗淺，凡事必請于師保，古人聞昌言則
拜況師保乎」代表政事不完全靠洪保，而實際上還是以阮登洵代辦。另外，
紹治對這件事情實在有斟酌，他後來曾經和張登桂商量：

帝語大學士張登桂曰：京師天下根本監國之責，關係匪輕。洪保年
雖長但不學寡聞，恐難了辦。皇二子聰慧夙成，朕欲委之留京，何
如？登桂對曰：知子莫若父，維上裁決，此非臣敢知也。帝因朝西
宮，以事奏太皇太后，面諭云：皇長子留京，故事也。洪保雖寡學
而年已長成，輔以一二大臣，有何不可，何必改故事也？帝重違慈
旨，遂命洪保留京而以皇二子扈從。〔註41〕

這樣非常明顯龍意不許洪保留在京城，但是因為母親的指點，不敢違反
而為之。

第二點：實際上洪保和洪任被封爵同一天而不是前後各一年，這一點可
能作者被另外裴光嵩的資料所誤解，我重新查《大南寔錄》紹治三年（1843）
曰：

〔紹治三年〕庚午錫封皇二子為福綏公。〔註42〕

是日晉封皇子安豐亭侯洪保為安豐公。〔註43〕

「是日」是庚午日，而且洪保得封的訊息被排在後。

第三點：《大南寔錄》也沒有記載，只有一條這樣的記載：

乙巳紹治五年冬十一月祭未，行進尊禮，先是皇子安豐公洪保庶長

〔註40〕國史館：《大南實錄正編第三紀》卷十五，《大南實錄》第十三冊，東京：慶
　　　　應義塾大學言語文化研究所複印本，1979 年 4 月，頁 4976。
〔註41〕國史館：《大南實錄正編第三紀》卷十五，《大南實錄》第十三冊，東京：慶
　　　　應義塾大學言語文化研究所複印本，1979 年 4 月，頁 4979。
〔註42〕國史館：《大南實錄正編第三紀》卷二十七，《大南實錄》第十三冊，東京：
　　　　慶應義塾大學言語文化研究所複印本，1979 年 4 月，頁 5119。
〔註43〕國史館：《大南實錄正編第三紀》卷二十七，《大南實錄》第十三冊，東京：
　　　　慶應義塾大學言語文化研究所複印本，1979 年 4 月，頁 5119。

　　子生，賜名膺福，抱見，慈壽宮命于宮中撫育，賞賜優厚，於是尊
　　人府文武廷臣合辭稱慶，乃命禮部擬撰儀註，先期祇告列廟，至日
　　帝親率百官恭上金冊，行進尊禮（其日旗臺上張掛黃竝各色慶喜
　　旗）。〔註44〕

　　所以裴光崇的訊息有可能是耳傳。我擬定有可能在紹治皇帝頭一兩年，
內心也有意從以往前例而做，所以才有一種機械性的動作例如勸學、封公等，
但是安豐公洪保越來越表現出自己的品德不適合當皇帝，所以後來經過一段
觀察的時間，紹治皇帝有所動搖，我們在《大南寔錄》裡能普遍看到紹治皇
帝屢次譴責安豐公洪保，主要是他「寡學」、「愚蠢」、「嬉遊」等。

　　有黃文利者，安豐公府屬兵也，倚勢捉人監拷，事發斬首以徇，副
　　長史務皆坐革，安豐公洪保不能鈐束所屬，罰六月俸恩。諭之曰：
　　向來附屬私弊，各已隨事嚴懲，家庭訓誨何嘗唇燥舌乾，乃有此事，
　　汝宜倍加警省，佩服訓彝，以長承眷寵，若仍前放縱所屬，則家法
　　至嚴，國法關重，彼宵小之徒，自干憲綱固不足道，而汝之令譽芳
　　名，最宜寶重，十承之珠，勞於籬上之雀；萬石之鍾，累於莛撞之
　　音，豈不重可愛邪？汝痛思之，朕言不再。命將此諭，分給尊人府、
　　承天府各一道，俾知朝廷法嚴明至意。〔註45〕（紹治五年）

　　安豐公洪保以齋日歌唱，帝怒譴之曰：爾學問遲鈍，徒事嬉遊，有
　　違家訓多矣。奪二年俸，師保教導贊善，伴讀長史皆降責之。〔註46〕

　　《大南寔錄》另外還記載一條非常明顯的訊息，表示紹治皇帝有意不立
長子，也許通過幾年的觀察，紹治皇帝已經認定洪保沒有當皇帝的資格。因
此一次和內閣臣阮德政商量就以大清國的例子表露自己的意願。古代皇帝出
了惡霸君主以外，雖然說皇帝有生殺全力，但是通常皇帝一定要有朝廷裡面
具有實力的群臣，所以一般在出任何重要的決定，皇帝一定實現和他們表示
意見，經過這樣的探索，才知道自己的意見有沒有可能性，不然爆發很多複
雜的難過事情。帝曰：

〔註44〕國史館：《大南實錄正編第三紀》卷五十二，《大南實錄》第十四冊，東京：
　　　　慶應義塾大學言語文化研究所複印本，1979 年 4 月，頁 5413。
〔註45〕國史館：《大南實錄正編第三紀》卷四十八，《大南實錄》第十四冊，東京：
　　　　慶應義塾大學言語文化研究所複印本，1979 年 4 月，頁 5380。
〔註46〕國史館：《大南實錄正編第三紀》卷四十七，《大南實錄》第十四冊，東京：
　　　　慶應義塾大學言語文化研究所複印本，1979 年 4 月，頁 5231。

一日帝御東閣語內閣，臣阮德政等曰：清高尊享齡八十九，禪位嘉
慶帝乃第十五子也。以賢不以次合堯舜之道，而兼禹啟之傳，朕觀
當日告廟及恩詔諭文，皆高尊親自製之正大堂皇粲然可誦，及嘉慶
帝嗣位亦居毓慶宮，生殺予奪之權，皆自太上皇出，家法不甚嚴
乎。〔註47〕（紹治五年）

就這樣的想法，我們後代的讀者無疑之道皇帝已經有自己的決定，為了
國家的興亡，對於長子的壞性格，紹治不得不廢長立次。所以我個人認為，
在歷史的捲入中，嗣德皇帝被現代史學者的成見，惡意把耳傳的見聞捏造成
一種「宮廷政變」，也就是在他的時代，越南完全被法國人統治。從這樣的成
見角度出發，我們偶爾也看到批判嗣德皇帝的主觀意見，例如在一本阮朝舊
臣何艾的回憶中，書本名曰《曲簫同──阮朝舊臣的回憶》，何艾是阮朝最後
科舉之舉人之一，書中他述說他祖父的言語：

而且，你父親耳聞嗣德皇帝學問深遠無比，以為皇帝賢明。實際上，
他雖有愛民之心，而卻未見他對人民有何功勳，平日常給臣民誇張
文學而已。〔註48〕

看過這場評論，不得不看出很明顯的主觀意見，甚至於惡意的成見。也
許嗣德皇帝不小心生於一種混亂的時代，雖然秉性為一位顯明君主，但是因
為嗣德藝術家性格使得他很難處理這樣的勢力。

作為一個評論歷史事件，如果我們沒有從客觀的角度出發，評論一場歷
史事件，不免有所惡意。嗣德皇帝不幸，如果按照現代史學家的說法繼續進
行批判嗣德皇帝，不小心使得逼他一定成為歷史的罪惡。讀坪井善明的書
中，最後的結論我們能看到作者已經從客觀角度出發，以當時的歷史背景和
嗣德皇帝同感：

嗣德不幸運。並且也許對於任何一位皇帝，如果要面對這樣的外來
兇惡的勢力，也無法守護國家的獨立權。當初登基時，嗣德曾經面
對一系列困難阻礙。許多自然災難（旱災、蟲災、水災、鼠災等）
奪取大量國家人數。土匪侵入國內，到處搶劫，同時南圻被法國和

〔註47〕國史館：《大南實錄正編第三紀》卷四十八，《大南實錄》第十四冊，東京：
慶應義塾大學言語文化研究所複印本，1979年4月，頁5380。
〔註48〕Hà Ngại（何艾），*Khúc Tiêu Đồng-hồi ký của một vị quan triều Nguyễn*（曲簫同
──阮朝舊臣的回憶），胡志明市：年輕出版社，2014年，頁11。

西班牙聯手攻打，占多國土一部分。在這種狀況當中，嗣德已經努力堅持，主要通過外交，為了拯救國家主權。但不成功。〔註49〕

所以，阮朝大南失敗的原因不只是因為嗣德朝代，而且追源是已經從嘉隆朝代大小就有，嗣德失敗只是到時候發生而已，而且真正事世界性發生。就如 Joseph Buttinger 認定：

The failure of the Nguyen dynasty to develop an adequate policy of defense, however, was not a mere accident of history that would never have happened with better men in high office and on the throne. Vietnamses dynastic policy from Gia Long to Tu Duc was deeply rooted in the social structure of the country and was determinded to a considerable degree by the historical evolution of Vietnamese society and intellectual life. 〔註50〕

（然而，阮朝對完整防禦政策的失敗，不只是歷史上的偶然事件，甚至一個高級官員和一個聰明君主。從嘉隆到嗣德越南阮朝政策深深繫根於國家的社會結構，以及在大程度上受到越南社會和知識生活歷史演變的影響。）

然後，那些社會的消極是什麼？

Gia Long's desire to avoid international involvements was conceivable as a policy only because of the contry's persistent economic immobility. Minh Mang's rigidity of thought and dogmatic Confucianism mirrored faithfully the growing stagnation that characteried Vietnam's thinking in regard to social cange. When Tu Duc ascended the throne that Thieu Tri had occupied from 1840~1847, it was apparently too late for any Vietnamese ruler to take his country on a new road. The future was now in the hands of the "barbarians from the West," as Minh Mang had called them, and imperial action had become only another element of the

---

〔註49〕 坪井善明著（Yoshiharu Tsuboi），Nguyễn Đình Đầu（阮庭頭）譯：*Nước Đại Nam đối diện với Pháp và Trung Hoa*（大南國面對法國與中華），Nxb Tri Thức（知識出版社），Nhã Nam phát hành（雅楠發行），2014 年，頁 376。

〔註50〕 Joseph Buttinger 著：*The smaller dragon-A Political History of Vietnam*（較小之龍──越南的政治歷史），紐約：Frederick A. Praeger 出版社，第三版，1966 年，頁 277。

tragedy that was in the making for the Vietnamese people. 〔註51〕

（嘉隆面向一種避免國際參與的希望是一種可以理解的政策，只是因為國家經濟一直不穩定。明命的僵化想法和儒家思想的教條主義，真實地反映了越南人在社會觀念方面的思想日益增長的停滯。在嗣德從紹治皇帝七年的朝代（1840～1847）接上皇位，好像已經太晚讓任何一位皇帝能把國家拉上另外一條新的道路。現在，未來被掌握在「西方野蠻人」，如明命皇帝之語，帝國的行動成為給越南人民帶來悲劇的另一個因素。）

　　嗣德皇帝的政治事業中經過學多政變和國家大事的挫折。就以上所述的嗣位問題的正統性和假冒性導致些不可思議的時間。安豐公洪保在落選狀態非常不滿，加以擁護他的黨派秘密組織逼退嗣德皇帝的陰謀，不幸失敗，雖然有五花八門的耳傳，說嗣德皇帝搶皇位，殺兄為了鞏固地位和權威，但是洪保實在執行推倒嗣德皇帝的動作。洪保屢次組織他的陰謀，法國傳教士以及官員們在他們通信書中都有記載許多情節。Galy 監牧說洪保 1851 年試圖搭船去新加坡請求英國人幫他忙，在下船前一時刻被抓：

　　……1851 年元月底，元旦節中，他在逃走的時候被抓；他原本想到新加坡請英國人協助。一條小舟停在他府署牆邊的小河等他，同時有一條負責載他去新加坡的大戰船準備離開那附近港口。小舟和戰船都被抓，人們發現許多各種武器與糧食，因此無疑他擁有篡位的意圖。若於明命時期，他一定馬上會受凌遲之刑；我不了解為何兵士被派去監覽他。在他發現自己陰謀被洩露時，他想辦法自殺；被家裡用人阻止，他只好決定托嗣德皇帝的寬宏。〔註52〕

Pellerin 監牧比 Galy 更仔細的對這件事情節述說：

　　……可憐的安豐皇室（洪保）不接受自己失寵的命運，並不停地想方設法篡自己弟弟的皇帝位。你也知道洪保屢次與我們接近；不過我一直回答我們公教人不是陰謀人。於是，他轉向並找到些不滿的

〔註51〕 Joseph Buttinger 著：*The smaller dragon-A Political History of Vietnam*（較小之龍──越南的政治歷史），紐約：Frederick A. Praeger 出版社，第三版，1966年，頁 277～278。

〔註52〕 坪井善明著（Yoshiharu Tsuboi），Nguyễn Đình Đầu（阮庭頭）譯：*Nước Đại Nam đối diện với Pháp và Trung Hoa*（大南國面對法國與中華），Nxb Tri Thức（知識出版社），Nhã Nam phát hành（雅楠發行），2014 年，頁 212。

人物能參加他的陰謀，那些人從他的承諾起了貪望。一天，他集中同謀的人來刺血發誓。那是這裡同謀人互相契約的風俗，承諾同心不離，一起參與一個秘密的計劃。宣誓後，其中幾個人去國外，有可能去找同盟。一人從暹羅和柬埔寨回來，他找到一位和尚同意參與，不過他對待那位和尚不很友善。一回到安南，那位和尚不滿意，馬上到官府告同行人的狀。他睡覺時被抓，綁得很緊，放進籠子，送到京城，一直把他關在籠子好像一隻猛獸。那個痛苦的人受酷刑，因此全部洩露。他好像為了通告有一隻船快來而回來安南；果實，三月初，一條小船，不知道哪個國籍，停留在京都對面的港口；船裝備武裝，船上有很多各國籍的人，中國人、暹羅人、安南人，人們耳傳也有歐洲人在裡面。不見到有人前來聯絡，那條船急忙離開。不過，也有許多人被抓；探報人被派去四面八方，陰謀被開案，三四個月的時間內。紅包被處凌遲，不過他的弟弟容他活，凌遲刑換成終身坐牢，一座特別的牢獄為他建立。〔註53〕

《大南寔錄》對於洪保政變這樣記載：

> 安豐公洪保謀逆，尋自縊于廨所，子女並預謀故員，尊室弼同削尊籍，革員陶致富凌遲處死，各籍拏親逢，先是洪保以不得立，心懷異謀圖潛通西洋，事覺帝頗優容之。去年又陰使府屬陳俊德通約高蠻煽變，經略大使阮知方拏解回京查果，保於拘所自盡，改姓丁，弼改姓潘（皆母姓）。〔註54〕

關於洪保自殺，通通皆是知道如此，但是還有耳傳述說嗣德皇帝或者張登桂逼他自縊，通常都是洪保派擁護者這樣編起來。我們知道封建制度對於造反尤其是推倒王位，就像 Galy 所說如果在明命時代，洪保一定馬上被處凌遲刑，可是嗣德非常寬容，以血緣關係、兄弟關係而不處罰此刑。

除了宮廷政變洪保事件，嗣德皇帝經過許多北匪煽亂，雖然問題不小但是作為一個朝代來說，這件事情不難解決，並且嗣德皇帝身邊的武官如阮知方等人都是勇將，一掃就光。內亂每日每發，尚未穩定，嗣德皇帝另外面對

〔註53〕坪井善明著（Yoshiharu Tsuboi），Nguyễn Đình Đầu（阮庭頭）譯：*Nước Đại Nam đối diện với Pháp và Trung Hoa*（大南國面對法國與中華），Nxb Tri Thức（知識出版社），Nhã Nam phát hành（雅楠發行），2014 年，頁 213～214。

〔註54〕國史館：《大南實錄正編第四紀》卷十，《大南實錄》第十五冊，東京：慶應義塾大學言語文化研究所複印本，1979 年 4 月，頁 5893。

一件世界性的侵略帝國主義。法國人連西班牙人接手攻打越南，嗣德皇帝第一次恐懼是法國攻打峴港，雖然失敗但是馬上轉移打到南圻，嘉定、邊和、永龍失守被法國人佔據，嗣德皇帝與朝廷官員驚慌發現法國人的野心。這個時候，因為事情已經非常著急，嗣德皇帝和廷臣經過一段非常長久的閉關鎖港，對世界問題一無所知，現在面對如此情形就如從夢中剛醒來。不知所措，嗣德皇帝馬上以原來的方案派使節到清國外交，哪知清朝當時一樣處在困境，經過許多使節團被派到中國回來，把事情轉告嗣德皇帝，他試圖以中國處理方式採用在自己的國家狀況。

嗣德十二年（1859）一月，法國攻佔嘉定等地，年底打算北上攻打順化但是因阮朝軍隊在廣南劇烈反攻是的法國軍隊無法突破，隔年（1860）法國海軍司令吧喻（Page）都督提出和約十一款，讓嗣德皇帝和朝廷官員議論，內容如下：

> 一款富浪沙〔註55〕與大南交好萬年，以彰大義。
>
> 一款該如有國書，由沱灢〔註56〕陸遞至京。
>
> 一款我國與何國交好，該國亦視為兄弟之國。
>
> 一款此次愚民，受該國雇役，聲請寬赦。
>
> 一款該國與我國元帥押印於和詞，該國兵船即行出汛。
>
> 一款爺蘇為非，則按律治罪；安分守法，則不可查拏及滋擾財物。
>
> 一款拏獲該國道長，請免鎖殺，交該國認回。
>
> 一款該船投來各汛通商，汛守不得攔阻，並例外苛索。
>
> 一款請給衣坡儒〔註57〕和詞一本。
>
> 一款請該道長聽其往來，從道社民勸講。
>
> 一款請使官居汛，立鋪（舖）通商。〔註58〕

對吧喻提出的這十一條款內容，嗣德與朝臣經過會議後答應前八款，後三款未通過。對於後三款未通過的情形可見當時越南包括嗣德皇帝與朝臣關心在於：通商與傳教。所以一定對其無法接受。於此同時嗣德帝秘密下令諭嘉定軍隊立即防備，做好抗戰的心理準備。另外南圻六省連軍與民都加強防

〔註55〕指法國。

〔註56〕沱灢即峴港。

〔註57〕指西班牙。

〔註58〕國史館：《大南實錄正編第四紀》卷二十二，《大南實錄》第十六冊，東京：
慶應義塾大學言語文化研究所複印本，1979 年 4 月，頁 6153～6154。

禦，訓練兵民等，意思是任何時間都可以和法國人對敵，因此戰爭連綿發生，持續不斷。在這種緊張的狀態下，法國與越南不得不以談判作主，條款再次被設立，這次邊和守臣阮伯儀等人和法國司令義和，義和內容如下：

　　一 西船通行嘉定以南以西各江面。
　　一 全赦戰局辰所屬負犯。
　　一 邊和、柴棍〔註59〕江面不築屯設備。
　　一 道教公行。
　　一 西人犯科交西官擬處。
　　一 西人公行通國，但遵妥善條律。
　　一 西船商賈何汛便利，并西官箚住。
　　一 須賠傷銀與西人二三名已被襲殺的親眷。
　　一 高蠻自後不得要他行聘。
　　一 全交嘉定、定祥省城并附地及邊和之戍油沒。
　　一 住兵兩國京都，大臣居住。
　　一 索銀四百萬員。
　　一 衣坡儒請于海陽之塗山一幅居住。
　　一 廣安、堯封之縣立巡，征稅十年後還來我國。〔註60〕

　　總共是四款，被嗣德皇帝拒絕。同時指責阮伯儀不慎重。事情一直延長到1862年春天，救災南圻三省嘉定、邊和、永隆已經被法國軍隊正式佔領這段時間南圻到處起義，匪亂踴躍發生，目睹如此無奈的狀況，人民傷亡，土地備戰，嗣德皇帝不得不再次忍讓同意，試圖把情形壓下降火，等到另外個機會。

　　嗣德十五年五月初九（陽曆1862年6月4日），嗣德皇帝派全權大使潘清簡和副使林維浹前往嘉定和法國代表海軍鋪那（Bonard）商量和約，在啟程之前，嗣德皇帝「酌御酒賜之諭以土地決不可許，邪教決不可公行，及二臣至嘉定竟以嘉定、定祥、邊和三省之地許之，又受賠銀四百萬元（約算至二百八十萬兩）並設堂講道開鋪（舖）通商」〔註61〕，二十日後駛至嘉定，和

〔註59〕指嘉定（今西貢）。
〔註60〕國史館：《大南實錄正編第四紀》卷二十六，《大南實錄》第十六冊，東京：慶應義塾大學言語文化研究所複印本，1979年4月，頁6242～6243。
〔註61〕國史館：《大南實錄正編第四紀》卷二十六，《大南實錄》第十六冊，東京：慶應義塾大學言語文化研究所複印本，1979年4月，頁6243～6244。

鋪那議和擬出這樣的和約，史稱之為〈壬戌和約〉又稱〈西貢條約〉因為簽地為嘉定（西貢），內容如下：

— 自後大富浪少〔註62〕大衣坡儒〔註63〕兩國君與大南國〔註64〕君及三國之民，無論何人在何地方均永遠和好，友誼敦篤。

— 富衣兩國在大南國設行天主教，有願從者悉聽其便，不願者亦不彊。

— 邊和、嘉定、定祥三省及崑崙島一處交富國管轄，如富國商人運大小船隻由大洋以及各派江河往高蠻等處作生意者，悉要聽從其便，若有富國兵船從此洋及各江往來察看者，亦聽從其便。

— 自議和後如有別國欲向南國惹事，或欲割地說和，須發信使與富國商議隨宜相助，其別國和款內如有割地之事，如富國允行則行，否則不必行。

— 富衣兩國商人來大南沱灢、巴濑、廣安三港口作生意者，均宜彼此相安各隨其便，所有南國稅例炤（照）例交納，若南國商人欲往富衣兩國為商，亦彼此相安各從其便，依兩國稅例炤（照）納。如別國商人來南國作商者，南國各官毋私為庇護過於富衣兩國，儻有商賈利益施於別國者，亦施於富衣兩國一樣。

— 如有緊要公事須會同辦理者，均派出欽差大臣，或於南國京師，或在富衣京城會辦可也，儻非因公事而三國或發使問安者亦可，但富衣兩國之船至沱灢港汛則將船停泊，欽使即起項由陸路進京。

— 既說和，則仇怨盡捐。凡軍民有被富國拘拏者放回，所有百姓等家產亦即給回，其南國人等有投服從事富國者，南國亦特恩赦免，竝不要罪親族。

— 補富衣兩國軍需之費銀四百萬元，分十年補足，是每年應交銀四十萬元於住扎嘉定之富國大臣收貯，茲已認錢十萬緡，俟日後交銀扣除，每銀一元重七錢二分。

— 南國如有匪徒海賊作亂之人，在富國所屬各地方滋擾而逃回南國

〔註62〕指法國（France）。
〔註63〕指西班牙（Spanol）。
〔註64〕指越南。

地方者，或有各西國囚犯賊徒逃往南國地方者，富國官即知會該
犯所逃之南國地方官，將犯拏解富國地方官治罪，若有南國匪徒
罪犯人等逃在富國所屬之地方者，南國官員亦知會富國官，將該
犯拏送南國地方官治罪。

一 自議和後，凡永隆、安江、河仙三省人民往來富國所屬各地方生
理者，所有富國稅例已炤（照）交納則悉從其便，若因公務或軍
兵、糧餉、火藥、炮彈、器械等件，欲從富國所屬定祥小海口往
來者，富國準行但必須南國官於前十日先為知會，富國官俾得給
票放行。儻不先行知會，又無富國官符驗而私為往來者，富國查
知定將該船擊破，軍兵並拏治罪。

一 永隆省現已為富國所得今暫為駐守，但富國之官兵雖住扎於永
隆，凡屬南國之事歸南國官辦理者，富國官兵毫無插進兼理，以
及禁止等事，惟南國現猶有奉命私探乘隙進攻之各官潛藏於嘉
定、定祥二省，現既已息兵又立和約，南國必須將此等官員召
回，俾地方人民均得平安，則富國即將永隆省交回南國管屬。

一 凡立和約章程後，三國大臣畫押蓋印奏上，奉畫押蓋印之日起
約計限以一年，三國御覽批準，即在南國京城互交存炤（照）。

〔註65〕

當潘清簡等人把和約帶回京城，嗣德皇帝驚慌，對於一種也可思議之事
絕望，切齒痛責潘清簡等人能做出如此侵害國家的行為：

帝曰：嗟哉，歷朝赤子，何辜甚覺痛心，二臣非特本朝罪人，千古
罪人也！〔註66〕

這件割讓土地的事情真正打動皇帝，對嗣德來說非常痛苦，在痛責潘清
簡、林維淶二人語中深深表現痛苦，作為「歷朝赤子」包括皇帝在內，怎麼說
皇帝也是國家的一分子，對於割讓國土的事情一定要覺得非常心痛。

經過這次恐懼，嗣德一面發覺自己國家的孤立性，他拼命想方設法找出
路，有發現安南國已久沒有看到世界情形，所以還是採用以往的方式試圖找

〔註65〕國史館：《大南實錄正編第四紀》卷二十六，《大南實錄》第十六冊，東京：
　　　　慶應義塾大學言語文化研究所複印本，1979 年 4 月，頁 6244～6245。
〔註66〕國史館：《大南實錄正編第四紀》卷二十六，《大南實錄》第十六冊，東京：
　　　　慶應義塾大學言語文化研究所複印本，1979 年 4 月，頁 6244。

到辦法。以傳統的思維，孔孟學說，君子之道的想法，想要以外交談判來拯救大南。嗣德皇帝一面派人出使中華、南洋等國探望，一面再次任命潘清簡為永隆總督，另外林維浹任順慶巡撫繼續和法方談判，為了重修〈壬戌和約〉。因為嗣德皇帝憑理性去判斷法國，以為文明之國已定會議文明處事，就是可以談判，另外皇帝憑和約最後一款：「凡立和約章程後，三國大臣畫押蓋印奏上，奉畫押蓋印之日起約計限以一年，三國御覽批準，即在南國京城互交存炤（照）」作為信心，就是能談判而了事。但事實卻不然，因為法國決定佔領南圻，所以有後來的赴法國談判的使團。不幸，計劃全部失敗，出使回來沒有獲得一如所望的結果，但是經過這次出洋，潘清簡使團得到大開眼界，仔細生動的接觸而瞭解法國的狀況，就是了解歐洲的技術及發展程度，甚至多多少少瞭解歐洲、法國的帝國主義的野心。

但是，嗣德皇帝雖然是賢明的國王，可他卻沒有接觸實事的條件，使得一無所知，對夕陽的狀況毫無瞭解，只能通過使團們回來回報，因此詳細的事情沒辦法被完全表示。嗣德皇帝完全誤會法國就是帝國主義的主義，他通過清國的處理方式就是傳教、賠償、繳錢贖地甚至割讓土地讓他們設立商港通商做生意。對於當時歐洲帝國主義來說這樣的獲得不夠，他們一定照帝國主義的主導而侵略又殖民屬國才得到更多的利益，就不像當時越南還處在封建制度，大戰侵略效果只為了朝貢及標示力量。而且帝國主義的目的是為了利潤、土地、同化等。就如鄭永常教授的一篇論文〈越法〈壬戌和約〉簽訂與修約談判，1860～1867〉中所認定：

> 嗣德帝對法國人在東亞尋找殖民地的決心，顯然並不清楚。他以為允許爺穌教傳教及允許居商便可化解危機，不得已才以「贖款」便可了事。也許嗣德帝從二次鴉片戰爭中，看到清朝應付英法兩國的技巧，只是賠款了事，並沒有喪失領土，至於割香港、九龍都是些邊陲之地，並不構成對朝廷的威脅，因此他似乎很有信心解決這次危機。當然嗣德帝沒有考慮及中國之大與越南之小的問題。〔註67〕

事情無法在嘉定談判了事，嗣德帝進一步派使赴法國，當時「命協辦大學士潘清簡吏部左參知范富庶廣南按察使魏克憻如西（清簡充正使，富庶充

〔註67〕鄭永常著：〈越法〈壬戌和約〉簽訂與修約談判，1860～1867〉，臺南：臺灣國立成功大學《歷史學報》第二十七號，2003 年 6 月，頁 111。

副使，克憻充陪使）」〔註68〕。這次陪同有法國和西班牙的代表協同出國，越南從來履次派使赴國外交好，不過大都是中國或東亞鄰邦而已，真正派使去歐洲此為頭一次，實在是非常進步的一次，甚至如歷史學家鄭永常教授經過多年研究東南亞歷史認定：

> 這是越南第一次派出欽差大臣出使歐洲，主動與法、西兩國政府直接談判南圻事宜。這次出使可說是一次外交出擊，也是東亞國家比較前衛的做法。由此可見，嗣德帝作為越南的最高統治者，有他的聰明才智。他不會畏縮不前，且很快顯示出他對國際形勢的認識，派使者出訪歐洲是突顯國家主體性的重要一步。〔註69〕

認定真的沒錯，嗣德皇帝經過許多挫折，嗣德皇帝已經多多少少瞭解狀況，雖然因國家背景和見聞條件他沒辦法完全瞭解，可是判定能力非常明顯，這次派使實際想要直接和真正的法國權力接觸，而不是在越南的代表權力，另外讓自己的官員能目睹耳聞真正的法國。雖然目的差一點能獲得，只是世界時局對東亞各國非常不利，包括越南在內，所以失敗是當然的。當做國家元首，環境又不同，嗣德皇帝不像些歐洲皇帝能東奔西跑知道軍隊，大開眼界，所以沒辦法親自到法國，不得已藉由手下去探望，回來回報的訊息可能不全面，又每有親眼親耳見聞所以瞭解不夠充分。另外教育思想不同，一直昏在孔孟學說，不知道世界知識已經進步到哪個程度，因此所有都昏昏暗暗，陷入一種摸索不清的狀態。真的是一種不幸。

〈壬戌和約〉帶來的國家失敗和傷害不是所有，這只是開始的一部份，經過這次失敗就如一種鬧鐘，使嗣德皇帝以及朝臣的一部份打下一拍，讓他們從自傲昏迷的夢裡醒來，告訴他們馬上起來適應世界，世界已經不如他們所理想的孔孟學說、封建制度的天子身分，如果不馬上體會這一點的話，後續已定還有好戲可看。

也就是經過這次挫折，朝廷裡面明明分成兩派：「主戰派」和「主和派」。潘清簡等人曾經屢次和法國代表官員談判，甚至親自到過法國，目睹西方文明與進步，馬上體會他們的強力，因此主要和嗣德皇帝建議主和，也合於嗣

〔註68〕國史館：《大南實錄正編第四紀》卷二十六，《大南實錄》第十六冊，東京：慶應義塾大學言語文化研究所複印本，1979年4月，頁6275。

〔註69〕鄭永常著：〈越法〈壬戌和約〉簽訂與修約談判，1860～1867〉，臺南：成大《歷史學報》第二十七號，2003年6月，頁112。

德皇帝的個性，以談判解決問題。不像其他堅固的廷臣，沒有意識到西方的勢力，一直昏迷，自高自大，所以還以為可以和法國或西方以槍火抵抗。嗣德皇帝這時候最為無奈的就是不知所措，心理雖然主和，可是被主戰派所拘束，又加上軟弱的個性而無法下決定。

事情連綿發生，嗣德皇帝被兩派互相大動，不知所措，外侵問題尚未解決，內亂不斷發生，南圻的人民不肯被法國統治，一部份移到沒有法國人的地方居住，一部人在些勇將的領導下拼命抗爭，與法國人一直攻打。法國人因為對南圻的地方氣候不熟，傷損不少，因此反過來要求順化朝廷幫他們解決抗爭問題，話說要求但其實是一種逼迫，順化朝廷若不聽他們的話可能會有更糟的事情發生。嗣德皇帝因為不敢惹他們法國人，心理試圖以談判來解決問題，所以也聽從他們鎮安南圻軍兵，讓朝廷想辦法處理，如果軍兵一直攻打法國人，惹他們的禍，之後談判桌上可能會受委屈，因此嗣德帝不得已聽他們的話。

〈壬戌和約〉雖然簽訂，南圻三省邊和、嘉定、定祥落入法國人之手中，直至 1867 年法國人幾乎已經把全南圻佔領，可是問題就是嗣德和朝臣尚未承認這種全部佔領的事實，努力找辦法以談判協調，期望把土地用錢贖回來。一方面北圻的土匪、另外 Jean Dupuis 商人為了個人利益勾引土匪和法國人試圖佔領北圻。面對這種情形，嗣德皇帝不得不要求南圻法人領導者協手安排。哪知，雖然 Francis Garnier 答應到河內處理 Jean Dupuis 的事情，可是到河內後他卻向河內總督阮知方要求談起土匪與通商的問題，並且傲慢的宣布把紅河開放給法國、西班牙和中國通商。面對如此不見友善的動作，阮知方非常憤怒，決定鞏固兵力隨時迎戰。1873 年九月 Francis Garnier 發出最後通牒，隔天攻打河內城，也就在這一場，阮知方受重傷，法國人看到阮知方如此堅強及忠誠，非常羨慕，把最好的語言勸喻阮知方，但是他一心不聽，絕食而亡，殉於國家。嗣德皇帝非常心痛，馬上派河寧省新總督陳廷肅立即趕到河內和 Francis Garnier 商議，另外命黃左炎催劉永福趕快出兵。

為了要解決〈壬戌和約〉的所有不妥，於嗣德二十七年正月二十七日，法國全權 Dupré 和大南國的黎峻、阮文祥在嘉定簽訂〈甲戌和約〉（又稱〈第二次西貢條約〉）。就在這次簽約後嗣德皇帝才真正的承認全南圻的佔領事實，以堅強去真正面對法國人。

〈甲戌和約〉內容總共二十二條款，非常長，因此我們不在附錄部分，

請翻閱。

　　因為本論文不著重討論政治、歷史的詳細，因此概要略述嗣德皇帝的政治事業重要問題及他的挫折。另外留給專業政治歷史的題目論及。雖然嗣德皇帝政治事業獲得不少的失敗，甚至他末年要割讓國土的許多，這件事情一直折磨他的心。但是我們也要承認嗣德皇帝已經付出盡可能的努力試圖調好狀況，委婉的處理事情，可是因為力不從心加上背景過於不利因此失敗。就如鄭永常教授在一篇論文〈越南阮朝嗣德帝的外交困境，1868～1880〉裡的結語：

> 嗣德帝是一位儒家的信仰者，思想保守但並不僵化，在面對法國入侵的過程中，時常興起各種應付的念頭，且經常主導國家政策的走向，越朝廷官員只扮演諮詢及執行角色。1862 年越法〈壬戌和約〉簽訂後，他企圖通過修約談判來收復失土，結果是「賠了夫人又折兵」，整個南圻都被法人占領。當法人在交阯支那站穩後，又開始覬覦北圻，迫順化同意開放紅河通商雲南。嗣德帝以為跟法國簽訂〈甲戌和約〉及〈商約〉便可以得到法國的尊重，他企圖尋找越南的國際空間及定位，以突顯越南的自主外交及獨立性格。可是，當他企圖走出法國的掣肘時，他才清楚認知在西方條約體系下，表面的尊重只是一種文字遊戲，對弱勢者而言條約就好像一把利劍橫架在脖子上。反之，在東方尊卑分明的朝貢架構下，他感覺到的獨立性及實質意義遠大於條約規範下的空間。他重新投向清廷，尋求庇護。可是，在複雜的十九世紀國際關係中，越南無論作何選擇都將面對殖民者的入侵。當然清廷出兵北圻亦非有愛於越南，是為了確保南疆的安全而已，縱然清廷願意為越南一戰，實也無力挽回頹勢，因為這是一個失衡的時代。〔註70〕

第三節　嗣德皇帝的文學事業

　　正如陳仲金史家曾經對在《越南史略》嗣德皇帝的認定：

> 翼宗是阮朝時代最為博學的一位皇帝，因此十分重視儒學。他留心

〔註70〕鄭永常：〈越南阮朝嗣德帝的外交困境，1868～1880〉，臺南：成大《歷史學報》第二十八，2004 年 6 月，頁 67～68。

科甲之事，改革科舉，增開雅士科和吉士科，以選拔文學之士，出來做官。翼宗又設置集賢院和開經筵，以親自於官研討典籍，作詩賦或談論政治。又命人編纂《欽定越史》，述自上古以迄後黎之事。——（戴可來譯）〔註71〕

也因這樣的善於文學，重視儒家思想，嗣德皇帝一方面被思想拘束，一方面被儒家傳統所沁潤的守舊廷臣所拘束，嗣德帝才找到失敗，雖然嗣德皇帝心裡有所想改變國家勢局，但是非常難得，也就是陳仲金另外認定：

廷臣是朝中幫助皇帝處理國事的官員。當時的情勢甚危急，因自19世紀初葉以後，世界上的生活和學術已有了長足的進步，各國之間的競爭也較前激烈。然而肩負我國政治的責任的人，只會專心留意於文學，徒夸筆硯之藝，論及國事則非堯、舜即夏、商、周，以幾千年前之以為現實之規範，爾後傲然自夸勝過他人，視天下為野蠻之人。當時的廷臣大部分都是如此者。雖然曾有一些人到過國外，目睹世界的景象，回國後言之，則被在家的老者們認為是胡言亂語，毀壞紀綱！這樣，這造成不知者一味怡然自得，而知之者不得不裝聾作啞不能與人談，被迫束手自縛，無可作為的局面。觀察後來的幾年，皇帝常垂詢富國強兵之道，諸官各抒己見搞出什麼花樣來。當時已有人洞察時勢，願意出國留學並企圖進行政治改革。丙寅年（1866年）即嗣德十九年，有阮德厚、阮長祚、阮條等幾個藝安人，前往西方留學。後來阮長祚回國，寫了幾篇條陳，歷述我國情勢和各國景象，請求皇帝早圖改革，否則將有王國之虞。皇帝將此條陳交官閱議。廷臣皆以為他是一派胡言，無人肯聽信。——（戴可來譯）〔註72〕

因此，雖然以為文學家的皇帝也不見得能處理好當時非常糟糕的國家情勢，也因為善於文學、儒家思想的官員，帶來的國家停滯。但是如果只單純從文學的角度而對嗣德皇帝評論，我們不能否認他是越南文學史上的一位大作家，尤其是阮朝文學。可是就如我之前所述，這一代現代學者，尤其是越

〔註71〕Trần Trọng Kim（陳仲金）著：*Việt Nam sử lược*（越南史略），Nxb Văn học（文學出版社），Nhã Nam phát hành（雅楠發行），2015年，頁379。

〔註72〕Trần Trọng Kim（陳仲金）著：*Việt Nam sử lược*（越南史略），Nxb Văn học（文學出版社），Nhã Nam phát hành（雅楠發行），2015年，頁377。

南社會主義的學者，因為他們所獲得的理論背景，而不太會讚賞嗣德皇帝的文學身分，這樣的不及對於我們的客觀文學視角來說是不妥當。對於一個任務，不管他們在哪個方面不太好的話，也不可能因此而連他們好的地方、長處都一律否認。

打個比方，越南社會科學翰林院的文學院自稱：

> 《文學研究》期刊，文學院的言論機關，前先得文學科學論壇，至
> 今已發展超過半世紀。經歷那麼長的發展過程，期刊已經許多努力
> 更新為了能並肩與文學生活和文學研究部門的發展，吸引了全國的
> 研究中心、各個大學、大專的研究專家。〔註73〕

所以就按這裡所述，所有有關文學，尤其是越南文學的研究一定被全面挖掘。可是檢查總目的題目，從 1960 年到 2010 年整整五十年，對於嗣德皇帝的文學身分或作品全無一篇。甚至對於阮朝皇帝的文學事業都一無所有。為何？這樣的狀況，是否偏見？或者說對嗣德皇帝或阮朝皇帝們的文學事業有所輕視？我個人覺得不太公平。我認為不會沒有人注意到阮朝皇帝們的文學價值，也不會沒有人去研究它們的豐富作品，只是有可能因為文學院宗旨有所限制，或者是被當時的社會主義國家建設的主導思想所拘束。雖然文學院沒有著重刊登，但是如果我們隨便問一位越南文學研究的專家的話，沒有一個人不知道嗣德皇帝是一位文學家，甚至是傑出文學家。

如果仔細閱讀總目的題目的話，我們不難發現他們文學院的宗旨，著重服務社會主義建設，對於舊朝（即阮朝）雖然不敢說是具有不共戴天之仇，可是也能顯露出他們對阮朝的價值極力否認。打比方，請看以下一段論述：

> ……西山農民起義在活動輝煌的勝利後，並沒有發揮自己的積極價
> 值，逐漸走向封建化之路，結果在阮福映的封建集團攻打下失敗，
> 阮福映具有塘中大地主階級中的社會基礎，另外受到外國資本者
> 的軍事援助。阮福映登基，建立阮朝，這是越南歷史上的最反動及
> 最專制的國家建構。社會中的階級鬥爭日益緊張，但是比以前更為
> 複雜的演變。阮朝統治封建集團和群眾的鬥爭一無讓步，當法國強
> 打侵略越南，因為自己的小氣心眼，而與反抗侵略的人民獨居一
> 旁，結果取得失敗。1858 年結束民族歷史的一個階段，打開新的一

〔註73〕文學院：*Tổng mục lục tạp chí nghiên cứu văn học*（1960～2010）（《文學研究期刊》總目錄（1960～2010）），河內：文學出版社，2013 年，頁 7。

個階段。在文學方面，1858 年耶結束一個階段，掀開心的一個階段。但是這個階段和接下來的一個階段於十九世紀末高中，一直仍然屬於越南文學的第一期，文學在封建意識體系框架中創作的文學時期。〔註74〕

　　我努力以中文體現越南文的語言靈魂，這是在一本講述越南文學的論述，阮祿的語言論述中雖然在論述文學，但我們很明顯都發現政治的精神深深的籠罩立論。一些社會主義的術語被徹底的運用在這裡例如：「封建化」、「大地主階級中的社會基礎」、「外國資本者」、「越南歷史上的最反動及最專制的國家建構」等。這本書在 1976 年寫的，就是越南全國剛剛被統一，社會主義建設精神非常深厚，所以對於每事件都被共產主義理論籠罩涉及。通過這樣的論述，很明顯發現他們對阮朝有何討厭，雖然在論述文學，一樣從政治的角度去攻擊。從而我們多多少少也能理解為何文學院文學研究期刊五十年內沒有關心研究阮朝皇帝文學事業，尤其是一位文學皇帝嗣德。

　　嗣德皇帝文學著作等身。如果從史學的角度去看嗣德皇帝的政治身分，以越南當代通常的社會主義派批評嗣德皇帝的話，他們都指責嗣德皇帝已經以才子的精神執行政治，導致國家的禍患。但是只單純以文學角度看嗣德帝的話，我們不可能不欽佩他對文學的愛好、才華。如果從比較大的客觀眼睛去看嗣德皇帝，一邊執行政治，在如此槍火著急的情況下，加上身體衰弱能創作如此豐富的作品數量，質量亦不亞於某個越南歷來文學家，我們一定不會忽略過他的文學身分。甚至梅克應認定：

> 洪任比他兄弟更突出，首先是詩藝。詩歌給他成為嗣君的其中一部分。詩歌對阮翼宗還是他面對同父別母之兄搶位的能力證明。詩歌運載立德、立言、立身、立業的宣言，並且詩歌成為這一位皇帝的究竟……因此，詩人身分比皇帝身分常居他身中。古今，我國詩人皇帝很多。具有帝王口氣如黎聖宗。敷衍政見有阮聖祖。表現規律有阮憲祖等。大部分一位詩人皇帝都有居高臨下的詩歌風態。阮翼宗詩人皇帝也許已經滾錯「天子」軌道而成為詩人的詩人。藝術家

〔註74〕Nguyễn Lộc（阮祿）著：*Văn học Việt Nam nửa cuối thế kỷ XVIII nửa đầu thế kỷ XIX（Tập 1）*（越南文學——十八世紀下半葉至十九世紀下半葉（第一冊）），胡志明市：Nxb Đại học và Giáo dục chuyên nghiệp（專業教育與大學出版社），1992 年，頁 15。

性建構他的詩的無私、明朗。生活情於人情比較親切和單純。作者
與讀者之間的距離比較縮窄甚至沒有存在。在一個專制君主社會
中，身為皇帝，能有幾個達到這一點？〔註75〕

　　就這樣的評價，足見作者已經有所公平的站在文學角度去評價嗣德皇帝
的文學位置。總管嗣德皇帝的文學事業，我相信對於我們文學研究者來說，
不可否認的是他創作力非常強，跨領域，就以舊觀念的文史哲部分的立場，
嗣德完完整整符合以為大作家。除了處理國事以外，皇帝也花許多時間孝敬
母親，剩下的時間難道嗣德皇帝只以文學與文學創作為樂趣？

　　他著作領域包括：政治學、文學、史學、語言學等，詔論文數不上數。例
如《嗣德聖製字學解義歌》是一本漢喃字自學、教科書、字典、查閱工具。越
南之前有《三千字》、《五千字》的漢喃教科書，書以一喃字解釋一漢字，雖然
有押韻但沒有分類，嗣德皇帝自己覺得不便，然親自創作《嗣德聖製字學解
義歌》更有邏輯。

　　書以越南傳統親切的六八詩體為形式：這樣的形式對越南人來說非常熟
悉、親切，很容易背熟，押韻非常流暢。

　　書比前者更新之點就是字彙分類：全書 13 卷分成 7 類：

1. 堪輿類：卷之一、二
2. 人事類：卷之三、四、五
3. 政化類：卷之六、七
4. 器用類：卷之八、九
5. 草木類：卷之十、十一
6. 禽獸類：卷之十二
7. 蟲魚類：卷之十三

書的字體大小分成四種：

1. 大的是漢字。
2. 中的是解漢字的喃字。
3. 小的作為註解，在每一詞句後若需解釋，作者以漢文文言文解釋。
4. 最小的就是音讀指標：就是在某個漢子的指定音讀上作註解。

這樣一來，根本是一本字學與字典兼用，又有邏輯又很分明，從這一作

〔註75〕Mai Khắc Ứng（梅克應）著：*Khiêm Lăng và vua Tự Đức*（謙陵與嗣德皇帝），
Nxb Thuận Hoá（順化出版社），2004 年，頁 75。

品來看，我們不得不承認嗣德皇帝是一位非常博學的人，尤其這裡是字彙語言學的學者。

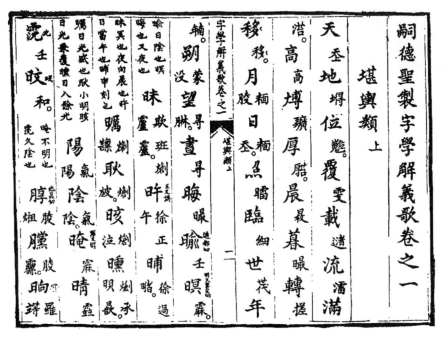

《嗣德聖製字學解義歌》書影

因為阮朝末年遇到戰亂，不只法國侵犯越南，另外還有日本、美國，一部份被帶回法國、日本，一部份被燒毀，失落的數量不可計算，阮朝的書院也散亂。現在古籍大部分被越南科學翰林院漢喃研究院保存。據漢喃研究院保存的紀錄，我們可以大略知道嗣德皇帝的作品留下來還有哪些，我儘量考越南漢喃研究院的記錄以及劉純銀等的《越南漢喃文獻目錄提要》文獻究竟查閱，列出嗣德皇帝現存遺留的作品，如下。

嗣德皇帝著作遺留

《嗣德御製詩》：現存各種印本，記號：VHv.2271、A.136/b1+b2、VHv.820/1-9、A.136/c1+c2、VHv.2273、A.136/a1+a2、VHv.1134/1-3、VHv.50/1、VHv.1133/1-3、VHv.821/1-6。是一套全集嗣德皇帝的詩，包括《嗣德御製詩初集》、《嗣德御製詩二集》、《嗣德御製詩三集》。《越南漢喃文獻目錄提要》載：《嗣德御製詩》嗣德撰；阮述等編輯：今存《御製詩初集》二種、《御製詩二集》三種、《御製詩三集》六種。本書卷帙浩繁，其中《初集》二十卷966頁、《二集》十五卷662頁、《三集》二卷1030頁（各種頁數稍有不同），各冊高

20 至 39 公分，寬 19 或 20 公分不等。嗣德詩集，阮述、吳季侗、阮克煒、宗室濯等內閣及使館官員奉旨編輯，嗣德三十年（1877）印。原目編為 4113 號。漢文書。記號比上述多加一款 VHv.2272。〔註 76〕

《聖製詩三集》二十卷，嗣德撰。今存阮朝內閣同慶三年（1888）本一種，今藏巴黎，二十卷。四冊，高 29 公分，寬 18 公分，頁數不詳嗣德的第三部詩集，撰於 1874～1883 年間。原目編為 3361 號。漢文書。Paris EFEO VIET/A/Litt.2（1-4）。〔註 77〕

《嗣德御製文》：現存各種印本，記號：VHv.1137/1-6、VHv.2270、VHv.1135/1-3、A.120/c1-2、VHv.1136/1-3、VHv.2337、VHv.2338、VHv.47/1-3、A.120/a、VHv.822/1-4、A.120/b1-2。嗣德皇帝的文全集，內容是諭、論、箴、銘、散、表、記、賦、對文等。包括《嗣德御製文初集》、《嗣德御製二集》、《嗣德聖製文三集》。裡面有《御製越史總詠歌》的序文等。《越南漢喃文獻目錄提要》載：《嗣德御製文》今存《御製文初集》二種、《御製文二集》三種、《御製文三集》六種。本書卷帙頗煩，其中《初集》十三卷 560 頁、《二集》二十二卷 726 頁、《三集》十四卷 281 頁（各本頁數稍有不同），各冊高 26 至 30 公分，寬 17 至 20 公分不等。嗣德文集，吳季侗、阮述、阮通等內閣及使館官員編輯，嗣德二十九年（1876）印。原目編為 4114 號。漢文書〔註 78〕。記號與上述相同。

《聖製文三集》：今存阮朝內閣同慶三年（1888）本一種，今藏巴黎。頁數不詳，高 29 公分，寬 16 公分。嗣德的第三部文集，撰於 1875 至 1880 年間，阮述編輯。原目編為 3362 號。漢文書。記號：Paris EFEO VIET/A/Litt.3（1-3）。〔註 79〕

《嗣德聖制字學解義歌》：現存各種印本，記號：VHv.631/1-4、VHv.363/1-4、VHv.627/1-4、VHv.626/1-4、VHv.628/1-4、VHv.629/1-4、VHv.630/1-4、AB.5/1-2、AB.311，共 9 種印本，其中 VHv.626/1-4、VHv.627/1-4、VHv.628/1-4、

〔註 76〕劉春銀、王小盾、陳義主編：《越南漢喃文獻目錄提要》，臺北：中央研究院中國文哲研究所編印，2002 年，頁 721。

〔註 77〕劉春銀、王小盾、陳義主編：《越南漢喃文獻目錄提要》，臺北：中央研究院中國文哲研究所編印，2002 年，頁 721～722。

〔註 78〕劉春銀、王小盾、陳義主編：《越南漢喃文獻目錄提要》，臺北：中央研究院中國文哲研究所編印，2002 年，頁 722。

〔註 79〕劉春銀、王小盾、陳義主編：《越南漢喃文獻目錄提要》，臺北：中央研究院中國文哲研究所編印，2002 年，頁 722。

VHv.629/1-4、VHv.630/1-4、VHv.631/1-4、VHv.363/1-4 於成泰九年（1897）刻印，610 頁；AB.5/1-2 於成泰十年刻印，602 頁；AB.311 於成泰十年刻印，144 頁，只存卷之七、八、九而已。

《慈訓錄》：現存二種印本，記號：A.149/1-4、VHv.154/1-4，各 242 頁。內容共 225 篇文，記錄嗣德皇帝母親慈裕太后給他和皇親、官吏等人的教訓，要修身、求進、勤學、廉正等。

《論語解釋歌》：共七卷，現存二種印本，記號：AB.186/1-2（1110 頁）、VHv.709/3-6（798 頁）缺卷之一、二，這本由嗣德皇帝編撰，以六八詩體把《論語》演喃意思，注音漢字，漢喃雜用。阮有稱、吳惠連、黃炳、阮善校檢。

《御制辟雍賡歌會集》（雍歌）：現存一種印本，記號：A.150（458 頁）；一手抄本，記號：VHv.102（206 頁）。由嗣德與群臣編撰，嗣德皇帝與群臣於一次參觀孔子廟、國子監的詩、賦、誦、表等，內容讚頌朝廷對教化有很大留心。

《御制詩》：現存二種手抄本，記號：A.1101（102 頁）、A.1513（176 頁）。內容是嗣德皇帝、張登桂、裴俊、綿審、阮文超等人創作，大概從嗣德三十一年（1878）到三十五年（1882）。嗣德皇帝與文臣的唱和詩主要以風景和中國歷史人物，其中 A.1513 版本有很多皇帝制定作詩，有清乾隆皇帝的《落葉詠詩》的許多文臣的唱和詩。《越南漢喃文獻目錄提要》中記載：今存抄本二種。102 頁抄本，高 26.5 公分，寬 14.5 公分；176 頁抄本，高 27.5 公分，寬 20 公分。嗣德及其文臣的唱和、應制之作，作於嗣德三十一年（1878）至嗣德三十五年（1882）。176 頁抄本，首為嗣德與張登桂、阮播儀、阮文超、張國用、蘇珍、阮文豐、武維清、潘日省等人的唱和之作，其中多有詠中國人物詩；後為五種同一主題的詩各八十首，即阮思僩的《神仙冊八十題》，詠中國的神仙，其事多出《列仙傳》；綿審的《武略冊八十題》，詠中國武人，首篇為皇帝；綿寊（原作賓）的《隱逸冊八十題》，詠中國的隱者；阮文交的《賞覽冊八十題》，詠中國歷史上的遊賞之事，首篇為莊子濠上觀魚；范清《烈女傳》，詠中國的女子；另一本附載嗣德和清乾隆的詩。原目編為 2479 號。漢文書。記號：A.1101、A.1513。〔註 80〕

〔註 80〕劉春銀、王小盾、陳義主編：《越南漢喃文獻目錄提要》，臺北：中央研究院中國文哲研究所編印，2002 年，頁 640。

《御制詩》：今存抄本一種。150 頁，高 28 公分，寬 16 公分。詩文集，邊者不詳，本書收錄嗣德和阮伯儀餞送范輝詠出使清朝的詩篇及紹治、嗣德的紹治的詔、諭、箋，另有群臣奏疏，論及鄉試賑災等事。原目編為 2480 號。漢文書。記號：A.1793。〔註81〕

《御制詩集》：現存一種手抄本，記號：A.2142。嗣德皇帝大概在嗣德六年（1853）到嗣德九年（1856）創作的詩，內容有懷念潘輝咏出使中華的心思，詠景、詠中國歷史人物等，與 A.1513《御制詩》有所重複，另外雜錄些詔諭謝表等。另附紹治的詔、諭及魏克循、武維清、潘日省等人的謝恩表。也沒把握 2484 號，漢文書，記號：A.2142。〔註82〕

《御制詩五集》：今存印本一種，64 頁，高 26 公分，寬 16.5 公分，詠景詩，嗣德作。題「御製詩五集卷之三」，則該編原為五卷的第三卷。其餘四卷今未見。原目編為 2481 號。漢文書。記號：A.2344。〔註83〕

《御制詩賦》：現存一種手抄本，記號：A.1098（180 頁）。內容是嗣德皇帝的詩賦記等文，詠歷史人物、美景，對南方的山川土產的感想。嗣德皇帝親自選錄中國唐宋的 56 首詩，《四庫全書》完成的二篇表文等。《越南漢喃文獻目錄提要》載：180 頁，高 26 公分，寬 14 公分。詩文雜訂；本書起首部分、闕損，可見者為《四庫全書總目》卷首的奏表。正文為《御製詩賦》，嗣德作，收《閱武穆》、《南望》、《幸順安汛二首》等詩作及《兩兼樓記》、《無題賦》、《命名賦》、《南圻土產賦》等文章；末為《唐宋詩醇》的白居易部分。原目編為 2482 號。漢文書。〔註84〕

《嗣德機餘自省詩集》：現存一種手抄本，記號：A.1541（512 頁）共四卷；MF.3178〔註85〕。收錄嗣德皇帝在悠閒時間作的 560 首詩文，包括對論及學習之事，自己檢討，詠史、詠景，感作等。

〔註81〕劉春銀、王小盾、陳義主編：《越南漢喃文獻目錄提要》，臺北：中央研究院中國文哲研究所編印，2002 年，頁 640。

〔註82〕劉春銀、王小盾、陳義主編：《越南漢喃文獻目錄提要》，臺北：中央研究院中國文哲研究所編印，2002 年，頁 705。

〔註83〕劉春銀、王小盾、陳義主編：《越南漢喃文獻目錄提要》，臺北：中央研究院中國文哲研究所編印，2002 年，頁 706。

〔註84〕劉春銀、王小盾、陳義主編：《越南漢喃文獻目錄提要》，臺北：中央研究院中國文哲研究所編印，2002 年，頁 706。

〔註85〕劉春銀、王小盾、陳義主編：《越南漢喃文獻目錄提要》，臺北：中央研究院中國文哲研究所編印，2002 年，頁 721。

　　以及《御製越史總詠集》或《詠史演音》：是本論文下一部份的研究重點對象，請看下面介紹。

　　另外在《嗣德御製文二集》中有載一篇〈官職詩七十首序〉（卷十四，頁十五）因此擬定還有這一作品名曰《官職詩七十首》曾經問世，但今日不見。

　　　天地為民置之君，以長以治，一國自有一國之政教，至廣至眾，君不能獨壬（任）〔註86〕，於是設官分職，各有司存無小無大，無遠無邇，皆所以補君以治民者也，雖古今建設多寡，沿革異同，無非隨辰施宜無能稱事而已，苟一事不舉，一夫失所，則即有曠官溺職之誅隨之，故一日立乎，其位亦必行乎，其政教誠不敢苟然而為也，夫是則上可以對君，下可以率民，而能無愧于心，無愧于天下後世矣，官豈虛設耶，亦豈可無交相儆勖，以要其咸耶。朕事繁學淺，不暇考古，姑以現職現事略抽己見，各繫以詩務歸簡切庶可當箴，凡能讀而思之，則易曉易圖，求可稱是亦已足矣，若謂鄙俚無文則誠然，然非朕作意。雖曰天下安，注意相，天下危，注意將，然亦未始不相須以成，同寅協恭，和衷哉，無黨無偏斯善矣。〔註87〕

　　片段在各個作品中嗣德皇帝的論文如：

　　《英廟諭錄》：現存二種手抄本，記號：A.388（160頁），A.1315（144頁）。由內閣陳敏、林維義、范世顯、杜士馴等人奉撰。內容是嗣德皇帝的各個論文有關：當官、婚娶、喪禮、史編、免租稅、各官的衣服穿著等。

　　《博學宏詞科策文》：現存一種手抄本，記號：A.2730（1136頁）。嗣德皇帝之諭（嗣德四年，1851）崙博學宏詞的意義。

　　《本邑登科誌》：現存一種手抄本記號：A.2226（120頁）雜喃字。嗣德皇帝的勸喻官吏要清廉、勤儉，一些詩文、對聯參觀祝賀等。

　　《報文抄集》：現存一種手抄本，記號：VHv.1988（106頁）。內容有嗣德皇帝的論文內容重新規定科舉規範。

　　《北國封啟》：現存一種手抄本，記號：A.2183（26頁）。因清國世界至越南封王，所以嗣德皇帝作謝恩表。

〔註86〕原作「壬」，本「任」，因嗣德皇帝字洪任，忌諱改寫「壬」。

〔註87〕《嗣德御製文二集》卷之十四〈官職詩七十首序〉，漢喃研究院圖書所藏記號A.120，頁十五。

　　《蓬洲武先生試文》：現存一種手抄本，記號：VHv.422（106頁）。內容有嗣德皇帝因開制科的詔文。

　　《珠批寶翰》：現存一種手抄本，記號：A.509（130頁）。內容是嗣德皇帝對廷試的對策試卷之批評文章。

　　《制科文選》或《制科宏材文選》：現存二種印本，記號：A.2736（100頁）博文堂印；A.1667（108頁）柳堂印。內容有嗣德皇帝對嗣德四年（1851）博學宏詞科舉之論以及考試九題（賦、詩、文策）。

　　《詔表對帳雜抄》：現存一種手抄本，記號：VHv.1860。內容有嗣德皇帝有關立嗣君膺禛於嗣德36年（1883）。

　　《詔表儀式》：現存一種手抄本，記號：VHv.598。內容有嗣德三年（1850）皇帝親自耕作籍田後之諭，對科舉之事的諭，以及許多制告。

　　《詔表體文雜錄》：現存一種手抄本，共四冊，記號：VHv.621/1-4。內容有嗣德皇帝的箴名曰〈七情箴〉勸人們修養七情：喜、怒、哀、懼、愛、惡、欲。

　　《詔表並御制詩》：現存一種手抄本，記號a.1881（112頁）。收錄54篇詔、諭、詩、賦等，包括嗣德皇帝的文章。

　　《詔文抄錄》：現存一種手抄本，記號：A2112。由何寧總督武溪子宗室奉抄錄58篇榜樣詔文，讓士子用來做參考學習，包括嗣德皇帝的三篇詔文：登基詔、頒國諱詔、尊紹治皇帝之號詔。

　　《武東暘文集》：現存二種手抄本，記號：A.1884（168頁）、A.2155（112頁）。內容有嗣德皇帝的晉封太后的詔，清國封王謝恩表等。

　　《欽定對策準繩》：現存三種印本，記號：A.1386（218頁）、A.2307、VHv.1250 柳文堂於嗣德十年印（148頁）；五種手抄本，記號：A126（284頁）有潘清簡的一奏一表、VHv.1249（218頁）、VHv.596/1-2（218頁）、VHv.408/1（118頁）缺卷之一、VHv.957/2（138頁）缺卷之二。期中A.1386有御製一文、論一文，寫於嗣德九年（1856）。內容是阮朝科舉榜樣文策，讓讀書人當做教科書，以中國董仲舒、文天祥、蘇軾等文章為主。

　　《皇朝詔諭御制文》：現存一種手抄本，記號：A.2110（170頁）。內容收錄紹治皇帝、嗣德皇帝和文臣的詔諭詩文等，大約自從紹治一年（1841）到嗣德三十五年（1882）。

　　《紹治嗣德詔諭》：現存一種手抄本，記號：VHv.1131（158頁）。內容收

錄紹治皇帝的遺照，嗣德皇帝的 46 篇詔諭有關：嗣傳、壽賀、勸喻人民、勸農、開科舉之試、求賢等等。

《嗣德時文》：今存抄本一種。56 頁，高 31 公分，寬 23 公分。嗣德朝的文章總集，書中收錄有嗣德御製的《立政臨民》、阮思簡的同題作品、嗣德御製五言詩（並序）、阮公著的同僚為其致仕餞行的張文、題士王廟詩、中國勞崇光的《〈南國風雅統編〉序》、水舍火舍國王的謝恩表等。原目編為 4117 號。漢文書。A.285。〔註 88〕

可見嗣德皇帝的作品量非常豐富，寫作能力非常強，以及創作精神非常高。這樣可能是他小時候在母親的嚴格教養下加上好學性格而成的。嗣德皇帝被普遍越南學者認定是一位求進、知識嗜好者，他從小就認真注意到學習的培養質量。在《御製詩初學》的〈序〉言：

> 幸賴嚴、慈妙濟神化無方，幼而勖之學，遇之遊，諄諄然侃侃然，坤德厚矣，長而詁之書，課之詩，循循然煥煥然，乾道神矣，化工陶冶，點綴萬物，使其光輝文采，日彰而物不自知也。方虔供子職，溫故以知新，不幸未加冠，遽已投艱廢學，辰縈習律，意雖有而筆未扛，忽然銳志向學。政事之餘惟樂觀書籍，獨自勤劬，書以書解，得則欣然而未能信，不得則闕如以矣。古人忽與我晤言一室，迷途中自有指南車，在乃漸漸而進志，有之言以足志事，推之言以應事，中不已則外不禁，始而室中而疏，終而積不覺其多多焉，或是天啟其衷，列聖闢其障，原不自知其何以能是抑未能是，雖醫工眾藝不得師授已不能就其能未必。古人果不我欺，抑我未達，反欺古人以自欺，惟其好之誰其教之，亦不過躬自道也。無以易此何必他寶也。初尚簡又方壯，簡故易，壯故勤，易故富，勤故博，故和平之音，多中。遇變又漸衰，變故難，衰故憪，難故寡憪故陋。故怫鬱之音溢。〔註 89〕

另外《越南漢喃文獻目錄提要》中另外記載一些有關嗣德皇帝的作品如：

〔註 88〕劉春銀、王小盾、陳義主編：《越南漢喃文獻目錄提要》，臺北：中央研究院中國文哲研究所編印，2002 年，頁 645。

〔註 89〕《嗣德聖製文三集》卷之十（頁 2a～b、3a～b），Phủ quốc vụ khanh đặc trách văn hoá xuất bản（國務卿府文化特責出版），第二冊（原作），Saigon，1971 年，頁 XXXIX-XLII。

《嗣德遺詔》：今存嗣德三十六年（1883）抄本一種 42 頁，高 27 公分，寬 14 公分。嗣德詔書。嗣德於 1883 年 6 月 16 日駕崩，遺詔立膺禛（阮育德）為太子，以阮文祥、陳踐誠、宗室說為補政大臣。此為其詔書，書中另載阮文祥、宗室說二人的奏文，請求慈裕太后廢黜膺禛改立阮協和（洪佚）繼位。原目錄為 4111 號。漢文書。記號：VHv.177。

《嗣德詔諭》：今存抄本一種，175 頁，高 32 公分，寬 22 公分。嗣德關於課說、平寇等問題的詔諭。原目編為 4109 號。漢文書。記號：A.58。

《嗣德間詔諭》：今存抄本一種，82 頁，高 26 公分，寬 16 公分。嗣德時代的詔諭奏表。內容涉及即位、祝壽、兵備、邦交、進貢等方面。原目編為 4112 號。漢文書。VHv.2343。

《嘉隆紹治嗣德公文》：今存抄本一種。202 頁，高 28 公分，寬 17 公分。阮朝詔表檄文。分別撰寫於嘉隆元年（1802）、二年（1803）、紹治七年（1847）、嗣德元年（1848）、十三年（1860），共三十四篇，其中七篇喃文，諸篇內容包括祭附馬文、嗣德即位表等。原目錄編為 1192 號。漢文書。A.1570。

《諭準晉封親王新公》：今存抄本一種。100 頁，高 26 公分，寬 15 公分。嗣德在五旬大慶日所頒的冊封詔諭，附有五旬大慶專用的樂章以及供祭的疏牒。原目編為 754 號。

《諭文抄錄》：今存抄本一種。22 頁，高 28 公分，寬 16 公分。關於選舉人材、慰勞將士和官吏的兩篇論文。附載御制詩《七情箴》。原目編為 757 號。漢文書。記號：A.1882、MF.3283。〔註 90〕

嗣德皇帝愛好知識，但是找他所述的就受教不多，小時後受教的老師不過馬虎，直到當皇子的時候才有機會受教比較好的老師，不過時間太少，學習的東西也不足夠，因此嗣德皇帝早就以自己的知識愛好而培養自學精神：

> 及為皇子僅止七年而師教僅稍勝耳，所學詩書四子亦未竟全，編其他經史子集全未涉獵，況於詩文乎哉，益以官冷錄微，大科巨儒，誰樂居此名為廷選寔亦視常，安肯將有用之人而擯之於無用之地。〔註 91〕

〔註 90〕劉春銀、王小盾、陳義主編：《越南漢喃文獻目錄提要》，臺北：中央研究院中國文哲研究所編印，2002 年，頁 126～128。

〔註 91〕《嗣德聖製文三集》卷之十（頁 2a～b、3a～b），Phủ quốc vụ khanh đặc trách văn hoá xuất bản（國務卿府文化特責出版），第二冊（原作），Saigon，1971 年，頁 XXXVII～XXXVIII。

其實，嗣德皇帝適合自學之路，他「翼宗又設置集賢院和開經筵，以親自於官研討典籍，作詩賦或談論政治。」是非常聰明，表現嗣德皇帝的勤學精神，通過「集賢院」和「開經筵」嗣德皇帝可以打開自己的知識世界，如果以現在的眼光看，可以把它視為讀書會或一些局部的研討會，通過這樣的開放場合，嗣德皇帝一邊學習，一邊提高自己的知識以及通過這一扇門得知外面的世界。勤學精神培養他的仔細、認真精神，當時申仲愊曾經講述：

> 翼宗既培曉諸事，且又勤於政，故每日下達旨意竟至九、十時，始還內宮。──（戴可來譯）〔註92〕

> 今閱內閣所藏各原本，見許多疏片皇上所批比各官原奏還長。字美文工，人人皆敬佩皇上之才。──（戴可來譯）〔註93〕

> 皇上本是一好學之人。每晚讀書亦至深夜。有三本《御製詩文》行世。又製字喃，俾使百姓易懂，如《十條》、《自學演歌》〔註94〕、《論語演歌》等等。──（戴可來譯）〔註95〕

就看嗣德皇帝仔細認真的精神不只在學習過程，而且已經被培養成為皇帝的美德，政事勤勞，學習認真，因此在嗣德當皇帝三十六年之間各官都非常準時，有些官員住遠地，都非常早就起床喝粥，準備出門進城拜朝。

「集賢院」、「開經筵」聚集許多文才凜凜的人例如：張登桂、潘清簡、阮思僴、從善王綿審、綏理王綿寊、相安郡王綿寶等，都是巨儒學者，足以讓嗣德皇帝討論經書世事，一方面以嗣德皇帝愛好文學創作性格來說，他們可以互相交往作詩交流。

在《從善王》一書有一段嗣德皇帝與從善王的對話曰：

> 嗣德皇帝宣召進宮以便教授詩藝，則帝所嗜之藝。

> 帝問：詩與歌何別？

> 奏：詩即歌也；詩與歌亦越調乎。

> 帝問：樂調為何於詩、歌耳？

〔註92〕Trần Trọng Kim（陳仲金）著：*Việt Nam sử lược*（越南史略），Nxb Văn học（文學出版社），Nhã Nam phát hành（雅楠發行），2015 年，頁 376。

〔註93〕Trần Trọng Kim（陳仲金）著：*Việt Nam sử lược*（越南史略），Nxb Văn học（文學出版社），Nhã Nam phát hành（雅楠發行），2015 年，頁 376。

〔註94〕校訂：「字學」。

〔註95〕Trần Trọng Kim（陳仲金）著：*Việt Nam sử lược*（越南史略），Nxb Văn học（文學出版社），Nhã Nam phát hành（雅楠發行），2015 年，頁 376。

奏：因詩句、歌句都以漢字合於樂之音，故吟同於唱也。

帝問：汝則精音調，精詩歌，朕召入內教授其藝也。

奏：詩藝，僅閒者無機心纔能學也。臣等因仍帶有許俗累，故存心
學之，而至今尚未成藝者。

帝問：詩藝難乎？

奏：非難也，但少有人足夠資格而學之至成哉。

帝問：如朕者，足夠資格而學之乎？

奏：否！因治國之業，晝有萬事者，負擔重大，心無得閒，故古至
尊雖作詩，僅一時消遣而已，而詩藝，本不學，亦不該學也。

帝問：算了，成藝或不成藝，本因學者之資格；而師者，只要不藏
詩藝則行哉。〔註96〕

嗣德皇帝愛作詩，知道從善王棉審善詩，同時是皇城中最佳的詩
人。皇帝常常作詩吟詠給妃嬪聽，後抄寫，放在朱盒，派人送到棉
審看，評品，或修改。棉審是皇帝的叔父。帝甚愛，因此才有這樣
的別待。從善王對每一首詩仔細的看，選出好的詩篇，不好的詩篇
放回。又提拔非常適當。棉審很少修改他人的詩，雖然皇帝書中囑
咐委託他糾正，萬不得已他才修一二字，大部分提出意見讓皇帝自
修。〔註97〕

　　從以上的些證據，可見嗣德皇帝一心一意愛好文學，對詩文有一幅衷心，
因此除了國事意外，嗣德皇帝專心於著作，從而產生如此繁複的作品量。雖
然數量豐富，而且質量也非常高深，就看皇帝的《嗣德聖製字學解義演歌》
而言，嗣德皇帝已經超越之前的學者，編出一本非常有邏輯科學性，給國內
人人都能有非常便利的學習條件，這樣也是從他愛國民的心也。

　　除了著作文學，嗣德皇帝是一位非常關心史學，硃批《欽定越史通鑑綱
目》、《明命政要》等。

　　硃批：《明命政要》朕已恭謹閱畢，交史館領回，焗內示改等處焗

〔註96〕Ưng Trình（膺脹）& Bửu Dưỡng（寶養）著：*Tùng Thiện Vương-Tiểu sử và thi
văn（1819～1870）*《從善王──生平與詩文（1819～1870）》，順化：Văn Đàn
文壇出版，1970 年，頁 136～137。

〔註97〕https://cldup.com/DYdkb2YIfl.pdf

辦。夫既名為要而此編尚煩冗，故未稱聖意甚是，然朕不敢多省，

略刊過泛者一二條而已。奉我皇祖，孝德純備而於奉慈齊家二目尚

欠，但已散見於各目，欲摘之亦難而少，故仍然。且《貞觀政要》

止書言，此兼書事，尤足法其論者，係後人非撰者，故謹接省免浮。

宜將奏準與作凡例弁之，簡端以明其所以，不敢作序，仍撿辦清，

請刊行傳之四海，萬事子孫，永永遵法足矣。欽此！〔註98〕

　　這一章大略概括了嗣德皇帝有關的生平與事業。可見嗣德皇帝秉性善良、好學，適合於孟子所說「人性本善」，又先得到母親的嚴格教養，後收到紹治皇帝父親的寵愛及培育。在這樣子的環境中逐漸形成嗣德的儒家思想聖人模式的君王，而且是一位性善的皇帝。

　　但是，事不如人所想而順暢，在幸運中含著不幸，不幸中含著幸運，不過不像是「塞翁失馬」的諺語而進行。嗣德皇帝幸與不幸好像不均衡，他雖然想要通過仁義禮智信當一位好的君王，就是典範模式的聖人君王，而世界時局卻不如經典模範執行，很明顯變得很遠，所以雖然嗣德皇帝所學的精粹不是不好，只是不適合而已。因此給他帶來了許多挫折及失敗。

　　第一次挫折就是有關皇位的問題，洪保事件好像給他打了一個巴掌，慌忙發現政治路途非常不平。雖然嗣德本身愛護兄弟，對洪保從沒惡心，但是國有國法，造反是大罪，不管皇室之類都不能忽視，因此在國法的壓力下以及朝臣的監督，嗣德不得不處理問題，結果導致洪保之死，然後也就是洪保的死亡招來了嗣德的許多呢言如嗣德篡位、殺兄之類。可是根據我以上的分析，嗣德很明顯以及值得當皇帝，所以說他登上皇帝位的事是一種陰謀也許是偏見，這個訊息不能成立。

　　從第一次挫折提醒了嗣德皇帝要小心翼翼的執政。他已經專心學習，認為學習贏定可以幫助自己執政，他的想法非常有邏輯，而且正當，可是他所學習之路已經有了錯誤，嗣德皇帝應該多注意一下當時的歐洲科學知識，改革開放之類。其實，嗣德皇帝不是不想要改革開放，不過在朝臣的壓力下以及他原來受到傳統儒家思想的過分沁潤，因此很難一說換就換。從而給他的政治事業帶來了最大失敗就是眼看國土一步一步的被法國人佔領，且無可奈何。

〔註98〕阮朝國史館：《明命政要》（第一冊），文化特責國務卿出版，1972 年，頁 X
　　　　～XII。

不過，嗣德皇帝的失敗不是突然的，那已經很明顯的問題，只是遲早而已。這種失敗不能全部歸於嗣德一個人，公平來說朝臣、士紳〔註99〕還是一個大勢力，一定要負擔一份大責任，因為：一、皇帝不能一個人決定而忽略朝臣的意見；二、朝臣是積極打動皇帝的成份。朝臣甚至有時候能操弄政事，廢立弄權。因此我覺得後來的史學家觀點認為越南當時敗於法國都是嗣德皇帝的過錯，這樣的觀點不公平。

嗣德皇帝的政治事業如此挫折。與其相反的是文學的事業比較順暢，適合於嗣德本身的性格。越南國土雖然在嗣德時代落在法國之手，但是越南文學的花園得到嗣德皇帝種下許多花種果樹。在嗣德皇帝的鼓勵下，皇宮中存在「集賢院」、「開經延」、「國史館」等學術機關，結交許多手下的偉大文人，宗室裡也有很多善於文學，甚至偉大如：綏理王綿寊、從善王綿審、相安君王綿寶。嗣德本身是詩人，他給越南文學留下了許多有價值的學術著作以及非常美麗的詩文集。

〔註99〕士紳：指地方所在的人士、親豪、書吏以及退休的官吏、職員。

第三章　越南文學與詠史詩發展

第一節　越南文學的發展

一、越南文學在周邊地區文學中的地位

　　越南位於中南半島，東、南面海，西背老撾、柬埔寨，北鄰中國，地形狹長，從北端至南端長約 1650 公里左右，多高山谷地，中間一段尤為狹窄，最狹窄的地方以東西方向算約 50 公里。越南古代又屬於「東亞漢字文化圈」，開始以北方為基地，合中國百越族有著相當關注，後脫離中國往南方開拓，逐漸形成如今「S」形地區的國家，據上海師範大學文學研究所李時人教授所下的定義：

> 「東亞」，是一個兼顧地理、歷史和文化的概念，主要包括中國、越南、朝鮮半島和日本等國家和地區，地域範圍與一些現代西方學者的說法基本相合。如〔美〕費正清、賴肖爾、克雷格等提出，「東亞」包括地理、人種和文化三層含義，地理上指受崇嶺和大漠阻隔的東部亞洲地區；人種概念之指蒙古人種居住區，文化概念則主要指淵源於古代中國的文明圈，包括中國、越南、朝鮮半島和日本在內，並認為「東亞」就是「中華文化圈」。……「漢字文化圈」的概念，則因為除了其他特點之外，古代「東亞文化」的一個顯著特點是以「漢字」作為相關國家和地區之間文化關係的主要媒介，而文字不僅是「文化」的載體，在一定程度上也可以說是某種「文明」的標識。〔註1〕

〔註 1〕李時人：〈中國古代小說與越南古代小說的淵源發展〉，《復旦學報（社會科學版）》2009 年第 2 期，頁 133。

　　陳慶浩教授在《越南漢文小說叢刊》第一輯的〈總序〉中對於「漢文化
區」也曾寫過定義：

> 以漢文字為書寫工具的地區，我們稱為漢文化區。漢文化區以中國
> 漢文化為主流，但亦應包括朝鮮、越南、日本、琉球等地區。長久
> 以來，這些國家以漢文字為表達工具，創作了大量的漢文作品，與
> 中國相對而言，可稱為域外漢文化區。〔註2〕

另外，俄羅斯越南學家 N. I. Nikulin 教授認為：

> 很明顯遠東地區各國家的中代初期，甚至有可能在古代，就形成地
> 區文學共同之處，越南也是其中的成員，文學研究界所謂之遠東文
> 化（文學）圈。共同語言，明確的說這個文化圈的國際語言就是文
> 言文，漢字在每一國家的變體有所不同，如朝鮮（Khanmun）、日本
> （Kambun）以及越南（Hán Văn）。〔註3〕

　　總而言之，不管「東亞漢字文化圈」還是「漢文化區」各種不同的術語
名稱，總是指些受到中國文化、文字、文學的影響，使用漢字來書寫創作、記
載事物的國家。直到 19 世紀下半葉，法國來到越南之後，越南才從漢字、科
舉開始逐漸脫離漢文化，從南圻開始使用法文和國語字（拉丁字母）為正式
行政文字，至於文學也逐漸走向西方化的趨向。因此，可以將越南文學的歷
史基本上分為兩個階段：一、屬於漢文學階段；二、屬於東南亞文學的階段。
俄羅斯科學院通訊院士李福清（B. Riftin）在〈瞿佑傳奇小說《剪燈新話》及
其在國外的影響〉一文中認為：

> 每個文化區有一種古老的文學（如中國文學）與幾種所謂年輕的文
> 學（在漢字文化區是日本、朝鮮、越南文學）。雖然每種文學並不是
> 永遠固定的。如從地理上看越南不屬於遠東，但是從文化方面看，
> 到 19 世紀中葉，都屬於遠東文化區，其後，特別是 20 世紀，越南
> 文學屬於東南文化區。〔註4〕

越南約有兩千年的歷史，其中前一千年左右屬於中國，當時越南領土是

〔註2〕陳慶浩、王三慶編：〈總序〉，《越南漢文小說叢刊》（第一輯），臺北：學生書
　　　局，1987 年，頁 3。
〔註3〕N. I. Nikulin 著：《Lịch sử văn học Việt Nam》（越南文學史），河內：文學出版
　　　社，2007 年，頁 38。
〔註4〕李福清著：〈瞿佑傳奇小說《剪燈新話》及其在國外的影響〉，《成大中文學報》
　　　2007 年 7 月第 17 期，頁 33。

北部以及中部的一部分屬於中國歷代王朝直接統治,是中國的郡縣,稱為「交趾郡」。後一千年,自從公元 938 年,吳權在白藤江打敗南漢軍隊,把國家的獨立權爭奪回來。越南從此開始自力更生,自己塑造獨特的特色、獨特的文化,成立獨立的國家。雖然如此,當時的中國還是把越南看作北屬領土,經歷許多朝代,以封建的形勢管制越南,《安南志略》有記載:

> 宋初,丁部領遣貢。太祖封部領為交趾郡王。宋開寶年,丁璉襲父位,遣鄭琇、王紹祚、江巨瑝貢金帛犀象。〔註5〕

> 宋太平興國五年,黎桓篡丁氏,遣趙子愛、張紹憑貢方物。太宗封桓為交趾郡王。〔註6〕

> 宋大中祥符三年,李公蘊篡黎氏。真宗封為交趾君王。〔註7〕

> 宋紹定初(1228〜1233),遣貢,理宗封為安南國王。〔註8〕

可見,雖然越南從吳權(848〜944)開始獨立建國,可是越南歷代王朝一直被視為中國的藩屬,形成一種所謂宗藩關係。有關「宗藩關係」的理解,其實學界有好有積極或消極的理解方式。極端崇拜民族主義者認為宗藩關係之詞有貶義,使越南地位偏低,這樣的話不行,越南有悠久的歷史,人民英雄,曾經打敗大國勢力,保全國家獨立等等。不過以客觀的眼光去看「宗藩關係」一詞就是時代性用語,在當時古代封建制度的世界,國與國之間的關係一直互相侵犯,大國一直想擴大土地,證明自己是大國,因此在這樣的情況下,國與國之間的關係,尤其是大國與小國之間的關係,如何保持獨立和諧的關係,弱不是此大國侵略也是輩彼大國侵略,到時候若沒有像這樣的聯合國組織出面安排協調的話,戰爭一定連綿發生,其實戰爭已經不停的發生。因此「宗藩關係」被訂出來就是試圖讓世界更為和平。但是對於每一個朝代、每一位君王的性格、理解和當時的世局不同而不一樣。我們要以一種客觀的眼光去認識這種關係的實質。那到底越南與中國古代宗藩關係是怎麼樣的一個問題?

宗藩關係及越南和中國古代宗藩關係問題

宗藩關係是一種以儒家思想為主的傳統東方封建制度法人法理,它從中

〔註 5〕 黎崱著、武尚清點校:《安南志略》,北京:中華書局出版社,2008 年,頁 331。
〔註 6〕 黎崱著、武尚清點校:《安南志略》,北京:中華書局出版社,2008 年,頁 331。
〔註 7〕 黎崱著、武尚清點校:《安南志略》,北京:中華書局出版社,2008 年,頁 331。
〔註 8〕 黎崱著、武尚清點校:《安南志略》,北京:中華書局出版社,2008 年,頁 310。

國古代先秦所留下來的國與國之間的邦交法理。它是一種以弱小國家向強大國家請求公認（請封），這種冊封方式代表大國承認某個比它弱小的國家的獨立，也就是說它不會侵犯國界以及小國的獨立政權，甚至在某種情況下，小國與其他各國發生什麼衝突，甚至引起戰爭發生，強大國家能為他們做主，甚至出兵保佑，以免小國的獨立權被侵害。另外，小國為了表示邦交、宗藩關係，會在每一位皇帝即位、登基的時候，派使向大國請封，得到大國的敕封後才真正的被鄰邦，甚至於他的臣民公認，並確立有限時間再派使朝貢，朝貢會以歲貢或賀貢（慶祝大國某帝登基）或告哀（小國某帝崩），貢物由雙方協調或由大國的要求而進，通常會以土地特產奇物而進。雖說進貢是由小國派使團赴大國納貢物，但是這種方式不止一方，在納貢的時候，小國使團會得到大國皇帝的頒賞，賞物有時會比貢物還有價值，代表大國的寬大和富庶，所以我認為進貢不是一種隸屬，而是表示國與國之間的交好關係。這種特殊的宗藩關係就是傳統的以中國為中心的東方型國際關係的一般準則。

越南方面也不例外。在第一千年紀一直被中國統治，經過各個朝代，越南一直崛起鬥爭而終於在十世紀末取得勝利開始獨立起來。所以中國與越南的宗藩關係就從此開始，一直到中法戰爭結束，天津合約簽後，中越宗藩關係才告終止，這一段時間中越兩國政權之間以冊封與朝貢方式維持宗藩關係。

據上所述，這種關係要求越南封建王朝的每一個新君即位都必須得到中國封建中央政府的正式冊封才算合法，越南的封建統治者（越南國王或皇帝）要定期遣使往中國進行朝貢，並接受中國封建皇帝的各種賞賜。越南要尊中國為上國稱自己是下國，並尊中國封建皇帝為大皇帝，奉守中國封建王朝的正朔為正朔，有時中國也會派出使臣前往越南進行冊封宣諭和憑弔等活動。

一直以來，越南統治者認為只有從中國中央王朝領受封號政治上才有依靠才能鞏固其在國內的統治地位，只有受到中國的冊封才能算正統也才能服眾，畢竟越南在東亞各國的範圍內，除了中國也不亞於其他鄰邦，甚至於在南方占城國、真臘國、老窩等都對其稱臣朝貢，越方也幾番南下征戰。而中國統治者也會因朝貢賜封來顯示其天朝大國的宗主地位和崇高威望。因此越南歷代統治者無不孜孜以求中國的冊封。越南向中國請封，一是為了讓中國鞏固帝國面子，二是正式化統治權，只有這種方式才避免中國的堅固南征併

吞越南的貪意，也就是一種以和為貴的美德。從總體上看，越南王朝即使在其與中國的戰爭中獲勝也自知無法與強大的中國長期為敵，往往遣使謝罪待罪，吁懇請封繼續與中國的宗藩關係，因此邊釁和戰爭是短暫的中越宗藩關係綿延近千年之久。

從越南獨立起到後黎王朝（1428～1789）時期，中越宗藩關係一步一步地由隨意性的越南王室向中原王朝輸誠的方式，逐漸走向具有特定內容的制度化的朝貢關係，並且最終凝固成具有一定法律效力的藩屬國對待宗主國的朝貢制度。這一過程大體上可分為形成穩固和發展等三個階段：一、越南獨立起至前黎王朝為形成階段；二、李朝至陳朝前期為穩固階段；三、陳朝中後期至後黎王朝（980～1009）為發展階段。清朝代替明朝的新制度也基本上繼承了明朝的對越制度賜越南國王鍍金駝鈕銀印，維持對越南視為宗藩國關係。

以朝貢和冊封為核心內容的中越宗藩關係在實施過程中，並非一帆風順，隨著雙方國力的強弱，隨著中國方面的朝政更換，對越南也有所上下對待，也曾不止一次的出現過邊疆侵犯和侵略戰爭，因而暫時中斷了宗藩關係。越南統治者大多能靈活地利用外交手段來處理與中國的關係，在貢表中常常賭咒發誓說：臣敢不終身正行抗節，致忠金石，此心永荷，乾坤之德，涓埃其報，仰酬海岳之恩，背地裡卻寇邊，犯界不止，哪怕是對於名義上的臣子禮數也是陽奉陰違，推委逃避。公元 990 年宋朝使者來到越南宣讀皇帝詔書，黎桓受詔不拜，言近歲與寇接戰，墜馬傷足故也。

越南陳朝時期，蒙古軍隊起兵侵略越南，能在當時世界上最強暴的帝國之旁生存下來陳朝，也主動派大臣赴蒙古汗廷表示納款臣附，遣使貢方物的意向忽必烈汗遂封陳帝為安南國王，頒給虎符國印，賜給錦緞等禮物。此後十多年間忽必烈雖傾全力滅宋，但對越南不斷施以高壓口氣逐漸強硬。蒙元使者頻繁奔赴河內，反覆敦促陳朝履行六事，儘管元廷對越南君長親朝一事作出某種變通，但是安南國主也有他自己的對策，但陳朝使出滾刀肉的本領，以居喪有疾道路悠遠等各種借口，搪塞推辭不肯就範，並多次與蒙元發生戰事。

自宋以來，中國歷代各個王朝對與越南的宗藩關係，既有理想主義的一方面，也有現實主義的態度。其理想是維持這種宗藩關係的模式，保護藩臣。但當其不能阻止新王朝的篡立時便採取實用主義態度承認篡立的新王朝而繼

續與其保持宗藩關係明末清初，越南存在有南方的廣南阮氏，北方護後黎朝皇帝的鄭氏以及盤踞高平一隅的莫氏，三個割據政權。這樣三角型政權都會自己向中國方面協調並表示願意掛上宗藩關係的名義，地代表外交對策。中國方面就以現實主義態度而有其隨時局性的決定。

　　歷史上的中國與越南的關係以宗藩關係為主，宗藩關係是中國社會文化君臣父子忠孝節義理念，在對外關係中的延伸要求周邊國家對中國以臣事君和以小事大是一種不平等的國際關係。越南因深受中國文化的濡染，政治制度仿效中國實行皇帝專制的中央集權制，在對外關係方面也如法炮製與比它弱小的周邊占城、真臘（東埔寨）哀牢（寮國）等中南半島各個國家及部落建立之前同樣的宗藩關係稱亞宗藩關係。

　　直到 1858 年越南淪為法國殖民地，與中國的關係還是密不可分，不僅在於政治方面，其他方面如哲學思想、文學、文化、語言等都受到中國的影響，李時人教授指出：

> 越南獨立建國後，歷代的典章制度、政治措施無不模仿中國。來自中國的儒、釋、道思想廣泛、深入的滲入到社會各階層，特別是儒家思想被稱為「儒教」，成為占統治地位的思想意識，歷代皆建文廟，四時祭祀。與此相應的是文教方面仿照中國的科舉制，主要以儒家經典為考試內容。由於中國文化的長期滋潤，古代越南不僅思想文化、文學藝術，甚至民俗民風亦打上中國的烙印。越南人的姓名同於中國姓名，宗族關係、婚喪禮俗亦與中國相似，甚至節日風俗，如除夕、元旦迎春、五月端陽，亦與中國相同。〔註9〕

　　因此，漢文化不斷地傳入越南，漢字成為官方的行政、科舉、文學創作的媒體。越南話原本為多音節語言，由於受到漢語的支配，轉換成單音節語言。因為，北屬時期，越南被中國視為自己的郡縣，從此中國皇帝派人來到交趾地區將漢字傳播，對此中國古籍屢有記載，如《三國志》曰：

> 漢武帝誅呂嘉，開九郡，設交阯刺史以鎮監之。山川長遠，習俗不齊，言語同異，重譯乃通。民如禽獸，長幼無別，椎結徒跣，貫頭左袵，長吏之設，雖有若無。自斯以來，頗徙中國罪人雜居其間，稍使學書，粗知言語，使驛往來，觀見禮化。及後錫光為交阯，任

〔註 9〕李時人：〈中國古代小說與越南古代小說的淵源發展〉，《復旦學報（社會科學版）》2009 年第 2 期，頁 134。

延為九真太守，乃教其耕犁，使之冠履；為設媒官，始知聘娶；建
立學校，導之經義。由此以降，四百餘年，頗有似類。〔註10〕

因此，越南人很早就接觸到漢文化，尤其是漢字，因為儒家思想對於越
南文化深有影響，所以越南人把「漢字」稱為「儒字」，漢字有一段很長的時
期在社會佔有主導位置。雖然如此，越南話的句法還是屬於「南島語系」的
基本句法，可是吸收漢語詞彙卻不少，根據楊保筠先生指出：

在越南郡縣時期，大批中原移民和官使到嶺南傳播漢字和漢語，使
越南語言中吸收和融匯了大量漢語語彙。據語言學家調查，在現代
越語中仍然保存著大量漢語借詞，越語中的漢語詞彙或來源於漢語
的詞彙，約佔其詞彙總數的1/2，而在越語的名詞、動詞、形容詞和
各類術語中，漢語詞彙幾乎佔到70%。特別值得指出的是，許多現
代漢語中早已消失了的古漢語詞彙，至今仍然活用於越南人的口語
中，成為語言學家研究古漢語的重要參考資料。〔註11〕

由於漢字長期在越南被作為官方文字，長期被越南人用來寫作公文書如
誥、諭、詔、奏、表，或創作詩歌文章。中國書籍很多被傳到越南來，越南歷
代統治者積極地推崇儒學，越南把儒家經典看得十分重要，科舉考試的內容
幾乎是以儒家經典為主，而且科舉形式完全模仿中國的科舉模式，「越南獨立
後，在國內局勢基本穩定，社會經濟取得一定發展後，統治者便把依照中國
科舉模式，建立人才選拔制度提上議事日程」〔註12〕。越南科舉在李朝已經
初步系統化，迄陳朝時更為完善，到黎朝時期，「科舉更成為網羅人才擔任國
家各級行政官員的首要方式」〔註13〕。有不少越南儒生把儒家經典重新註
釋，如阮秉謙注《易經》，朱文安的《四書說約》（已失傳）〔註14〕，用喃字
譯註《資治通鑑》和《詩經越音註解》〔註15〕等。劉玉珺教授在他的博士論
文後來編成書《越南漢南古籍的文獻學研究》中認定：

越南擁有一大批中國古籍的評選本、摘要本、簡編本，從文化淵源的

〔註10〕陳壽著：《三國志》，臺北：鼎文書局，1978年，頁1251。
〔註11〕楊保筠著：《中國文化在東南亞》，鄭州：大象出版社，2009年，頁90～91。
〔註12〕楊保筠著：《中國文化在東南亞》，鄭州：大象出版社，2009年，頁31。
〔註13〕楊保筠著：《中國文化在東南亞》，鄭州：大象出版社，2009年，頁33。
〔註14〕Ngô Tất Tố（吳必素）著：《Việt Nam Văn Học》（越南文學），河內：文學出
版社，2010年，頁105。
〔註15〕楊保筠著：《中國文化在東南亞》。鄭州：大象出版社，2009年，頁95。

角度來看，它們是一種經過越南文化加工和文化選擇的中國典籍。

這類典籍目前所存的種類較多，經史子集四部均有部分。〔註16〕

不僅如此，中國的詩歌、文學作品通通傳到越南來，成為越南的普通讀物。從一開始，越南人以漢文來創作，形成「漢文文學」一類，主要是官僚、知識分子的創作，這些人由於受到儒家思想的薰陶，認為「著書立言」是不朽的盛事，作品大部分以詮釋儒家思想為主軸。綜觀越南文學的形式都在模仿中國的文學形式，如詩歌大部分以中國近體詩為主（五言律詩、絕句、七言律詩、絕句），賦、駢文、散文等，乃至於小說的形式也都不出中國文學的籠罩。在十個世紀左右的時間內，越南漢文文學作品的數量眾多，它包括政論文學以及形象文學，以散文、駢文、韻文為主要形式〔註17〕。「漢文文學」還被稱為「高級文學」（Văn học bác học）以便區別與「平民文學」（Văn học bình dân）〔註18〕有所區隔。

雖然越南中央集權推崇「儒學」，以儒家思想作為統治的主軸思想，但另一方面，佛家思想與道家思想還是相當受到歡迎，成為一種「三教合一」的哲學思想，李朝（1009～1225）、陳朝（1225～1400）時期，歷代皇帝都推崇佛教，科舉方面往往涉及佛經內容，把佛經內容作為主要思想，與儒學幾乎並駕齊驅。從這一點看，文學作品方面，不管「漢文文學」還是「喃字文學」，作品內容自然都融合貫通儒釋道三家思想。文學作品不只是單純詮釋儒家思想，往往地體現出佛家思想或是道家思想精粹。

二、從「口傳文學」到「書面文學」

從文學的角度來講，越南與其他國家一樣具有「口傳文學」與「書面文學」兩部分。越南的「口傳文學」與其他國家的也完全雷同，它比「書面文學」出現更早，幾千年的歷史，「民間文學」（也就是「口傳文學」）一直就是人民與自然、社會奮鬥的忠實之鏡，另一方面「民間文學」在各種抗爭中也

〔註16〕劉玉珺著：《越南漢喃古籍的文獻學研究》，北京：中華書局，2007年，頁280。

〔註17〕Đinh Gia Khánh chủ biên（丁嘉慶主編）：《Văn Học Việt Nam（thế kỷ X-nửa đầu thế kỷ XVIII）》（越南文學（十世紀～十八世紀上半葉），胡志明市：教育出版社，2006年，頁16。

〔註18〕「高級文學」（Văn học bác học）及「平民文學」（Văn học bình dân）這兩個術語來自於《Văn Học Việt Nam（thế kỷ X-nửa đầu thế kỷ XVIII）》（越南文學（十世紀～十八世紀上半葉）這本書。

就是鼓舞人民的重要動力。例如：以公元前為背景的《蒸餅傳》、《董天王傳》、《西瓜傳》、《金龜傳》、《檳榔傳》等都是從民間口傳而來的，後來被收錄於「書面文學」：「神話傳說類小說」中的《嶺南摭怪列傳》〔註19〕這本用漢文寫的小說。可以說，「民間口傳文學」不論質量還是數量上都非常宏觀，就是一個提供給「書面文學」的豐富資料庫。直到「書面文學」（理所當然，開始就是漢文書面文學）出現，「民間文學」不是被消滅，而還是跟著「書面文學」默默的發展，例如：封建制度末期的《瓊狀傳》（「truyện trạng Quỳnh」）、《Xiển Ngộ 傳》等，提到民間文學就是非提到民間的童謠、民謠、對歌（hò đối đáp）、hò、lý、hát ru〔註20〕等不可，這些歌詞都深刻地反映現實社會，體現勞動人民的情感心思，另外這些藝術類型也是長期以來傳播、保存人民的勞動方式、生產方式、奮鬥方式的工具。

基本上「民間口傳文學」全面地體現出越南民族的獨特性，從很多方面豐富地表現越南民族的心情。與「書面文學」相比，「民間文學」比較發達，因為它就是人民的基本本能，而且它沒有受到任何拘束，它就是人民的心情吐露，任何勢力都無法控制，「民間文學」的生長空間非常廣泛，它可以被人民隨時隨處創作，例如：農村的節日、寺廟祭祀日子等都可以給人民很多創作的靈感與動機。

「民間文學」的發展趨勢，從另一方面看，越南獨立以後，為了肯定自己的國家的全面獨立，文學基礎以「書面文學」作為補充，雖然一開始「書面文學」以漢文文學為主，但是它還是積極表現出民族性，丁嘉慶教授肯定：

……漢文文學還是具有民族性，不管沒有使用民族的語言，不管受到很多方面的限制。因此，為了肯定越南文學的民族性而用漢文來

〔註19〕陳慶浩、鄭阿財、陳義主編：《越南漢文小說叢刊》（第二輯），臺北：臺灣學生書局出版社，1992年。

〔註20〕Hò là một loại ca hát trình diễn dân gian phổ biến đến đời sống, là nét văn hóa của miền Trung và miền Nam. Có nguồn gốc lao động sông nước, diễn tả tâm tư tình cảm của người lao động. Hò và lý tuy có phần giống nhau nhưng hò thường gắn liền với với một động tác khi làm việc còn lý thì không. （Hò 是生活上常見的民間表演聲樂類型，是中、南部的文化特色。來源於河上的勞動，體現勞動人民的情感心思。Hò 與 lý 相當雷同，只不過 Hò 通常與勞動過程中的動作有密切關係，lý 卻不然。）見 Trần Văn Khê（陳文溪）：《Du ngoạn trong âm nhạc truyền thống Việt Nam》（在越南傳統音樂遊玩），胡志明市：年輕出版社，2004年，頁81。

寫作，我想可以把它叫做越漢文學。〔註21〕

越南「書面文學」從十世紀開始直到十九世紀末期，被視之為越南「中代文學」時期。理所當然「書面文學」比「民間文學」出現甚晚，但是它的發展也很快，不論質量還是數量都可以與「民間文學」相比，甚至它發展速度及浮面性還是超過「民間文學」。「中代文學」時期的「書面文學」又分為兩種文學：一、「漢文文學」；二、「喃字文學」。

三、漢文學

與「喃字文學」相比，「漢文文學」具有比較長久的歷史，從十世紀國家獨立以後，統治者馬上模仿中國封建制度國家模型，所以漢學常被套用，「漢文文學」開始萌芽，受到統治者的支持及漢學家的歡迎，不斷地發展，直到十九世紀末期，越南被法國殖民以後，越南語言文字從漢文到拉丁化喃字再跨到被稱為「國語字」（Chữ Quốc Ngữ），在國語字之前十個世紀左右的時期被稱為「中代文學時期」。所以說，「越南中代文學時期」是指「漢文文學」與「喃字文學」兩個部分。從「國語字」出現以後，以「國語字」來寫文章的文學被稱為近代、現代文學，那已是迥然不同的階段了。

綜觀越南漢文文學大致上模仿中國文學，這種模仿的基本原因來自於「越南長期使用漢字，因此它的文學也長期以漢文文學為主流。有唐一代，文學得到高度發展，特別是光輝璀璨的詩歌和漢化佛教，也在安南廣泛傳播，對當地的文學發展起了極大的推動作用。一方面，中原學者、名流、詩人、文學家等南下交趾，成為漢文學的積極傳播者；另一方面，安南士人北上求學，參加科舉考試，湧現出一批佼佼者」〔註22〕。在這個基礎下，中國文化、中國思想哲學、中國經史子集通通傳入越南來，從而影響越南的文學作品，湧現出不少傑出詩人、文學巨匠。前黎朝，文學家法順禪師（916～992年），博學工詩，有一次奉命接待宋朝使者李覺，看到河上有兩隻白天鵝，隨口吟云：「鵝鵝兩鵝鵝，仰面向天涯」。為了自己國家的臉，法順立即應答：「白毛鋪

〔註21〕Đinh Gia Khánh chủ biên（丁嘉慶主編）：〈Mười thế kỷ của tiến trình văn học viết〉（成文文學的進程的十個世紀），《Văn Học Việt Nam（thế kỷ X-nửa đầu thế kỷ XVIII）》（越南文學（十世紀～十八世紀上半葉），胡志明市：教育出版社，2006年，頁16。
〔註22〕楊保筠著：《中國文化在東南亞》，鄭州：大象出版社，2009年，頁97。

綠水，紅掌撥清波」〔註23〕，足見對漢文學熟練的程度。

李朝與陳朝的文學多受佛家影響，吳必素先生（1894～1954）在《越南文學》曰：「Cái kết quả rực rỡ của Hán học đời Lí không phải hoàn toàn là của Nho giáo. Trong nền văn học nhà Lí, Nho giáo chỉ là phần phụ, Phật giáo mời là phần chính.」〔註24〕（李朝的燦爛成果不是完全屬於儒教的。李朝文學，儒教只是零星的一部分，而主要的部分是佛教的），可說一語中的。

各個朝代的皇帝特別支持佛教，李太祖派使臣到中國去申請《三藏經》，接著鑄大鐘挂在各寺廟（如興天、大教、勝嚴），到順天十五年（西元1023）在城內建真教寺，請各大僧來誦經，皇帝親身駕到聆聽。高僧大多智慧淵博，對越南不論是漢文學還是喃字文學都做出很大的貢獻，尤其是「禪詩」留下來無窮的寶貴作品，如萬幸禪師著名的一首禪詩云：

> 身如電影有還無，
>
> 萬木春榮秋又枯。
>
> 任運盛衰無怖畏，
>
> 盛衰如露草頭鋪。（示弟子）〔註25〕

這一首詩，很明顯展示佛家「空」與「有」的「色即是空，空即是色」思想，意思是說世間上沒有任何一個事物能永遠不變的，生死、盛衰只不過是暫時的事而已。或者下一首《對太宗參問禪旨》：

> 寂寂楞伽月，
>
> 空空渡海舟。
>
> 知空空覺有，
>
> 三昧任通週。（惠明禪師）〔註26〕

而且，就創作隊伍而言，不只是集中在志士、禪師，不少朝代的皇帝亦參加創作的行列，使得創作隊伍既龐大又整齊。如李太宗皇帝（974～1028）、李仁宗皇帝（1066～1127）、陳太宗皇帝（1218～1277）、陳聖宗皇帝（1240～

〔註23〕楊保筠著：《中國文化在東南亞》，鄭州：大象出版社，2009年，頁97～98。

〔註24〕Ngô Tất Tố（吳必素）著：《Việt Nam Văn Học》（越南文學），河內：文學出版社，2010年，頁17。

〔註25〕Ngô Tất Tố（吳必素）著：《Việt Nam Văn Học》（越南文學），河內：文學出版社，2010年，頁22。

〔註26〕Ngô Tất Tố（吳必素）著：《Việt Nam Văn Học》（越南文學），河內：文學出版社，2010年，頁29。

1291）、陳仁宗皇帝（1258～1308），作品舉例如下：

《與諸耆宿講究禪旨》

般若真無宗，

人空我亦空。

過現未來佛，

法性本相同。（李太宗）〔註27〕

《題玄天洞》

雲掩玄天洞，

煙開白帝家。

步虛聲寂寞，

馬首落山花。（陳聖宗）〔註28〕

「漢文文學」在中代文學的位置上不只是詩，另外非講到駢文、散文不可，例如：《遷都詔》、《臨終遺詔》、《禪位詔》、《四山偈并序》、《禪宗旨南序》、《六時懺悔科儀序》、《論諸裨將檄文》、《安南志略序》、《平吳大誥》等很多短篇文章屬於詔、諭、誥、檄、序等各文體。另外非提到小說不可，越南具有豐富的漢文小說，因為地理位置的原因，越南屬於熱帶國家，不適合保存書籍，因此大量古籍隨之亡佚，另外，從越南被法國殖民以後，由於政治文化原因，語言方面走向拉丁化，接著在西方法國殖民地的教育下，使得越南與漢文化的聯係突然中斷，越南有一段時間排斥漢學，把漢文化視為敵人的態度。另外一種原因，越南處於連年戰爭的情況，導致大量書籍受到嚴重的破壞，大量古籍流外。雖然越南漢喃研究院成立已久，但是著重於搜藏資料，對於印刷出版方面始終難以積極展開，只有一部分古籍被印刷出版，可是數量不多，使得古典文學研究工作受到一定的限制。

四、喃字文學

越南語言系統與中國語言有很大差別，例如：語音、語法、詞彙。因此，使用漢文來創作很難滿足越南人的創作願望，有很多在越南的特殊名詞（如地名、人名、動物、實物等）、動詞、形容詞等漢語無法表現，雖然在漢字詞

〔註27〕Ngô Tất Tố（吳必素）著：《Việt Nam Văn Học》（越南文學），河內：文學出版社，2010年，頁23。

〔註28〕Ngô Tất Tố（吳必素）著：《Việt Nam Văn Học》（越南文學），河內：文學出版社，2010年，頁145。

彙方面，越南人已經創造出一些特殊詞彙，可是在許多方面漢文還是有其局限。在這個情況下，大約在十三世紀初，「喃字」的出現實屬十分自然，喃字「是一種仿效漢字，採用漢字的結構和形聲、會意、假借等造字方法而形成的越語化的方塊象形字，每個字都包括一個或一個以上的漢字。這些漢字部分用以表音，部分用以表義」〔註29〕。「喃字」的出現主要是為了滿足越南人的創作願望，同時也促使「喃字文學」的誕生。從十四世紀開始，「喃字文學」成為越南「書面文學」的重要的一部分。越南語言原本屬於多音節語言系統，可是已經轉變成單音節語言系統，就是具有固定聲調的語言，適合於中國詩律的平仄關係，因此越南作家可以使用喃字與中國文體（詩、賦、駢文、散文等）結合創作，使得越南文學寶庫越來越豐富，「喃字文學」作品包括詩、賦、傳、吟。與「漢文文學」相比，「喃字文學」沒有政論性作品〔註30〕，另外因為創作的語言是自己民族的語言，所以「喃字文學」比「漢文文學」更能靈活、具體地反映人民平常的現實生活，創造出來的文學形象具有濃厚的民族性，因此容易打動公眾的感官，受到自貧民至知識分子的歡迎。

雖然基本上，喃字文學長期以來被一部分儒家學者視為不是正統文學，傳統國家為了鞏固自己的勢力，也推動排斥「喃字文學」，鄭柞主張破壞喃書，大量收集喃字書籍加以焚燒，景治元年（1663）鄭祚主命范公著撰《黎朝教化條律》為了重新整頓兩百年左右的戰亂衰敗的封建秩序。因此，「喃字文學」沒有受到封建階級統治者的重視，可是在歷史的必要規律下，「喃字文學」仍然蓬勃的發展，「喃字文學」受到知識分子的歡迎，他們不斷地創作，不斷地把「喃字文學」積極的發展，一方面「喃字文學」也受到民眾的歡迎、欣賞。因為，漢字成為國家官方行政語言，受到朝廷的支持，可是漢字對於越南人民卻是一種很難學的語文，因為第一、它是象形文字，第二、它不是自己民族的語言，學漢文好像學一種外語，因此當時普通人民大部分不認識漢字，想了解漢文的問題更是難題。「喃字」出現導致「喃字文學」誕生，提供給人民一種新的精神欣賞「食糧」，雖然需要通過認漢字以後才可以認喃字，喃字比漢字更難學，但是好處在於喃字是用以記越南話的音標（國音），

〔註29〕楊保筠著：《中國文化在東南亞》，鄭州：大象出版社，2009年，頁95。

〔註30〕Đinh Gia Khánh chủ biên（丁嘉慶主編）：〈Mười thế kỷ của tiến trình văn học viết〉（成文文學的進程的十個世紀），《Văn Học Việt Nam（thế kỷ X-nửa đầu thế kỷ XVIII）》（越南文學（十世紀～十八世紀上半葉），胡志明市：教育出版社，2006年，頁18。

所以不識字的民眾雖然看不懂喃字，可是通過「口傳」方式他們都可以滿足
欣賞，例如說「喃傳」是「喃字文學」的一種最高的成果，現在留下來很多作
品如詩豪阮攸傑出的《翹傳》(Truyện Kiều)，阮廷沼的《陸雲仙》(Lục Vân
Tiên)，《花仙傳》等，這些喃傳普遍流傳民間，以六八詩體寫成故事，《翹傳》
共有 3252 個句子，但是很多普通不認得漢字的人民可以從頭到尾通通念出
來，足見「喃字文學」的具有多麼宏大的力量。從而促使「喃字文學」的蓬
勃發展。

五、阮朝文學

　　越南阮朝經過阮潢從 1558 年起遷移南方（即稱 Đàng Trong（內道））建
立王國，阮氏政權維持勢力及發展邊疆知道 1771 年因政治摔落而引起阮岳、
阮惠和阮呂三兄弟崛起革命，以扶黎滅鄭為名，從歸仁府西山發動了聲勢浩
大的農民起義，抵抗阮氏政權，打到升龍鄭氏實力。1778 年建立西山政權，
隔年正式滅後黎，黎朝於此告終。阮氏政權後裔阮福映幾番困頓，周遊泰
國、高棉避難，最後憑外國勢力抵抗西山政權而取得統一國家，阮福映 1802
年建立阮朝，登基皇帝，並派使臣如清納貢請封。從此阮朝與中國開始設立
宗藩關係。

　　阮朝從 1802 年建立國家直到，採用儒家思想作為國家的正統意識形態統
治國民，漢文及喃文併用，從朝廷內人道民間儒士不止以漢文創作，不管喃
字文學作品或漢文文學作品，不輸與前朝，文類及作品蜂擁出爐，出現了歷
史演義、傳奇筆記、志怪等約 30 部漢文小說現存。其中歷史演義小說和傳奇
小說都由著名作者創作，成就得以承認。

　　阮朝在與西方帝國，尤其是法國的干擾，由宗教差異導致政治思想的不
合，越方因抵抗思想及宗教的侵犯國內而選擇閉門鎖港政策，拒絕和外國交
商，引起傳教士失去傳教地而激動法國侵略越南。經過殘酷的戰爭，法國已
機械勢力而得勝，開始殖民越南，1935 年法國要求越南政府批准各學校用拼
音的拉丁字母（即國語字）進行教學，個年 1936 年正式廢除漢字通用。阮朝
在 1945 告終，而 1936 年漢字在越南告個段落，漢文化及儒學開始疏遠，和
文學從此告終。越南文學翻過新的階段，國語字文學。

　　鄭永常教授在他著作《漢文文學在安南的興替》〔註31〕中把越南漢文文

〔註31〕鄭永常：《漢文文學在安南的興替》，臺北：臺灣商務印書館發行，1987 年。

學分成三個階段，即：

－郡縣時期──漢文文學的孕育期。

－藩屬時期──漢文文學的成長期。

－殖民時期──漢文文學的式微期。

其中第一階段經過中國統治越南的秦、漢、南北朝及唐代。到了第二時期在越南打敗宋軍，奪取獨立，建立各朝，經過丁、前黎、李、陳及後黎朝，各個朝代漢文文學豐盛崛起，成長到與東亞漢文化圈各國並肩而走。到了第三時期陷於越南封建制度最後一朝則阮朝，被稱為漢文文學的式微期。在這裡鄭教授再把它分成前後兩期。

前期經過前四帝，越南還在自己的勢力下掌握越南：嘉龍、明命、紹治及嗣德帝。

後期界定於法國開始佔領南圻，後來併吞全國，換為殖民地，逐漸毀滅科舉制度，禁止漢字作為正統文字，換成法文及越南國語文字。

前期

阮福映（1802～1823）得到國家後隨即遣使來華求封，於中國保持藩屬關係。因為復國過程得到法國人，所以開國初期即嘉隆朝對法國人有特別的對待。但是嘉隆後的明命、紹治及嗣德三朝實行索國政策。排斥法國人，尤其是破壞傳統儒家傳統心念的外國傳教士，發生禁教及殺教而引起法國的積極侵略的野心，越南終於淪為法國殖民地。漢文文學處此劇變之際，亦隨時代而起落。

嘉隆時代。阮福映統一安南，百廢待舉，文學還是繼承前朝而下。這一朝文學家可述如阮攸、范貴適、鄭懷德三人為大家。阮攸及范貴適代表北方黎朝遺老詩人。他們經歷了西山軍之亂。親見黎帝流亡中國以及黎室被毀滅之痛，所以他們幾乎不求名利，退鄉以吟詠為樂，樂活田園之間。可是阮福映建國後立即積極興事，不但重用黎朝舊臣，而且還積極勸喻遺老出仕，協助建立國家。然而阮攸和范貴適就在這個情況下再入新朝仕途。可是雖然如此某種程度上還帶著鬱悶懷念舊朝。所以他們的作品多是一些怨憤與哀愁的詩篇。可是觀察鄭懷德此人情況則不然，鄭懷德雖然是華裔，可是本身為南方人，則屬於廣南阮氏政權的臣民，又一心輔助阮福映復國功成，因此心態則寬鬆，活躍之情不言而喻，文學作品多現出盛世之音。

這種南北詩人不同的詩風與其所處的背景有著密切的關係。黎末時北方

因戰亂無窮而造成痛苦，使得詩作傾向寫實，流露出悲憤之風味。然而南方一向富裕，國力及經濟不斷上升，因此文學亦趨向風花雪月的路線。這種情況傳到嘉龍時期仍然不變。

阮攸（1765～1820）字素如，號清軒，河靜省宜春縣人。黎春郡公阮儼之子，參從阮侃之弟。二十歲時中鄉試三場，承父蔭出仕正首校，有文才重氣節。西山朝退隱山林。嘉龍朝初期被強徵而出任常信知府，然後因病請辭。其後又徵授東閣學士。嘉龍十二年陞勤政殿學士，充如清歲貢正使。回來陞禮部右參知。明命元年再次奉旨出使中國，可惜未能出發而去世，年五十五歲。阮攸被稱為越南大詩豪以模仿中國青心才人小說《金雲翹傳》改寫越南六八詩體的《傳翹》而聞名，《傳翹》甚至被後人稱為「國魂國粹」，此外著有：《北行詩集》、《眾生十類文》、《清軒前後集》等許多著作。《傳翹》又稱《斷腸新聲》或《金雲翹傳》與黎末三大名著鄧陳琨的《征婦吟曲》、阮嘉韶的《宮怨吟曲》和阮輝嗣的《花箋記》一齊被稱為「越南的四大奇書」或「越南四大名著」，其中以《傳翹》的成就最高。

范貴適（1760～1825）字與道，號立齋或草堂，乃海洋省，上紅府，唐安縣，華堂社，良玉村人（今為海洋省，平江縣），生於景興二十一年（一七六零）庚申年十月十九日，卒於明命六年（一八二五）乙酉年三月二十九日，沒於家中，享壽六十五。十九歲中進士，曾任東閣號書、翰林院校草、京北道監察御史、添差知工番等官職。身受黎朝之祿，因國家內亂，黎帝流亡中國，范公隨之而奔，約十餘年，於阮朝嘉隆三年（一八零四）返國，身為亡國之臣，一心懷舊，羞服新朝，無意出仕，反而被逼出仕，爵適安侯，不多久因告疾而回家安養，以收徒講學為樂。至卒為止。著有《立齋詩集》、傳奇小說類的《新傳奇錄》等著作。

鄭懷德（1764～1825）名安，號止山，又號艮齋，邊和清河社人。祖先鄭會是中國福建人，當時隨著不滿清朝的明朝臣民南下投邊和經商而富裕，他父親為鄭慶，通四書六藝。不幸十歲失父，隨著家中衰落，當時碰到西山之亂，然跟母親流寓嘉定藩安鎮。因而能和他的表兄吳仁靜苦讀鑽研，後來開創詩文壇，尋找唐風的門徑，因天資聰穎，能文善詩，終於自學而成詩學名家。與吳仁靜和黎光定三人結合，稱為「假定三家」著有《嘉定三家詩集》，而鄭懷德成就最大，曾赴中國出使。鄭懷德官至吏部尚書兼兵部尚書，功封安全侯，諡文烙。著有著名並大有價值的《嘉定通志》又稱《嘉定城通志》、

《艮齋詩集》、《北使詩集》、《嘉定三家詩集》等。

　　越南從阮世祖福映立國後，隨即興禮樂學校，開科取士，於是越南又出現了一個安定的局面。可是到明命、紹治、嗣德三朝，三帝被儒學訓練得到雅好文學，大力提倡文教，文學因此而興盛起來。明命帝即位後覺得國初詞命多雜用國音字（喃字），因而下令「字畫一《康熙字典》，不得用亂草本，竅格尤詳」〔註32〕，強烈數度下詔求賢良遺書，有詔曰：「朕與萬機之暇，欲覽籍典，考制度之沿革，風土之異宜，前已搜尋，遺逸尚多。茲再飾下其家藏奇書，不拘文字鄙俚，言語隱諱，咱得奏覽，議行酬獎。」〔註33〕或曾與出使者下諭曰：「朕最好古詩古畫及古人奇書，而未能多得，爾等宜加心購買以進，且朕聞燕京仕宦之家多撰私書寔錄，但涉清朝，故猶私藏未敢付梓，爾等如見有此等書籍，雖草本亦不吝厚價購之。」〔註34〕可見他對北書漢學有何求學之心。除嘉龍帝因戰亂兵變意外，後三朝明命、紹治、嗣德帝每每皆是詩人，他們著作等身，其中嗣德帝最為出世，他作品不止詩、文類，還特別用喃字造書給民眾見覽學習教訓孝順，能列舉如下：《越史總詠》、《嗣德御製文二集》、《嗣德聖製文三集》、《自學解義歌》、《御製詩賦》、《詠史演音》等等。

　　明命、紹治、嗣德三朝可以稱作興盛得時刻，宗室著名的文學家有松善王、綏理王、白毫子，朝臣士子眾多有潘清簡、范富庶、高伯適、阮文超、阮庭炤、阮長祚、阮恂叔等。其中以阮文超、高伯適、松善王和綏理王私人在文學上最富名譽。嗣德皇帝曾有詩讚曰：「文如超適無前漢，詩到松綏失盛唐」。

後期

　　嗣德朝中期，因越南緊閉鎖國，對外政策顯得對基督教及外商有害，法國人加強干擾越南。1859法國結合西班牙聯打嘉定，開始猛烈佔據越南，南圻逐漸被法國人全面併吞，嗣德帝身為國家之首，又親眼看見外親家族之地被失於法國人之手，非常難過，他後期之作顯得悲哀。

〔註32〕潘叔直輯：《國史遺編》，香港：香港中文大學新亞研究所東南亞研究室，1965年，頁105。

〔註33〕潘叔直輯：《國史遺編》，香港：香港中文大學新亞研究所東南亞研究室，1965年，頁112。

〔註34〕國史館：《大南實錄正編第二紀》卷六十九，《大南實錄》第七冊，東京：慶應義塾大學言語文化研究所複印本，1979年4月，頁2390。

這個時段詩文人積極用文才，文學作品當作抗法工具。

潘清簡（1796～1867）名靖伯，字淡如，號涼溪又稱梅州先生。巴淵保盛鄉人，祖先為福建人。舉進士，浮沈宦海四十年，官至刑部尚書機密院大臣，一心服務國家，旅程赴清出使，曾經奉命帶使團赴法協調，而未成功，因親眼看到西方科學的繁華發展，認識國內之弱，大開眼界，而站在主和派，被主戰派攻擊，後因免得南圻民眾戰爭之難而投降法國，南圻西三省及東三省陷於法國殖民地，因而自愧自盡。著有《涼溪詩集》、《文草補遺》、《臥遊集》、及與范富庶合著《如西使程日記》等書。當時同鄉巴淵有悼詩曰：

> 破碎山河苦問由？風雲慘澹遍鰲州。
>
> 安危六省一身責，事業三朝數行留。
>
> 蝶夢未迴悲北驛，鵑聲怕聽泣南樓。
>
> 成仁取義書生志，極自蒼茫不盡秋。

阮庭炤（1822～1888）本身也是一個愛國儒士，少年上京如考，途中得知母親去世，趕回家鄉路上因哭泣而盲目，後回家鄉教學度生，創作詩歌以激動人心抗法，著有著名的《蓼雲仙傳》、《漁樵醫術問答》與許多抗法詩歌。

阮尚賢（生卒年不詳）號鼎南。曾在清同治十二年赴中國，拜李鴻章為師，然後寄居中國，眼見越南時局日益衰落，心痛而常流淚，著有《南枝集》等。

其中以文學聞名的還有潘周楨、楚狂、潘佩珠等人，他們的救亡詩歌成為越南一時代的絕唱。他們之後，越南漢文學在法國人積極的干擾禁止之下而日漸消失，因而漢文文學從此變得沈默。

從 1885 年中法簽訂「天津合約」以後，中國承認越南為法國的保護國。就是說終止越南與中國的藩屬關係，從而法國操弄越南各方面，朝廷當做傀儡，從政治經濟社會教育都通過法方政權同意核閱才行，法國開始禁止漢文當正式文字而已法文與國語字代替，漢文學從此失去生地，而漸漸被毀壞，導致現代越南人對其陌生而視為北方的外來文字。

總之，阮朝文學漢字文學與喃字文學一樣盛行，男子文學比前朝位置提高，不被視為下流文學，甚至嗣德皇帝親自寫喃字詩文，親自撰《嗣德聖製字學演歌》一書以普及民眾認識喃字。就像阮奎教授認定：

> 阮朝文學，漢文和喃文一樣盛行。漢文者，最盛就是詩，數量非常
> 豐富。十九世紀是喃文世紀。喃文已經進入全盛的時期，極度發展，

包括各種文體。要注意的是六八體詩已經達到覺山絕美的形式，代表是《斷腸新聲》以及說唱體給當時的詩壇帶來新的活氣。喃文非常濃厚，不僅是質的還是量的，造成一場百花掙開的景象，包括很多方面：道理、時勢、情感、嘲諷。〔註35〕

　　就越南文學研究方面而言，中代文學研究近二十年來才逐漸受到學術界的關注，越南國內出現很多著名批評研究者，如黎智遠、陳儒辰、阮有山、黎文晉、陳廷史、裴惟新、鄭克孟、丁嘉慶、陳玉王、段氏秋雲等，國外也出現一些對越南文學，尤其是越南中代文學方面感興趣的學者，如俄羅斯東南亞文學專家 N. I. Nikutin 教授與他的《越南文學史》（文學出版社，2007），中國大陸有陸凌霄教授與他的《越南漢文歷史小說研究》（民族出版社，2008）、任明華教授與他的《越南漢文小說研究》（上海古籍出版社，2010），臺灣有陳益源教授與他的很多研究成果如《剪燈新話》與《傳奇漫錄》之比較研究》（學生書局，1990）、《王翠翹故事研究》（里仁，2001）、《漢喃研究院所藏越南漢文小說〈傳記摘錄〉研究》、〈《聊齋志異》、《後聊齋志異》與越南的《傳記摘錄》〉、曾永義教授的〈從「項王祠記」的劉項論說起〉（《第三屆中國域外漢籍國際學術會議論文集》）、黃啟方教授的《從「金華詩話記」看安南黎朝的漢詩發展》、彭美菁的〈論《聊齋志異》對越南漢文小說《傳記摘錄》的影響〉等等。

　　總之，越南國內對於中代文學研究主要放在詩歌方面，尤其是「喃詩」（Thơ Nôm）、「喃詩傳」（Truyện Nôm）。阮攸的《翹傳》（Truyện Kiều）、阮廷沼的《陸雲仙》（Lục Vân Tiên）、胡春香的「喃詩」、鄧陳琨的《征婦吟》連漢文版以及段氏點的「喃文版」等最受歡迎。有不少學者從不同角度進入研究，如陳儒辰的〈《翹傳》中的社會〉（Xã hội trong「Truyện Kiều」）、〈《翹傳》人物以及接觸文化仁學問題〉（Nhân vật「Truyện Kiều」và vấn đề tiếp cần nhân học văn hóa）、〈《平吳大誥》在中代文化類型學的陽光下〉（「Bình Ngô đại cáo」dưới ánh sáng của loại hình học văn hóa trung đại）、阮有山的〈阮豸詩文的佛教感官〉（Về cảm quan Phật giáo trong thơ văn Nguyễn Trãi）等。一些現代

〔註35〕Nguyễn Khuê（阮奎）：*Tâm trạng Tương An Quận Vương qua thi ca của ông*（從襄安郡王的詩歌看其心情），西貢：Trung tâm sản xuất học liệu-Bộ văn hoá giáo dục và thanh niên（學料生產中心──青年與教育文化部），第二版，1974 年，頁 39。

理論——批評文學家採用西方現代詩學、心理學、形態學、風格學等各角度去解讀中代文學,最為鮮明的一些作品如:陳廷史的《越南中代文學詩學》(Thi pháp văn học trung đại Việt Nam)、《《翹傳》詩學》(Thi pháp「Truyện Kiều」)、〈李、陳朝文學中的人〉(Con người trong văn học thời Lý-Trần)、〈中代時期——文學中、生活中、各學說中的自我表現〉(Thời trung đại-cái tôi trong các học thuyết, trong cuộc sống và trong văn học)等,潘玉的《探討《翹傳》中阮攸的風格》(Tìm hiểu phong cách Nguyễn Du trong Truyện Kiều),杜平治《以普羅普結構主義神話學去看越南神奇古傳》(Truyện cổ tích thần kỳ Việt đọc theo hình thái học của truyện cổ tích của V. Ja. Propp),杜來翠的〈胡春香以情磨石〉(Hồ Xuân Hương cọ tình vào đá),阮百科的《阮公著的心理與思想》(Tâm lí và tư tưởng Nguyễn Công Trứ),陳玉王的《越南文學與才子儒者》(Nhà nho tài tử và văn học Việt Nam)等等。

以上列出的一部分最為突出的越南中代文學的研究成果大部分著重於詩歌方面,而且漢文小說顯然沒有受到研究者的重視,陳慶浩教授在編選《越南漢文小說叢刊》第一輯的〈總序〉也認定:

> 朝鮮、越南文學史中較不注重漢文學,漢文學只佔其中有限的篇幅,而且幾乎全部談論漢詩,漢文。在古典漢文化中,小說向來受到輕視。各國政府禁毀書籍中,小說每每首當其衝。傳統中對小說的保存、記錄、研究都很不夠。域外漢文學中,小說最鮮為人知,亦最少作為研究對象,這也是朝鮮、越南、日本各國文學史家,較少論述本國漢文小說的重要原因之一。〔註36〕

我個人也認為研究文學首先要做好文獻整理的工作,尤其是原典的部分,因為它就是文學研究的中心部分。文獻整理的工作真的需要人才,只有具備淵博知識,加以勤勞專心的研究者才有資格擔任這部分工作。雖然是一個很枯燥的工作,但是只有做好這個部分,才可以促使後人進一步進行文獻的研究工作。如孫遜先生在 2002 年 7 月 17 日《光明日報》上發表〈東亞漢文小說的整理與研究〉一文曾經說過:

> 進行研究,當然首先依賴資料的整理與出版,看不到作品無從談研究。有感於此,法國社會科學研究中心陳慶浩教授率先發起,與我

〔註36〕陳慶浩、王三慶編:〈總序〉,《越南漢文小說叢刊》(第一輯),臺北:學生書局,1987 年,頁 3。

國臺灣成功大學王三慶教授、東吳大學王國良教授、中正大學陳益源教授等一起，會同相關國家的學者，共同收集、整理和出版了一套《東亞漢文小說集成》；中國內地主要有上海師範大學參加。其中越南部分的校點已由臺灣地區學者完成了大部分，日本部分的校點也有臺灣地區學者完成了一部分，韓國部分的校點和日本未完成部分由上海師範大學承擔，每一種小說的「前言」則由當地國學者選寫。這可謂是一項名副其實的兩岸攜手、國際合作的大項目，它完成後將為國際學術界開拓出一片新的領域。〔註37〕

　　在編輯小組陳慶浩、王三慶、陳義、鄭阿財以及各個校注者的努力下，《越南漢文小說叢刊》第一輯（1987）和第二輯（1992）由法國遠東學院出版、臺灣學生書局印行，已經提供給越南國內外的文學研究者很多對於「越南古典小說」、「域外漢文化」、「域外漢文小說」的研究起點。最為突出的成果如以上已列出的諸研究作品、大小論文。最新的研究成果為孫遜教授的《海外漢文小說研究叢書》其中的《越南漢文小說研究》一冊，由上海古籍出版社於 2010 年出版成書。另外之前的各個研究成果如陳益源教授的《《剪燈新話》與《傳奇漫錄》之比較研究》、陸凌霄教授的《越南漢文歷史小說研究》都已經成為優秀的先鋒研究作品。

　　我從這些基礎上想要繼續對於「越南漢文傳奇小說」這一類作品做一個比較全面的研究，對「域外漢文小說研究」尤其是「越南漢文小說」方面能有所貢獻，如此對越南漢文化研究相信也能有所助益。正如陳慶浩教授認定：「只有通過整體研究，才能將他們在漢文化中的位置、對中國漢文化的吸收和發展等真象全面顯示出來。」〔註38〕這句話也就提醒研究者的研究意識的鐘聲。

第二節　越南詠史詩的發展

一、詠史詩

　　古典文學中詠史詩就算一種重要的體裁，與儒家思想具有一定的關係，

〔註37〕http://www.china.com.cn/chinese/ch-yuwai/174530.htm
〔註38〕陳慶浩、王三慶編：〈總序〉，《越南漢文小說叢刊》（第一輯），臺北：學生書局，1987 年，頁 2。

也就是儒家學士的代表創作。從中國出發，隨著漢文文化圈的路徑流傳日本、韓國、越南等國。詠史詩早已經被學界注意研究，以及作出總結定義，如趙望秦、張煥玲的《古代詠史詩通論》書中下了定義：

> 詠史詩是詩學與史學的結晶，是一種「文學式的史學研究」。它是由古人古事為發端而進行的詩歌創作，書寫懷抱，諷喻現實，借題發揮，刺世嫉邪，寄託思想感情，發洩抑鬱不平，或形象地表達歷史見解，臧否人物，評議興廢，曲折委婉，言在此而意在彼，語不多而情無限。以古為鑑，在對歷代興亡的吟詠中，藝術地再現出一幅幅生動的歷史畫卷和場景，別具一種思辨性極強而能新人耳目、起人靈智的藝術魅力。〔註39〕

如果做一個詠史詩的探究，從歷來各位學者對詠史詩的看法而談就是：詠史詩始於班固，定於蕭統，分類於呂向。班固的《詠史》詩曰：

> 三王德彌薄，惟後用肉刑。
>
> 太倉令有罪，就逮長安城。
>
> 自恨身無子，困急獨煢煢。
>
> 小女痛父言，死者不可生。
>
> 上書謂闕下，思古歌雞鳴。
>
> 憂心摧折裂，晨風揚激聲。
>
> 聖漢孝文帝，惻然感至情。
>
> 百男何憒憒，不如一緹縈。〔註40〕

定於梁代蕭統《文選》中特別另立一卷定為「詠史」卷二十一，其中列出：

> 詠史：王仲宣詠詩一首；曹子建三良詩一首；左太沖詠史八首；張景陽詠史一首；盧子諒覽古一首；謝宣遠張子房詩一首；顏延年秋湖詩一首；五君詠五首；鮑明遠詠史一首；虞子陽詠霍將軍北伐一首。〔註41〕

〔註39〕趙望秦、張煥玲著：《古代詠史詩通論》，北京：中國社會科學出版社，2010年12月，頁2。

〔註40〕轉載王國瓔著：《中國文學史新講》（上下）修訂版（二版），臺北：聯經出版事業股份有限公司，2014年6月，頁306。

〔註41〕蕭統選，李善注：《文選》（上下），香港：商務印書館，1960年8月，頁443～458。

　　蕭統無形中另立一種獨立的文學體裁就是「詠史詩」。到唐代人呂向在評論王粲《詠史詩》的時候提出：「謂覽史書，詠其行事得失，或自寄情焉。」〔註42〕，這裡坐著趙望秦與張煥玲認為：「不僅對『詠史』作釋義，還涉及詠史詩的兩種體式，即隱括史傳、以史為詩的正體或云傳體，和感慨寄興、以史詠懷的變體或云論題」〔註43〕。就趙張二人認為呂向把詠史詩區分謂正變二體，正體藉以史跡事件來作詩，或者說以詩歌來傳述歷史或者沒有偏見；變體就是以歷史事件來詠懷自己的心思，寄託個人心懷，借歷史事件來幫自己表達個人意見。

　　不過若把詠史往班固以前的中國詩歌而看的話楊靜芬卻認為不然：

　　　　一般人都認為中國的詠史詩始於漢代班固的《詠史》，然而真正要

　　　　追溯詠史詩更早的歷史，還可以再往上推到《楚辭》。〔註44〕

　　因此，《楚辭》一書，那部分有關詠史的部分比班固《詠史》還更早，他指出《楚辭・離騷》一篇云：

　　　　女嬃之嬋媛兮，申申其詈予。

　　　　曰鯀婞直以亡身兮，終然殀乎羽之野。

　　　　……

　　　　澆身被服強圉兮，縱欲而不忍。

　　　　日康娛而自忘兮，厥首用夫顛隕。

　　　　夏桀之常違兮，乃遂焉而逢殃。

　　　　后辛之菹醢兮，殷宗用而不長。

　　　　湯禹儼而祗敬兮，周論道而莫差。

　　　　舉賢而授能兮，循繩墨而不頗。〔註45〕

　　或者，另外《詩經》中《大雅》的《蕩》云：

　　　　蕩蕩上帝，下民之辟。

　　　　疾威上帝，其命多辟。

〔註42〕轉載趙望秦、張煥玲著：《古代詠史詩通論》，北京：中國社會科學出版社，2010年12月，頁4。

〔註43〕趙望秦、張煥玲著：《古代詠史詩通論》，北京：中國社會科學出版社，2010年12月，頁4。

〔註44〕楊靜芬著：〈杜牧詠史詩分析〉，《興大中文研究生論文集》1998年7月，頁91～107，頁92。

〔註45〕屈原著，王逸章句：《楚辭》（上），臺北：金楓出版有限公司，1997年5月，頁40～41。

天生烝民，其命匪諶。
靡不有初，鮮克有終。

文王曰咨，咨汝殷商。
曾是彊御？曾是掊克？
曾是在位？曾是在服？
天降滔德，女興是力。

文王曰咨，咨女殷商。
而秉義類，彊御多懟。
流言以對。寇攘式內。
侯作侯祝，靡屆靡究。

文王曰咨，咨女殷商。
女炰烋于中國。斂怨以為德。
不明爾德，時無背無側。
爾德不明，以無陪無卿。

文王曰咨，咨女殷商。
天不湎爾以酒，不義從式。
既愆爾止。靡明靡晦。
式號式呼。俾晝作夜。

文王曰咨，咨女殷商。
如蜩如螗，如沸如羹。
小大近喪，人尚乎由行。
內奰于中國，覃及鬼方。

文王曰咨，咨女殷商。
匪上帝不時，殷不用舊。
雖無老成人，尚有典刑。
曾是莫聽，大命以傾。

文王曰咨，咨女殷商。
人亦有言，顛沛之揭。
枝葉未有害，本實先撥。

殷鑒不遠，在夏后之世。〔註46〕

　　根據楊靜芬的立論，這些詩歌「雖然不是純粹詠史之作，但因涉及許多傳說歷史人物、歷史事件，並具有詠史抒懷，借古諷今的意義，仍可視為詠史詩之雛型。」〔註47〕。其實我們看以上引文的詩篇，都發現每每都列舉歷代的歷史人物如：君王、聖賢、有德之人，表達自己（屈原）的心思對楚王的希望：模仿聖賢，警惕失敗，減少荒淫等。另外，《詩經》中的詩篇一邊歌頌周朝先王創立王國的功德，一邊記述殷朝之子孫敗於紂王之失德，表示控訴之意。作者樣靜芬認為「足供後世引以為戒，可謂開了詠史詩託古喻今的先河。這也說明了，分別代表我國南方、北方的兩大文學源頭，都已經產生了詠史詩的作品，後人也就是在這樣的基礎上，開創出更卓越的成績。」〔註48〕

　　不僅楊靜芬獨一意見而已。《古代詠史詩通論》中「先秦兩漢——孕育發軔期」不忍，趙張二者也提及：

　　　　詠史詩在古代是各種的發展是源遠流長的，其源頭可追溯到現存最早的兩部詩歌總集《詩經》和《楚辭》。《詩經‧大雅》中有若干篇詩，即以先民創業的歷史過程為主要描寫對象，內容涉及先祖的誕生、民族起源、部落遷徙、農業生產、社會活動、文治武功等，詳加敘述，並以贊歎或勸誡作結，就如同一組相對完整的史詩。〔註49〕

　　不僅上述的《蕩》篇，還有《大雅‧民生》被《毛序》曰：「尊祖也。后稷生於姜嫄，文武之功起於后稷，故推以配天焉。」〔註50〕；《大雅‧公劉》被《毛序》曰：「召康公戒成王也。成王將涖政，戒以民事，姜公劉之厚於民而獻是詩也。」〔註51〕另外《王風‧黍離》的《毛序》曰：「黍離，閔宗周也。

〔註46〕吳樹平等標點：《十三經》（標點本上冊），臺北：曉園出版社遊仙公司，1994年7月，頁351～352。

〔註47〕楊靜芬著：〈杜牧詠史詩分析〉，《興大中文研究生論文集》1998年7月，頁91～107，頁92。

〔註48〕楊靜芬著：〈杜牧詠史詩分析〉，《興大中文研究生論文集》1998年7月，頁91～107，頁93。

〔註49〕趙望秦、張煥玲著：《古代詠史詩通論》，北京：中國社會科學出版社，2010年12月，頁35。

〔註50〕吳樹平等標點，《十三經》（標點本上冊），臺北：曉園出版社遊仙公司，1994年7月，頁344。

〔註51〕吳樹平等標點，《十三經》（標點本上冊），臺北：曉園出版社遊仙公司，1994年7月，頁347。

周大夫行役，至於宗周，過故宗廟宮室，盡為禾黍。閔周室之顛覆，彷徨不忍去，而作是詩也。」〔註52〕及詩云：

> 彼黍離離，彼稷之苗。
>
> 行邁靡靡，中心搖搖。
>
> 知我者，謂我心憂；
>
> 不知我者，謂我何求。
>
> 悠悠蒼天，此何人哉？
>
> 彼黍離離，彼稷之穗。
>
> 行邁靡靡，中心如醉。
>
> 知我者，謂我心憂；
>
> 不知我者，謂我何求。
>
> 悠悠蒼天，此何人哉？
>
> 彼黍離離，彼稷之實。
>
> 行邁靡靡，中心如噎。
>
> 知我者，謂我心憂；
>
> 不知我者，謂我何求。
>
> 悠悠蒼天，此何人哉？〔註53〕

　　所以，嚴格來講，把詠史詩誕生時期要推到戰國時期《楚辭》與《詩經》為界線。趙張二者再次肯定：「古代的詠史創作是與《詩經》的始發鴻蒙分不開的。而身遭憂患、愁腸百結的愛國詩人屈原以『離騷』這種楚曲形式來宣泄勃郁不平之氣與壯志難酬之慨，以古比今，歷數先王得失，既是述史，又是抒懷，也具有詠史詩的因素。」〔註54〕可以說那時候就是詠史詩的醞釀時期或者是說「這一時期只能看作詠史創作的濫觴」〔註55〕，詩體也只能隨著《楚辭》詩體以及《詩經》的四言詩而已，到漢代班固《詠史》詩篇發展到五

〔註52〕吳樹平等標點，《十三經》（標點本上冊），臺北：曉園出版社遊仙公司，1994年7月，頁248。

〔註53〕吳樹平等標點，《十三經》（標點本上冊），臺北：曉園出版社遊仙公司，1994年7月，頁248。

〔註54〕趙望秦、張煥玲著：《古代詠史詩通論》，北京：中國社會科學出版社，2010年12月，頁37。

〔註55〕趙望秦、張煥玲著：《古代詠史詩通論》，北京：中國社會科學出版社，2010年12月，頁37。

言詩。發展到重要時期要算到魏晉南北朝。因為這個階段中國紛亂無度，詩文人因無法負擔國家困難，很多人逼以隱居，但是擔心國家興亡的心懷無法熄滅，在難過的狀態中只能藉以詩歌為樂，因此以舊事來抒情，表示自己對時局的政見。當時很多詩人投入詠史詩的範圍內，例如：陸機、江淹、鮑照、曹植等等，他們的詩作對詠史詩產生很大的影響，因此才有梁朝蕭統的《文選》把詠史詩另立一體。

可是，在這裡應該要做一個分析解釋，為什麼有的人認為詠史詩始於班固，又有人卻認為好往前一下推呢？有可能在班固之前，即是漢代以前，史的觀念尚未完整，所以詠其之類的文體概念也沒有定型，到了漢代史的觀念，就後漢許慎《說文解字》解釋：

> 史，記事者也。從又持中。中，正也。凡史之屬皆從史。〔註56〕

所以到漢代史才真正帶有記載事件的意義，也許至少是民間記載事件，不過公眾已經意識到把前今時間書寫當作記載資料，例如司馬遷的《史記》或者班固的《漢書》就是完整史觀的著作，因此對以前的歷史事件吟詠興趣與需求當然顯得明白。也就在史觀定型，史料明朗，人們對於歷史事件的接受比較容易，他們在接受當中和個人基礎形成一種「詠其行事得失，或自寄情焉」的心態。因此：

> 詠史詩是「文學」，也是「史學」，是「文」、「史」的緊密結合，
> 是一種跨「文」、「史」的「邊緣」創作。詩人大多是以對歷史的
> 深刻認識為基礎而興發為詩的，浸透著濃重、強烈的史學意向，
> 多能賦成發自肺腑、感人至深的篇什。而「詩思」中那分明的愛
> 憎、熾熱的激情，往往能更真粹、更貼切的表達出詩人的史觀及史
> 識。〔註57〕

然後，中國唐代是詩歌史上最成功的詩歌時代，往往是中國詩學史上的一座美麗燦爛的巔峰，其中詠史詩也要算在其內，構成一種極為特色的體類。到了宋代詩歌繼承唐代的優良，不過呈現新的理論穎銳，實在具有新的面貌，在藝術方面也不亞於唐一代，包括詠史詩在內。

〔註56〕〔漢〕許慎撰，〔宋〕徐鉉校訂：《說文解字》，北京：中華書局影印，2010 年 8 月，頁 65。

〔註57〕趙望秦、張煥玲著：《古代詠史詩通論》，北京：中國社會科學出版社，2010 年 12 月，頁 3。

二、越南的詠史詩

越南中代文學中佔有一個相當重要的位置，從質量或數量上看都非常突出。詠史詩是表示越南民族意識崛起，在一個政治體制需要強化、更改為了持續鞏固自己國家的興亡問題，作為國家的知識分子，尤其是詩文人對此問題一定有相當的關心態度。雖然有許多人才因為對世局顯得不滿而退下隱逸，這時候詩文就是他們對世局表示自己政見的重要工具。除了一些屬於現實主義的詩歌意外，詠史詩是其中的一種厲害工具。就如裴維新教授曾經對這個意見肯定：

> 十六、七世紀以及十八世紀上半葉（越南）書寫文學的民族內容發展的表現之一就是詠史詩和出使詩的出現。二者都是具有積極意義的創作。探討詠史詩和出使詩就是探討（越南）文學中的愛國主義之表現，通過歷史的具體表現。〔註58〕

或者如黃氏午、阮文原作者在《鄧鳴謙——脫軒詠史詩集》〔註59〕乾脆肯定：

> 詠史詩就是越南中代文學值得關心的體裁，使得民族文學更為豐富。〔註60〕

那越南古代詩文人對詠史詩的理解如何，請看以下鄧鳴謙《脫軒詠史詩·序》如何表示鄧鳴謙作者的詠史詩意識：

> 詠史所作有以寓褒貶也。其命題或以人名、或以地名、或山川宗室、古今文人才子，往往有之餞子義是其尤者。天南自開國以來帝王后妃，公侯將相，士庶婦人載諸史策，不為不多，而曾經後人品題者

〔註58〕Bùi Duy Tân（裴維新）著：*Thơ vịnh sử, thơ đi sứ và chủ nghĩa yêu nước*（〈詠史詩、出使詩與愛國主義〉），*Văn học Việt Nam*（*thế kỷ X-nửa đầu thế kỷ XVIII*）（《越南文學（十世紀至十八世紀上半葉）》，胡志明市：教育出版社，2006年，頁482。

〔註59〕鄧鳴謙（1456～1522）字貞譽，號脫軒，原籍何靜省天祿即乾祿，後來移居山圍縣茅埔村（今屬於富壽省）。本是陳朝鄧悉、鄧容後裔。鄧鳴謙於黎聖宗時洪德18年中進士，官至禮部尚書兼史館總裁副都，二次出使中國（1501和1509）。1522扶助禮昭宗避難化州，然終於此。作品有《越鑑詠史集》（又名《脫軒詠史詩集》）和《大越史記》（失傳）。何任大載《黎朝嘯詠詩集》中提到他的《江西曲船詩集》今不存於世，也許是他出使所作的詩集。

〔註60〕Hoàng Thị Ngọ（黃氏午）、Nguyễn Văn Nguyên（阮文原）主編：Đặng Minh Khiêm, *Thoát Hiên vịnh sử thi tập*（鄧鳴謙——脫軒詠史詩集），胡志明市：文學出版社，2016年，頁9。

十纏一二。

洪順年間，余入史館，竊嘗有意於述古，奈秘書中所藏屢經兵火，書多缺見，全集者，惟吳士連《大越史記全書》、潘浮先《大越史記》、李濟川《越甸幽集錄》、陳世法《嶺南摭怪》而已，筆載之下披而閱之，藏而考之，又從而歌詠之。日積月累已若干首，彙成全集，分為三卷，予因受以凡例，俾繫其事于下，以便觀覽。自知年老才疏，職卑學淺，是非有謬，必取笑於見高識遠之君子，然於家廷之傳習，史學之芹藻，未必無補云。

光紹五年春穀日〔註 61〕禮部尚書兼史館都總裁知昭文館秀林局山圍縣脫軒鄧鳴謙貞譽序。（〈詠史詩集‧序〉）〔註 62〕

鄧鳴謙明明確認為「詠史所作有以寓褒貶也」，「以寓褒貶」即是作者想要通過詩歌寄託自己對於每一件歷史事件表示責怪或是讚賞之意。然後對象非常廣泛，從「地名、或山川宗室、古今文人才子，往往有之餞子義是其尤者。天南自開國以來帝王、后妃、公侯、將相、士庶、婦人載諸史策」，時間也沒有被限制，從開國或著有傳說就可以憑之吟詠。從而，鄧鳴謙就創作自己的詠史詩集，主要詠越南歷史：《詠史詩集》從序文中看到，鄧鳴謙不只是以越南真正史料（《大越史記全書》、《大越史記》）吟詠，而且他另外還以越南神話笑說（《越甸幽集錄》、《嶺南摭怪》）。這樣說明也許坐著不管歷史資料是真是假，不過主要他想接之表達自己的意見而已。鄧鳴謙的《詠史詩集》不僅是一家之作，它無形中成為後人詠史詩的模範、規格。

鄧鳴謙的《詠史詩集》詩詠南史的第一部詠史著作，後人皆以其為模範。詩集對於文學或史學都具有一定的價值。鄧鳴謙照著傳統觀點去創作詠史詩，他始終的突出點就是崇古性、教訓性。他的詩意取材於歷史事件，通過史書、歷史傳記著的評論觀點而批評，例如：《大越史記全書》、《大越史記》、《越甸幽集錄》、《嶺南摭怪》。因此，後代詠史詩者常說：「褒、貶、愛、憎若有公心就是詩中有史。」

〔註 61〕正月八日。

〔註 62〕Hoàng Thị Ngọ（黃氏午）、Nguyễn Văn Nguyên（阮文原）主編：Đặng Minh Khiêm, *Thoát Hiên vịnh sử thi tập*（鄧鳴謙——脫軒詠史詩集），胡志明市：文學出版社，2016 年，頁 35。與原本對照，漢喃研究院圖書館所藏文件，記號：VHv.1506。

作為一位史家，同時也是一位詩人，鄧鳴謙在「取、棄、褒、貶」
之事非常精細、才華。對於每一位歷史人物最代表、最概括的表現
選擇得非常厲害，從而以正統觀點通過詩歌語言來表達自己客觀的
或褒或貶的意見。〔註63〕

　　鄧鳴謙的詠史詩著名至於嗣德皇帝在他的《御製越史總詠集·序》曰：
「矧於脫軒詠史之類，予特聞之，寔未曾見」〔註64〕。脫軒即是鄧鳴謙號。
顯明鄧鳴謙的詠史詩非常著名，得到歷代世人耳傳連綿，至於嗣德是一位詩
人的皇帝也有愛慕之心，不過在他說「予特聞之，寔未曾見」也許值得讓我
們後代人質疑。當時鄧鳴謙的詩集《詠史詩集》難道不存於世？為什麼以為
全力無敵的皇帝也得不到手鑑賞？對於我們好奇的學者，這樣的問題非常值
得追蹤，從而可以反過來質疑現存的《詠史詩集》版本是怎麼樣的來歷，也
許上述的意見不見的有效，不過也就是讓我們有一種敘述上的反問、質疑的
思維。不過何任大曾經有詩讚賞鄧鳴謙的詠史詩曰：

　　是非公論真良史，

　　到處人皆說脫軒。〔註65〕

　　不過，詠史詩受儒家思想的重大影響，因此詩人一切都從儒家思想的角
度去評價歷史事件、人物，從儒家的道德審美評論歷史人物的品格。封建社
會的歷史記載成書的原則都通過封建政權的拘束，宮廷特派部份知識分子特
別負責撰寫史書，因此史書一定要沿著朝廷之路而走，封建集團就是儒家思
想的代表，因此史書也間接受到儒家的拘束，史學家在撰寫歷史事件、人物，
無形中也被儒家思想導引而品論。褒貶都是以儒家審美觀來做框架。詩人本
身也收儒家思想的培養，科舉成功或否都是書讀入學經書，一方面閱讀史書
而吟詠成詩，他們大部分都照著史學家的褒貶而表示自己同意與否，不過大
部分都是同意。就如裴維新教授認定：

　　詠史詩的史料與觀點，基本上仍是史書以及歷史傳記的史料與觀

〔註63〕Hoàng Thị Ngọ（黃氏午）、Nguyễn Văn Nguyên（阮文原）主編：Đặng Minh
　　　　Khiêm, *Thoát Hiên vịnh sử thi tập*（鄧鳴謙——脫軒詠史詩集），胡志明市：文
　　　　學出版社，2016年，頁17。
〔註64〕詳見附錄四《御製越史總詠集·序》全文內容。
〔註65〕轉引 Bùi Duy Tân（裴維新）著：*Thơ vịnh sử, thơ đi sứ và chủ nghĩa yêu nước*
　　　　（〈詠史詩、出使詩與愛國主義〉），*Văn học Việt Nam*（thế kỷ X-nửa đầu thế kỷ
　　　　XVIII）（《越南文學作（十世紀至十八世紀上半葉）》，胡志明市：教育出版社，
　　　　2006年，頁483。

點。〔註66〕

就鄧鳴謙而言，「他的詩意取材於歷史事件，通過史書、歷史傳記著的評論觀點而批評，例如：《大越史記全書》、《大越史記》、《越甸幽集錄》、《嶺南摭怪》。」所以他褒貶都是以儒家觀點而吟詠詩歌：

> 作者（鄧鳴謙）從儒家的觀點去「褒貶」，歌頌：對抗外侵保護國家有功狀者、明王賢臣、為國王身者、節烈榜樣等；對民族的高貴品質和光榮的歷史具有偉大的自豪感。〔註67〕

不過鄧鳴謙的《詠史詩集》曾經問世著名，得到詩人們的羨慕，成為越南詠史詩的榜樣，被後世人模仿學習，甚至於嗣德皇帝曾經期待過目閱讀。黃氏午、阮文原載翻譯鄧鳴謙的《詠史詩集》中曾經讚賞：

> 《詠史詩集》被古今學者稱為「一篇名筆」，「一篇傑出文章」，「達到詠詩體裁的榜樣價值」，並且詩集的作者是「一位真正的詩歌才華」等。果然是詠史詩派的開山之作，鄧鳴謙的作品建造出內容與形式的榜樣模範，尤其對後代的南史詠史詩人受到很大的影響。〔註68〕

> ……鄧鳴謙的每一首詠史詩是以篇具有豐富藝術性的文章，它為了在對美的一定理想角度下確認人物、歷史事件的價值。因此，他的詠史詩才被稱為後代的詠史詩是的榜樣……〔註69〕

鄧鳴謙後有何任大〔註70〕的《嘯詠詩集》或名《黎朝嘯詠詩集》、《天南詩集》。黎貴敦在他的《見聞小錄》裡評論《嘯詠詩集》不如脫軒《詠史詩

〔註66〕Bùi Duy Tân（裴維新）著：*Thơ vịnh sử, thơ đi sứ và chủ nghĩa yêu nước*（〈詠史詩、出使詩與愛國主義〉），*Văn học Việt Nam*（*thế kỷ X-nửa đầu thế kỷ XVIII*）（《越南文學作（十世紀至十八世紀上半葉）》，胡志明市：教育出版社，2006年，頁482。

〔註67〕Hoàng Thị Ngọ（黃氏午）、Nguyễn Văn Nguyên（阮文原）主編：Đặng Minh Khiêm, *Thoát Hiên vịnh sử thi tập*（鄧鳴謙──脫軒詠史詩集），胡志明市：文學出版社，2016年，頁32。

〔註68〕Hoàng Thị Ngọ（黃氏午）、Nguyễn Văn Nguyên（阮文原）主編：Đặng Minh Khiêm, *Thoát Hiên vịnh sử thi tập*（鄧鳴謙──脫軒詠史詩集），胡志明市：文學出版社，2016年，頁32。

〔註69〕Hoàng Thị Ngọ（黃氏午）、Nguyễn Văn Nguyên（阮文原）主編：Đặng Minh Khiêm, *Thoát Hiên vịnh sử thi tập*（鄧鳴謙──脫軒詠史詩集），胡志明市：文學出版社，2016年，頁33。

〔註70〕何任大（1525～？）字立岥，立石縣平山社人（今屬於永福省）。莫朝崇康9年中進士，官至禮部尚書。作品有《嘯詠詩集》。

集》。潘輝注在他的《黎朝憲章類志・文籍志》中說《嘯詠詩集》模仿鄧鳴謙的《詠史詩集》而作。

　　黎光賁〔註71〕的《思鄉韻錄》共66首，黎光賁出使中國，被勾留於南寧省長達十九年，寫詩集回家題詠自己故鄉的歷史人物。後來武公道〔註72〕和黎光賁同鄉的人也寫一部詠史詩，亦同名《思鄉韻錄》，後人把兩部合為一本。記號：A.699、M.1378。

　　雖然說詠史詩的「史」與「詩」互相補助，不可分割，當然非常合理，詠史詩非常遵守史料以及史料的觀點而題詠，不過詠史詩和歷史在審美觀上完全不同。如果說歷史基本上是一種事件的記載，編史者雖然多多少少會灌入其中自己的偏見或個人的評論，不過因為史料的性質不允許編史者加入太多個人態度，一定要以記載的性質為主。因此，詠史詩從詩歌審美以及詩歌手法允許它重新創作，重新不缺編史者的不宜，詩人一方面是用史料作為詩歌材料，一方面可以利用詩歌的藝術來發揮自己對歷史事件、人物表達自己個人意見，那種意見可以按照史料的主要精神，也可以超越史料主要精神而成為另一種歷史性的文學作品。就如裴維新教授所說：

　　　　儘管從觀點與史料上和歷史有這接近的關係，不過詠史詩在意義與
　　　　審美上就和歷史作品非常不同。詠史詩不單純按照編年史的人物和
　　　　變故的記載，而通過詩歌形式，詠史詩為了明照過去的朝代的興盛
　　　　或衰亡的背景，治國上的成功或失敗，對治國者的好壞行為而反映
　　　　自己的愛憎態度，表揚人的幸與不幸的身分讓後世作為榜樣。可以
　　　　說，詠史詩在美範疇的一定理想角度下為了確認人物、歷史事件的
　　　　價值。〔註73〕

〔註71〕黎光賁（1504～1566）字純夫，號晦齋先生，唐安縣慕澤社人（今屬於海陽省平江縣新鴻社慕澤村），黎鼐狀元之子。黎朝被莫朝篡位前一年（1526）中進士，不過他得到莫朝的重用，給莫朝當官，1548 出使中國，被勾留到 1566年，回國後封尚書之職。

〔註72〕武公道（1629～1714）和黎光賁同鄉。黎中興 1659 年中進士。1673 年出使中國，回國被封為都御史，曾經因不合主意而被貶職，後復職升至戶部尚書，退休被贈禮部尚書。

〔註73〕Bùi Duy Tân（裴維新）著：*Thơ vịnh sử, thơ đi sứ và chủ nghĩa yêu nước*（〈詠史詩、出使詩與愛國主義〉），*Văn học Việt Nam（thế kỷ X-nửa đầu thế kỷ XVIII）*（《越南文學（十世紀至十八世紀上半葉）》，胡志明市：教育出版社，2006年，頁 483。

　　越南詠史詩除了漢文詩以外還有喃字詩。《洪德國音詩集》是後代人把洪德（1470～1497）年間左右的詩篇匯集成書，學界猜想可能於黎——鄭時代完成的，因為裡面雜有鄭根的詩。全書共有 328 首，分成 5 章：

－ 天地門：59 首，詠元旦節、詠月亮、詠嫦娥、詠四時等等。

－ 人道門：46 首，黎聖宗的自述一首，詠中國歷史人物如漢高祖、項羽、張良、蕭何、韓信或者按中國傳說吟詠如蘇武牧羊、劉阮入天台等等。

－ 風景門：66 首，詠越南和中國自然風景。

－ 品物門：69 首，吟詠風花雪月、琴棋詩酒、松菊蓮梅、動物、蔬菜果實等等。

－ 閒吟諸品：88 首，複雜部份，詩篇難分到其他四門而集在這裡。〔註74〕

　　《洪德國音詩集》是越南國音文學，即喃字文學，其中在「人道門」、「風景門」和「閒吟諸品」中我們可以看到很多詠史詩主要：詠中國或越南的歷史人物如：《詠漢高祖》兩首、《詠項羽》、《詠張良》、《詠韓信》、《詠蘇武》、《詠貂蟬》、《詠昭君》、《李翁仲》、《征王》等。

　　因此，越南學屆認為越南詠史詩從鄧鳴謙開始的話也不太恰當。因為《洪德國音詩集》裡面詠史詩也佔有一個相當的數量，不過它們都是喃字詠史詩。所以我個人認為，如果說完整詠史詩集的話應該從鄧鳴謙《詠史詩集》開始，不僅是質量上的完整，形式上也完整。如果提到單純詠史詩尤其是國音詠史詩的話應該算到《洪德國音詩集》裡面的喃字詠史詩。

　　越南從法國佔據南圻後，努力把越南漢學斬斷，越南逐漸遠離漢字。至今，越南人完全與漢字陌生。不僅如此，連喃字也一無所知，因此對於中代文學的原文漢字與喃字都非常不了解，研究者若想要著手研究的話，要經過一個非常艱難的階段就是要讀懂古文字（漢喃文字），都懂漢字後需要翻譯才能詮釋讓其他人去了解。

　　而喃字原本就是國音，只要再一次通過注音，換成現在的國語字（拉丁字母）其他人都可以看懂。不如漢字要注音後還需要翻譯，而翻譯後就已經被過濾，意義可能稍微變了一點。所以我覺得喃字詠史詩更要加重注意而去研究。幸好這些喃字文學早就被學姐陸續翻譯了。例如久《洪德國音詩集》

〔註74〕范仲恬、裴文原拼音、註解、介紹：《洪德國音詩集》，河內：文學出版社，1982 年，頁 14～15。

裡面不僅是詠史詩還是其他國音詩篇，在 1941 年到 1946 年五年之間的《知新雜誌》中陸續注音、註解刊登，如：

    — 應槐阮文素在《知新雜誌》第 126～127 期刊登其選注《洪德國音詩集》中 20 首詩。

    — 應槐阮文素在《知新雜誌》第 133～135 期刊登其其選注《洪德國音詩集》中 8 首詠史詩。〔註 75〕

    《洪德國音詩集》的詠史詩在文學藝術方面尚未完美，不過這些詩歌有其一定價值，至少也是國音，而且我們試論及它為何如此。越南黎朝獨尊儒學，儒學者中漢文歧視喃文，因此喃字文學不得到推敲珍奇，所以當時洪德時代喃字詩歌做出來也沒有被匯集成書，散亂遺失，等到黎中興時代才被撿回來，集成一本。不過，對於我們後代越南人來說，讀國音還是比較親切易懂。

    詠史詩經過一段很長的鍛鍊到阮朝時代已經達到一定的程度，數量上不亞於其他詩歌體類。其中要提到與鄧鳴謙的作品同名的阮德達〔註 76〕《詠史詩集》，被稱為十九世紀三大詠史詩集（其他二集為汝伯士的《越史三百詠》和嗣德皇帝的《御製越史總詠集》）。阮朝時代嗣德時期中史學風使得許多儒家學者雖然不是史學家但是他們對歷史都有一定的愛好、重視，如阮德達在他《詠史詩集·序》中曰：

    余於史素癖嗜而衰減記性。因就其人與事，概括成韻，取便上口而已。抑揚亦僭妍醜併不自知，統惟法眼裁焉。〔註 77〕

    因此他除了《詠史詩集》以外還有兩部討論史學的問題：一部《越史塍

〔註 75〕《知新雜誌》是越南河內出版的文化雜誌、週刊，從 1941 年開始至 1946 年停止，雜誌談論越南所有文化、歷史、文學、社會等問題，因為是週刊雜誌所以每期容量不多，每篇論文或多或少，多的必需分多期刊登，《知新雜誌》集合許多當時的知識分子，舊學識、新學識備齊，對現在學界使用價值仍然擁有。

〔註 76〕阮德達（1823～ ？），字豁如，號南山養叟、南山主人、可庵主人，藝安省清漳縣中勤村人，卒年不詳。嗣德六年（癸丑，1852）三十歲中探花，官至巡撫。君性溫和，退休後教書，著作為樂，徒弟有很多人淵博，科舉成功，出世當官。作品有：《南山隨筆》、《南山窗課》、《葫樣詩》、《詠史詩集》、《越史膡評》、《勤儉匯編》、《攷古臆說》、《南山叢話》、《登龍文選》、《諒程記實》等。
Trần Văn Giáp（陳文甲），*Tìm hiểu kho sách Hán Nôm（1 & 2）*（漢喃資料庫探討），胡志明市：社會科學出版社，2003 年，頁 288～289。

〔註 77〕《詠史詩集·序》越南漢喃研究院圖書館所藏，記號：VHv.1456。

評》〔註78〕討論越南史學，另一部《攷古臆說》〔註79〕討論中國史學。這三部著作也許可以稱為阮德達的三大史學著作。

如果說鄧鳴謙主要隸屬正統史料以及其批評意見而創作他的《詠史詩集》，就是說鄧鳴謙還沒有意識到一種屬於可觀的史學觀點。不過到了阮朝，隨著好史學風，士大夫已經意識到史學觀點，比如他在《詠史詩集‧序》批評：「詠史昉晉以後祖構滿晟，命道遺飄原不襲也。」〔註80〕所以阮德達主張討論歷史或詠史必需加強個人公平的意見，不需要抄襲前人而褒貶歷史事件，所以他在《攷古臆說》認真提出：

> 論古貴有特識。主人曰：識鑒尚矣。尤貴乎心。夫事有幸不幸也。
> 力有及不及也。設身而諒其難也。原情而定其功過。古人可作，必
> 以為知己也。〔註81〕

最後一部詠史詩集就是本論文主要討論內容，《御製越史總詠集》是嗣德皇帝所做的詠史詩集大成，請參閱本論文的專門討論章節的內容。

三、越南文學上的詠史詩的作品

詠史詩與越南文學與詩歌發展同步，從十三世紀陳朝就開始萌芽詠史詩，就是陳英宗〔註82〕皇帝吟詠漢高祖、漢文帝、漢武帝、漢光武、唐肅宗、宋度宗等的詠詩《李陳詩文》編輯者們認定：

> 英宗詩樸質、單純、富有感情。他詩中具有戰勝者的興奮、帶給人
> 民幸福與歡樂自信、反應一位最高首領的敏慧。尤其英宗掀開越南
> 的詠史詩之類。其中，他對每一位歷史人物的褒貶表示他個人對過
> 去有著有批判的接受態度，同時呈現他治國的觀點，也就是他的人
> 生觀。在他之後，陳朝詠史詩有許多出色的詩篇。〔註83〕

〈漢高祖〉

誅秦滅項救生靈，

〔註78〕《越史塍評》越南漢喃研究院圖書館所藏，記號：A.1026。
〔註79〕《攷古臆說》越南漢喃研究院圖書館所藏，記號：VHv.244。
〔註80〕《詠史詩集‧序》越南漢喃研究院圖書館所藏，記號：VHv.1456。
〔註81〕《攷古臆說》越南漢喃研究院圖書館所藏，記號：VHv.244。
〔註82〕陳英宗（1276～1320）原名陳烇，陳朝第四代皇帝，陳仁宗之長子，癸巳年（1293）登基，年號為興隆。
〔註83〕阮惠之主編：《李陳詩文》（第二冊－上卷），河內：社會科學出版社，1988年，頁566～567。

駕馭英雄大業成。

不是高皇恩德薄,

韓彭終自棄韓彭。〔註84〕

〈漢武帝〉

窮黷干戈土木興,

蹈秦覆轍不秦崩。

甘泉露冷仙人掌,

青草萋萋暗茂陵。〔註85〕

〈宋度宗〉

邊風瑟瑟迫人寒,

正是東風盡醉間。

一日權歸師相手,

太平天子十年閒。〔註86〕

　　因此,越南詠史詩經過李、陳、胡、黎、莫、黎中興、阮朝的過程,產生多量詠史詩篇與詩集。不過越南連綿戰爭,印刷沒有中國那麼發達以及氣候不善於儲存書籍,因此至今保存下來的作品不良及不夠多,我們儘量列舉現存的若干詩集供給讀者靠擦。現在作品保藏館主要在越南漢喃研究院圖書館、社會科學院圖書館、國家圖書館等地。

　　《黎朝嘯詠詩集》又名《天南詩集》:今存二種手寫本。108頁本,高27公分,寬23公分,有一目錄;87頁本,高26公分,寬17公分,書存不佳。何任大的詠史詩,內容詠越南黎朝的黎太祖(1428～1444)至黎恭帝(1522～1527),總共10位皇帝(不包括黎宜民)、17位功臣、25位名儒、46位節義、6位使臣、6位奸臣。詠史詩前皆有人物的來歷介紹。

　　《古心百詠》:黎聖宗作。今存一種抄本,138頁,高30公分,寬19公分。漢文附喃文。共有100首和中國明儒錢子美的詠史詩。記號:A.702。

〔註84〕阮惠之主編:《李陳詩文》(第二冊－上卷),河內:社會科學出版社,1988年,頁570。

〔註85〕阮惠之主編:《李陳詩文》(第二冊－上卷),河內:社會科學出版社,1988年,頁572。

〔註86〕阮惠之主編:《李陳詩文》(第二冊－上卷),河內:社會科學出版社,1988年,頁575。

　　《詠史詩集》一卷，杜仁撰，文江縣來屋村人，洪德年間中進士。〔註87〕
　　《國史詩文》今存抄本一種。182頁，高28公分，寬15公分。詠史詩
文；本書收錄《讀史弁言》、《越吟瑣錄》、《越史詩草》、《越史論》數種。《弁
言》為詩體序言，《瑣錄》為詠史詩集，首詠越人先祖涇陽王、貉龍君、鴻龐
氏，後分為內屬紀、李紀、陳紀、黎紀、國朝前編五部分，所詠為越南歷史上
的重要人物，亦詠與越南有關的中外人物如孫士毅、百多祿等，《詩草》體裁
與《瑣錄》相近，《越史論》為越南上古自阮朝的歷史評論。按：前三種題下
或註「淮蟥癢翁作，原自名為鶴鳴集，責我斧正，因摘錄之」，或註「以下是
泰癢翁潘淮蟥所撰，舊自題越音集，余因摘錄之，間有改潤一二字」，或註「是
摘自潘淮蟥癢翁越史詩草，與向上諸作均是一手筆，但所錄有先後」等語，
書中又有「執齋評論」，「執齋戲題」等字，則本書除《越史論》外皆為潘淮蟥
撰，全書蓋印為執齋所抄。原目未載，漢喃研究院圖書館藏書編號為
VHv.1458。〔註88〕
　　《詠史詩集》又名《脫軒詠史詩集，又名《脫軒先生詠史詩集》三卷／
鄧鳴謙撰。本書現存抄本二種，128頁抄本，高32公分，寬22公分；44頁
抄本，高27公分，寬14公分，乃殘本；另存一142頁印本，高27公分，寬
16公分，除殘本外，書前皆有序及凡例，內容大抵相同。又名《脫軒詠史詩
集》（Thoát Hiên Vịnh Sử Thi Tập）、《脫軒先生詠史詩集》（Thoát Hiên Tiên Sinh
Vịnh Sử Thi Tập）。詠史詩集，共三卷，鄧鳴謙撰並序於光紹五年（1520）。鄧
字貞譽，號脫軒，山圍帽浦人，洪德十八年丁未科第二甲進士。本書詠越南
歷史人物，共一百二十三篇；卷上為帝王，卷中為宗室、名臣，卷下為名
儒、節義、奸臣、女主、后妃、公主、節婦，以涇陽王始，以媚醯夫人終。
各本中以128頁抄本為善，印本原由黃春瀚收藏，每卷前有後人插入的目錄
一篇，用鋼筆書寫，內容亦完整，惟稍脫線。原目以抄本與印本為二書，分
別編為3589號和4356號，今合為一書。漢文書。記號：A.440、A.3193、
VHv.1506。〔註89〕
　　《馮克寬詩》（Phùng Khắc Khoan Thi）又名《馮寬詩集》（Phùng Khoan

〔註87〕潘輝注：《黎朝憲章類志·文籍志》，胡志明市：年輕出版社，2014年，頁225。
〔註88〕劉春銀、王小盾、陳義主編：《越南漢喃文獻目錄提要》，臺北：中央研究院
　　　　中國文哲研究所編印，2002年，頁708。
〔註89〕劉春銀、王小盾、陳義主編：《越南漢喃文獻目錄提要》，臺北：中央研究院
　　　　中國文哲研究所編印，2002年，頁708～709。

Thi Tập)，又名《馮太傅詩》（Phùng Thái Phó Thi），又名《馮舍社馮公言志詩》（Phùng Xá Xã Phùng Công Ngôn Chí Thi），又名《毅齋詩集》（Nghị Trai Thi Tập），又名《言志詩集》（Ngôn Chí Thi Tập）／馮克寬撰。今存抄本七種：一本題《馮寬詩集》，146 頁，高 30 公分，寬 25 公分；一本題《馮太傅詩》，64 頁，高 25 公分，寬 15 公分，有朝鮮駐中國使臣李晬光的序文；一本題《馮舍社馮公言志詩》，150 頁，高 21 公分，寬 13 公分，有序文；一本題《毅齋詩集》，94 頁，高 32 公分，寬 13 公分，有李晬光序文，有目錄；三本題《言志詩集》，篇幅規格不同，106～140 頁，高 22 至 31 公分，寬 15 至 20 公分，有序文。馮克寬（號毅齋，1528～1613）的詩集。原目與《馮使臣詩集》、《使華筆手澤詩》、《梅嶺使華詩集》併為一條，編為 2744 號，今析出。按：此書分兩部分，其一為作於越南的詩篇，涉及自敘志向、感懷、即景以及唱和、祝壽等；其二為出使中國時作的詩，內容包括向明帝祝壽、與朝鮮使節唱和、詠出使途中風景。題《馮寬詩集》者，附載吳陽亭的評論、緣河榜眼、何芳澤及潘梅州的詠菊詩。題《毅齋詩集》者，附載黎昭統向清朝求援表、謝恩表及其他人所作的詠景詠歷史遺跡的一百五十一首詩。漢文書。記號：A.555、A.2128、A.431、A.597、A.2011、A.241、A.2557、A.1364、MF.1534（A.2128）、MF.1392（A.431）、MF.1725（VHv.2155）、MF.1533（A.2011）、VHb.264、VHv.2155、VHv.2156、VHv.1915、VHv.1442、Paris EFEO MF I.35（A.555）。〔註90〕

《越史三百詠》二卷／汝伯仕撰。本書今存抄本二種，分上下二卷，173 頁本高 29 公分，寬 17 公分；144 頁本高 30 公分，寬 17 公分。汝伯士詩集，有高春育成泰九年（1897）序。汝伯仕，字元立，號澹齋，曾任清化省督學。書中錄詩三百七首，歌詠自涇陽王至陳末的歷史人物，分君王、后妃、忠臣、義士、烈女、彊臣、逆臣、名儒、修行等目。原目編為 4320 號。漢文書。記號：A.137、VHv.1774/1-2、VHv.1778。〔註91〕

《詠史詩集》南山主人〔註92〕撰。今存印本六種。其中兩種今存上冊，

〔註90〕劉春銀、王小盾、陳義主編：《越南漢喃文獻目錄提要》，臺北：中央研究院中國文哲研究所編印，2002 年，頁 709。

〔註91〕劉春銀、王小盾、陳義主編：《越南漢喃文獻目錄提要》，臺北：中央研究院中國文哲研究所編印，2002 年，頁 711。

〔註92〕南山主人即阮德達（1825～1887）自豁如，號南山主人，又號南山養叟，又號可庵主人。乂安省英山府清漳縣南金總南金上社橫山村人（今屬於乂安省

下種僅存下冊，厚 252 頁，高 28 公分，寬 16 公分。詠史詩集，錄詩五百七十首詩，所詠為中國歷史人物二百二十五人。南山主人撰並序於嗣德三十六年（1883），嘉柳店刻印，分上下二冊，含題詩一篇。此書所詠包括伏羲、嫫母、帝堯、帝舜、夏禹、帝啟、姮娥、少康、商湯、武丁、伊尹、妲己、比干、周文王、周武王、武庚、成王、康王、孟子、薛道衡、木蘭、唐高祖、唐太宗等，並載有人物小傳，以及潘仲謀的兩首詩作。原目編為 4357 號。漢文書。記號：VHv.1456、VHv.1782、VHv.1783、VHv.2268、VHv.2269、VHv.800/2。〔註93〕

　　《詠史合集》范偉謙等作／范偉謙等作。今存抄本一種。246 頁，高 28 公分，寬 16 公分。詠史詩集，范偉謙、阮德達、楊叔協等作，楊叔珨序於成泰壬寅年（1902）。本書共錄詠史詩逾九百首，分帝王、賢臣、烈女、節操、儒道等目，所詠皆中國人物，如伊尹」比干、箕子、微子、老子、豫讓、吳起、蘇秦、張儀、平原君、信陵君、荊軻、張良等。原目編為 4353 號。漢文書。記號：VHv.1785。〔註94〕

　　《越史佳事補詠》。今存抄本一種，書於故紙背面，頗雜亂。共 82 頁，高 28 公分，寬 15 公分。詠史詩一百首，書中若干詩篇詠及傳說故事，如貉龍君娶甌姬生下百只蛋的故事、扶董少年大破殷人的故事等。原目編為 4311號。漢文書。VHv.2486。〔註95〕

　　《裕齋先生詩集》。裕齋先生撰。今存抄本一種。304 頁，高 26 公分，寬15 公分。詩集，題裕齋先生撰，收錄詩二百四十五首；另附阮忠彥、范師孟、阮飛卿、黎景詢、黎廌（即阮廌）、李子瑨等人的三百四十六首詩。按：裕齋先生生平不詳，集中有其和嗣德詠北史詩。原目編為 756 號。漢文書。A.2757。〔註96〕

　　《葆齋詩集》黃葆齋撰。今存抄本一種。140 頁，高 24 公分，寬 15 公

南壇縣慶山社南金村）。

〔註93〕劉春銀、王小盾、陳義主編：《越南漢喃文獻目錄提要》，臺北：中央研究院中國文哲研究所編印，2002 年，頁 714。

〔註94〕劉春銀、王小盾、陳義主編：《越南漢喃文獻目錄提要》，臺北：中央研究院中國文哲研究所編印，2002 年，頁 715。

〔註95〕劉春銀、王小盾、陳義主編：《越南漢喃文獻目錄提要》，臺北：中央研究院中國文哲研究所編印，2002 年，頁 717。

〔註96〕劉春銀、王小盾、陳義主編：《越南漢喃文獻目錄提要》，臺北：中央研究院中國文哲研究所編印，2002 年，頁 717。

分。黃葆齋詩集，作於黎末至西山初年，收錄詠中國歷史人物如張良、韓信、荊軻、伯夷等人的詩，有吳時任（希尹）序。原目編為 114 號。漢文書。A.2796。〔註 97〕

《澹齋詩文集》，汝伯仕撰。今存抄本一種，176 頁，高 28 公分，寬 16 公分。汝伯士（號澹齋）詩文集，收錄詠史、詠景之作二百五首，另有疏文、張文、祭文、記文、序文等。原目編為 926 號。漢文書。記號：A.2329。〔註 98〕

《讀史癡想》：今存抄本一種。102 頁，高 26 公分，寬 15 公分。兩部同名詩集的合抄：第一部《讀史癡想》為范阮攸作於景興二十九年（1768），收錄詩一百六十四首，詠中國歷史人物，本目著錄；第二部為春派陳懶夫的作品，為前者的仿作，收錄詩一百二十三首，詠一百八十位人物。原目編為 1066 號。漢文書。A.2854、MF.2048。〔註 99〕

《諸史詩目》：今存抄本一種，138 頁，高 32 公分，寬 23 公分。內容詠中國歷史人物及事件的詩集，收詩共二百餘首，作者不詳。原目編號為 538 號。漢文書。記號：A.320。〔註 100〕

《史文摘錦》：今存抄本三種，136 頁抄本，高 26 公分，寬 16 公分；60 頁抄本，高 27 公分，寬 16 公分；100 頁抄本，高 24 公分，寬 14 公分。內容歌頌自唐虞至宋元歷代皇帝事業、道德的詩文，作者不詳。三抄本內容有差別，其中 136 頁抄本，另載《讀書樂趣》、《菜根略記》、《使華叢詠》；60 頁抄本，另載〈文明者天下之寶也〉一文及若干對聯、祭文；100 頁抄本，另載《史歌》。原目編號為 3039 號。漢文書。記號：A.2512、VHv.2148、VHv.406。〔註 101〕

《讀史癡想》：今存抄本一種，102 頁，高 26 公分，寬 15 公分。兩部同名詩集的抄本：第一部《讀史癡想》為范阮攸作於景興二十九年（1768），收

〔註 97〕劉春銀、王小盾、陳義主編：《越南漢喃文獻目錄提要》，臺北：中央研究院中國文哲研究所編印，2002 年，頁 718。

〔註 98〕劉春銀、王小盾、陳義主編：《越南漢喃文獻目錄提要》，臺北：中央研究院中國文哲研究所編印，2002 年，頁 730。

〔註 99〕劉春銀、王小盾、陳義主編：《越南漢喃文獻目錄提要》，臺北：中央研究院中國文哲研究所編印，2002 年，頁 739。

〔註 100〕劉春銀、王小盾、陳義主編：《越南漢喃文獻目錄提要》，臺北：中央研究院中國文哲研究所編印，2002 年，頁 650。

〔註 101〕劉春銀、王小盾、陳義主編：《越南漢喃文獻目錄提要》，臺北：中央研究院中國文哲研究所編印，2002 年，頁 628。

錄詩一百六十四首，詠中國歷史人物，本目著錄；第二部為春派陳懶夫的作品，為前者的仿作，收錄詩一百二十三首，詠一百八位人物。原目編號為 1066號。漢文書。記號：A.2854、MF.2048。〔註 102〕

〔註 102〕劉春銀、王小盾、陳義主編：《越南漢喃文獻目錄提要》，臺北：中央研究院
　　　　中國文哲研究所編印，2002 年，頁 739。

第四章 《御製越史總詠集》版本之研究

第一節 《御製越史總詠集》探討

　　《御製越史總詠集》被視為越南十九世紀相當規模的詠史詩集，它不僅是詩人的一部詠史詩集，而且它的特別優點就是它又是一位皇帝的詠史詩集。這麼說不是否定嗣德皇帝之前沒有皇帝詠史詩，我們在越南文學史歷代都有皇帝的詠史詩，例如上述的陳英宗皇帝還有黎聖宗皇帝等，不過《御製越史總詠集》的特別，與前者不同之點就是其有系統的詩集，有比較完整規模的詩集。

　　不過，阮朝從明命時代開始設立史館，崛起重史風潮，到嗣德皇帝時代，皇帝本身好學，好讀經書、史書，好作詩文。因此，嗣德的史觀非常強烈出色。嗣德在《御製越史總詠集》序文開頭就強調：

> 生乎千百年之後，而能知乎千百年之前，非藉有史，其何以哉。故
> 世世君臣士女，不可以不讀史，雖天命之性，良知良能，誰莫不有，
> 若能不失其赤子之心，則雖「盡信書不如無書」，亦無妨害。〔註1〕

他最後有加重強調「昕〔註2〕以不可不讀也。」〔註3〕因為嗣德皇帝站在

〔註1〕《御製越史總詠集》法國藏版，嗣德三十年（1877）刊板，記號：Paris BN VIÊTNAMIEN A.29/1-11，卷首，頁 1a～b。

〔註2〕所。

〔註3〕《御製越史總詠集》法國藏版，嗣德三十年（1877）刊板，記號：Paris BN VIÊTNAMIEN A.29/1-11，卷首，頁 1b。

儒家思想的立場，掌握勸善懲惡的精神，認為人為了修身而必需學習前人的
優點，而遠離前人的缺點，序文中明確認為：

> 其如中人以下常多，物欲交蔽，若非以古為鑑，善勸惡懲，雖欲盡
> 人而賢之，每事而善之，反乎天性，立於無過之地，其勢亦不可
> 得。〔註4〕

另一方面嗣德皇帝令史館進行編撰《欽定越史通鑑綱目》以統一國史，
足見嗣德皇帝對歷史如此愛好。嗣德皇帝另外還特別派手下幫自己準備歷史
資料以便好好閱讀。「予於初年事簡，因命集賢院諸儒臣考究舊史，略編事
迹，爰兮門定類擇其可詠者」〔註5〕所以在空閒時間的時候閱讀國史，對某種
國史事件、人物有何感想，隨筆成詩，有嗣德皇帝自己的個人感想而不是靠
著別人的褒貶意見而襲之：

> 至於褒貶取舍（捨），皆出自予意，不敢毫有假借苟且。
> ……
> 自以事繁識淺，不暇思索，率爾成章，何足垂示。〔註6〕

因為本身作為天子崗位，嗣德皇帝對歷史、史學、詠史詩的個人意見與
眾不同，他可以不要拘束而發表對前期、前人的褒貶，不如某個普通的儒家
學者或普通的知識分子，雖然對前者不及之點也不敢坦白發言。嗣德皇帝而
不然，例如他對前代的史學、史書狀況批判之言非常直：

> 若夫南史，自鴻厖以來，四千餘年，與北國相並，乃作者闕如，全
> 無法則，間有記載，亦或失之荒唐，流於散晦，從未有良史善本，
> 足以考鏡者。其間賢君良臣，名士烈女，著之於事業，蘊之為德行，
> 想亦代不乏人，足為世法，亦皆溫漫遺逸，十不存一，此予每嘗痛
> 惜惋恨於世君，史臣之不能留意也，且我越本稱文獻之邦，從來久
> 矣，使能著意纂修，後先接續一代有一代之史，得以足徵，則豈獨
> 北史為能流行乎哉，卻乃不操南音，動徵北史，雖事非獲已，而人
> 定為之。嗟夫籍談忘祖，原伯落殖，其能免乎遺譏也耶；故予謂讀

〔註4〕《御製越史總詠集》法國藏版，嗣德三十年（1877）刊板，記號：Paris BN
　　　 VIÊTNAMIEN A.29/1-11，卷首，頁1b。

〔註5〕《御製越史總詠集》法國藏版，嗣德三十年（1877）刊板，記號：Paris BN
　　　 VIÊTNAMIEN A.29/1-11，卷首，頁3b。

〔註6〕《御製越史總詠集》法國藏版，嗣德三十年（1877）刊板，記號：Paris BN
　　　 VIÊTNAMIEN A.29/1-11，卷首，頁5a～b。

南史較難於北史，非高論也，苟非會通簡括，刪繁就約，誠恐愈久
愈失，豈不更大可惜哉。〔註7〕

　　態度非常剛直，不怕冒犯，這樣的態度我們在普通文學作品活著批評著
作也很難見到。

　　《御製越史總詠集》總共有 212 首詩，分成 10 卷加卷首，共 11 卷，吟
詠歷代帝王、皇后妃嬪、宗臣、賢臣、忠義、文臣、武將、烈女、僭偽、奸臣
以及補詠，全書目錄內容如下：

　　－卷首：序、表、凡例、職名、總目。

　　－卷一：帝王（上），共 20 首。

　　　　〈雄王〉、〈蜀安陽王〉、〈趙武帝〉、〈士王〉、〈李南帝〉、〈趙越王〉、〈後
　　　　李南帝〉、〈吳先主〉、〈吳後主〉、〈丁先王〉、〈黎大行帝〉、〈黎臥朝帝〉、
　　　　〈李太祖〉、〈（李）太尊〉、〈（李）聖尊〉、〈（李）仁尊〉、〈（李）神尊〉、
　　　　〈（李）英尊〉、〈（李）高尊〉、〈（李）惠尊〉。

　　－卷二：帝王（下）共 30 首。

　　　　〈陳太尊〉、〈（陳）聖尊〉、〈（陳）仁尊〉、〈（陳）英尊〉、〈（陳）明尊〉、
　　　　〈（陳）裕尊〉、〈（陳）藝尊〉、〈（陳）睿尊〉、〈（陳）廢帝〉、〈（陳）順
　　　　尊〉、〈簡定帝〉、〈重光帝〉、〈黎太祖〉、〈（黎）太尊〉、〈（黎）仁尊〉、
　　　　〈（黎）聖尊〉、〈（黎）憲尊〉、〈（黎）威穆帝〉、〈（黎）襄翼帝〉、〈（黎）
　　　　昭尊〉、〈（黎）恭帝〉、〈（黎）莊尊〉、〈（黎）英尊〉、〈（黎）世尊〉、〈（黎）
　　　　敬尊〉、〈（黎）神尊〉、〈（黎）熙尊〉、〈（黎）裕尊〉、〈（黎）顯尊〉、〈（黎）
　　　　出帝〉。

　　－卷三：后妃，6 首。尊臣 9 首

　　　　〈樛后〉、〈依蘭元妃〉、〈保聖皇后〉、〈保慈皇后〉、〈儷聖皇后〉、〈嘉
　　　　慈皇后〉。

　　　　〈吳昌岌〉、〈陳光啟〉、〈陳國峻〉、〈陳日燏〉、〈陳國瓚〉、〈陳國瑱〉、
　　　　〈陳元旦〉、〈陳顒〉、〈黎魁〉。

　　－卷四：賢臣，19 首。

　　　　〈蘇憲成〉、〈陳見〉、〈阮忠彥〉、〈莫挺之〉、〈朱安〉、〈張社〉、〈阮廌〉、
　　　　〈阮熾〉、〈潘天爵〉、〈裴擒虎〉、〈黎念〉、〈阮伯驥〉、〈覃文禮〉、〈馮

──────────
〔註7〕　《御製越史總詠集》法國藏版，嗣德三十年（1877）刊板，記號：Paris BN
　　　　VIÊTNAMIEN A.29/1-11，卷首，頁 2a～3b。

克寬〉、〈阮文階〉、〈阮寔〉、〈阮邁〉、〈裴士暹〉、〈范廷重〉。

－卷五：忠義，35 首。

〈范令公〉、〈阮匐〉、〈穆慎〉、〈阮楊〉、〈陳平仲〉、〈陳元晫〉、〈黎桷〉、〈陳渴真〉、〈裴夢葩〉、〈黎景恂〉、〈鄧悉〉、〈阮表〉、〈阮景異〉、〈鄧容〉、〈阮帥〉、〈黎來〉、〈丁禮〉、〈武睿〉、〈黎俊傑〉、〈黎俊戀〉、〈譚慎徽〉、〈阮泰拔〉、〈阮有嚴〉、〈黎意〉、〈鄭惟悛、鄭惟憭〉、〈阮景模〉、〈阮勵〉、〈阮廷簡〉、〈阮工爍〉、〈黎囧〉、〈陳名案〉、〈陳文涓〉、〈陳光珠〉、〈陳芳昺〉、〈阮日肇〉。

－卷六：文臣，18 首。

〈黎伯玉〉、〈黎輔陳〉、〈范應夢〉、〈韓詮〉、〈杜天覷〉、〈段汝諧〉、〈張漢超〉、〈黎括〉、〈裴伯耆〉、〈同亨發〉、〈阮直〉、〈武聚〉、〈申仁忠杜潤〉、〈郭有嚴、范謙益〉、〈阮秉謙〉、〈武公道〉、〈段阮俶〉、〈吳仕〉。

－卷七：武將，26 首。

〈范巨倆〉、〈黎奉曉〉、〈李常傑〉、〈楊嗣明〉、〈武帶〉、〈陳慶餘〉、〈范五老〉、〈韶寸〉、〈陳吾郎〉、〈丁列〉、〈鄭可〉、〈陳元扞〉、〈黎察〉、〈黎隻〉、〈阮文郎〉、〈陳真〉、〈鄭劍〉、〈武文淵、武文密〉、〈黃廷愛〉、〈黎及第〉、〈黎伯驪〉、〈范篤〉、〈阮有僚〉、〈文廷胤〉、〈阮潘〉、〈阮仲康〉。

－卷八：烈女，5 首；僭偽，4 首；奸臣，10 首。

〈媚珠〉、〈媚醯〉、〈真氏〉、〈阮氏金〉、〈潘氏舜〉。

〈楊三哥〉、〈胡季犛〉、〈胡漢蒼〉、〈莫登庸〉。

〈杜釋〉、〈黎文盛〉、〈杜英武〉、〈陳守度〉、〈陳益稷〉、〈陳克終〉、〈鄭惟憻〉、〈鄭松〉、〈阮公沆〉、〈阮有整〉。

－卷九：佳事補詠（上），16 首。

〈貉龍百男〉、〈扶董兒〉、〈安陽神弩〉、〈士王仙〉、〈夜澤王〉、〈白藤戰〉、〈范令公存咕〉、〈蘆花伏〉、〈斫刀稅〉、〈阮揚戈〉、〈占城音〉、〈劉家鄉兵〉、〈鼎耳隄〉、〈蘭亭宴〉、〈單騎平賊〉、〈昭陵石馬〉。

－卷十：佳事補詠（下），14 首。

〈興道王仗〉、〈國公洗上相〉、〈官家捧表人〉、〈鄭黎高義〉、〈四輔圖〉、〈遘姑捷〉、〈城南盟〉、〈滅占城〉、〈騷壇元帥〉、〈九重臺〉、〈太

子獄〉、〈長派侯發〉、〈馬僮〉、〈琵琶烈女〉。

內容架構具有歷代的程序，主要是讚詠附加批評，專門批評控訴的只有兩個部份是第八卷裡面的「僭偽」與「奸臣」。綜觀，全書十卷不算卷首，前八卷詠人物共 182 首，以絕句詩體作詩，后二卷「佳事補詠」（上下）詠歷史事件例如：越族的起源（〈龍君百男〉）；詠扶董天王打敗殷軍的故事（〈扶董兒〉）；詠安陽王失神弩而敗國之事（〈安陽神弩〉）等。共 30 首，以樂府詩體而作。

每一首詩的部份架構主要分為兩個部份：小傳與詠詩。小傳部份是嗣德皇帝「命集賢院諸儒臣考究舊史，略編事迹，爰兮門定類擇其可詠者」〔註 8〕，不曉得在「小傳」文中是否完全使用集賢院的官員變出來的全文，還是嗣德皇帝自己會修改或重寫部份故事。不過按照序文中所說：「而例則歸于一，人各有詩，詩各有傳，詩以提其要，傳以記其詳。」〔註 9〕可見「小傳」一定會經過嗣德皇帝的斟酌修改以詳細描寫、陳述每個歷史人物。不過詠史詩篇的部分則是嗣德自己之作的。褒貶之意見由作者個人的意見而不襲他人：

　　至於褒貶取舍（捨），皆出自予意，不敢毫有假借苟且。〔註 10〕

吟詠範圍則被作者限定為自從貉龍君之後黎朝的歷史人物到黎末，沒有吟詠本朝（即阮朝）的歷史人物、事件。不過，作者選擇吟詠人物有其選擇的意圖，例如對二征（征側、征二）、梅黑帝、馮布蓋、二曲（曲承裕、曲承顥）等，不被吟詠的理由如下：

　　其於槩置不詠，如二徵、二曲，梅黑帝、馮布蓋、楊廷藝諸人，亦
　　以不過暫興，無事可詠，他皆類此，非有關也。〔註 11〕

從而也可以看到他個人以帝王崗位的角度去區別人物，例如在分時代人物的時候也明明表示。如果我們就詠帝王 50 首代表 50 位皇帝來考察，可見從雄王到後黎朝可以分為兩個階段：「北屬時期」和「獨立自主時期」。

一 北屬時期：〈雄王〉、〈蜀安陽王〉、〈趙武帝〉、〈士王〉、〈李南帝〉、〈趙

〔註 8〕　《御製越史總詠集》法國藏版，嗣德三十年（1877）刊板，記號：Paris BN
　　　　　VIÊTNAMIEN A.29/1-11，卷首，頁 3b。

〔註 9〕　《御製越史總詠集》法國藏版，嗣德三十年（1877）刊板，記號：Paris BN
　　　　　VIÊTNAMIEN A.29/1-11，卷首，頁 4b。

〔註 10〕《御製越史總詠集》法國藏版，嗣德三十年（1877）刊板，記號：Paris BN
　　　　　VIÊTNAMIEN A.29/1-11，卷首，頁 5a。

〔註 11〕《御製越史總詠集》法國藏版，嗣德三十年（1877）刊板，記號：Paris BN
　　　　　VIÊTNAMIEN A.29/1-11，卷首，頁 5b。

越王〉、〈後李南帝〉；共 7 位皇帝。

— 獨立自主時期：自從吳權打敗南漢軍後越南獨立自主，詠詩有：〈吳先主〉、〈吳後主〉、〈丁先王〉至〈出帝〉（即黎維祁）；共 43 首，即 43 位皇帝。

我們重新觀察越南獨立前後的皇帝列表，做個對照的統計，按照一本歷史工具書，由楊碧川、石文傑合編的《活用歷史手冊》〔註12〕與陳仲金的《越南史略》一書作對照的統計曰：

— 獨立前時期的帝王有：鴻龐氏、經楊王、貉龍君、雄王、安陽王、趙武王、趙文王、趙明王、趙哀王、趙陽王、征王、李南帝、趙越王、後李南帝（李佛子）、梅黑帝（梅叔鸞），共約 15 位。

— 獨立後時期的帝王有：前吳王（吳權）、後吳王（昌文）、丁先皇（丁部領）、丁廢帝（丁璿）、黎大行（黎桓）、黎中宗〔註13〕（黎龍鉞）、黎臥朝（黎龍鋌）、李太祖（李公蘊）、李太宗（李佛瑪）、李聖宗（李日宗）、李仁宗（李乾德）、李神宗（李陽煥）、李英宗（李天祚）、李高宗（李龍翰）、李惠宗（李旵）、李昭皇（李佛金，昭聖公主）、陳太祖（陳承不登基當皇帝，但追尊太祖）、陳太宗（陳煚）、陳聖宗（陳晃）、陳仁宗（陳昑）、陳英宗（陳烇）、陳明宗（陳奣）、陳憲宗（陳旺）、陳裕宗（臣暭）、陳藝宗（陳暊或陳叔明）、陳睿宗（陳曔或陳晛）、陳廢帝（陳晛）、陳順宗（陳顒）、胡季犛、胡漢蒼、簡定帝（陳頠）、重光帝（陳季擴）、黎太祖（黎利）、黎太宗（黎元龍）、黎仁宗（黎邦基）、黎聖宗（黎思誠）、黎憲宗（黎鏳）、黎肅宗（黎濬）、黎威穆（黎濬）、黎襄翼（黎瀠）、黎昭宗（黎椅）、黎恭皇（黎椿）、黎莊宗（黎維寧）、黎中宗（黎維暄）、黎英宗（黎維邦）、黎世宗（黎維潭）、黎敬宗（黎維新）、黎神宗（黎維祺）、黎真宗（黎維祐）、黎嘉宗（黎維禬）、黎熙宗（黎維祫）、黎裕宗（黎維禟）、黎維祊、黎純宗（黎維祥）、黎懿宗（黎維祳）、黎顯宗（黎維祧）、黎愍帝（黎昭統）。共 57 位。

〔註12〕楊碧川、石文傑合編：《活用歷史手冊》，臺北：遠流出版事業股份有限公司，1993 年 3 月第八版。

〔註13〕黎中宗被黎大行皇帝選擇當太子，繼位皇帝，但是黎大行過世後，各位皇子互相爭奪皇位，長達七個月，後來太子黎龍鉞登基後三天被其弟龍鋌派人入內謀殺，篡奪皇位，卒年23歲。

前後獨立時期總共約有 72 位左右，不過嗣德皇帝只詠其中 50 位，因此大概少了 22 位左右，不被吟詠的人物有：鴻龐氏、經楊王、貉龍君、趙文王、趙明王、趙哀王、趙陽王、征王、梅黑帝（梅叔鸞）、丁廢帝（丁璿）、黎中宗（黎龍鉞）、李昭皇（李佛金，昭聖公主）、陳太祖（陳承不登基當皇帝，但追尊太祖）、陳憲宗（陳旺）、胡季犛、胡漢蒼、黎肅宗（黎潪）、黎中宗（黎維暄）、黎真宗（黎維祐）、黎嘉宗（黎維禬）、黎維祊、黎純宗（黎維祥）、黎懿宗（黎維祳）。共 23 位，比上述計算差 1 位，那一位就是「士王」，士王即士燮，本從中國來，士燮好學，善心，教化當地人，教他們學字，當時中國戰爭連綿，但是士燮能保安人民，眾人所愛，尊為士王，雖然陳朝敕封善感嘉應靈武大王美號，實質不是帝王，不過《大越史記全書》特別立其成紀「士王紀」，可見陳朝對士燮如何愛慕。

> 士王。在位四十年，壽九十年。王寬厚謙虛，人心愛戴。保全越之地，以當三國之強。既明且智，足稱賢君。姓士諱燮，字彥威，蒼梧廣信人也。其先魯國汶陽人也，北朝王莽之亂，避地於我越。六世至王。父賜，漢桓帝時為日南太守。王少遊學漢京，從潁川劉子奇，治《左氏春秋》，為注解，舉孝廉，補尚書郎。以公事免官。父喪闋，音缺，盡也。後舉茂才，除巫陽令，遷交州太守，封龍度亭侯，都贏婁。婁一作樓，即龍編。後陳朝追封善感嘉應靈武大王。〔註14〕

嚴格而言，士燮不算是國人，他只是以位從中國來的外國人，而且是交州（當時的越南）的太守，實質上是外國來的治民者。例如《大越史記全書》記載：「庚寅二十四年，漢建安十五年。吳王孫權遣步隲為交州刺史。隲到，王率兄弟奉承節度。吳王加王左將軍」〔註15〕。明明不是我國君王的身分。不過他不相其他太守赫克，士燮對交州人非常貼心。《大越史記全書》始從陳朝黎文休《大越史記》，而陳朝對士王有好感，至於追封善感嘉應靈武大王，並且特別另立一紀，後來續編、考究成書《大越史記全書》仍然保留其內容。相史臣黎文休對士燮的讚稱：

〔註14〕孫曉主編：《大越史記全書》第一冊，外紀全書、本紀全書〔一〕、卷之三，北京：西南師範大學出版社與人民出版社，2015 年 12 月，頁 71。
〔註15〕孫曉主編：《大越史記全書》第一冊，外紀全書、本紀全書〔一〕、卷之三，北京：西南師範大學出版社與人民出版社，2015 年 12 月，頁 73。

　　黎文休曰：士王能以寬厚，謙虛下士，得人親愛，而致一時之貴
　　盛。又能明義識時，雖才勇不及趙武王，而屈節事大，以保全疆
　　土，可謂智矣。惜其嗣子弗克負荷先業，使越土宇全盛，而復分
　　裂，悲夫！〔註16〕

　　另外，因士燮的文德，以及對安南人的教導學識的問題非常有功德，史
臣吳士連因此歌頌評論曰：

　　我國通詩書，習禮樂，為文獻之邦，自士王始。其功德豈特施於當
　　時，而有以遠及於後代，豈不盛矣哉！子之不肖，乃子之罪爾。世
　　傳王既葬之後，至晉末，凡百六十餘年，林邑人入寇，掘發王塚。
　　見其體面如生，大懼，乃復封瘞。土人以為神，立廟事之，號士王
　　僊。蓋其英氣不朽，所以能為神也。神祠在舊城龍變。〔註17〕

　　不過近代史學家陳仲金又有比較客觀的認定，對於士燮一邊認同前人的讚
頌，一邊對前人史學家的過言有這否認的意見，他在《越南史略》著作曰：

　　士燮治民有方，循循善誘，國人愛之，皆尊稱為士王。史學家常常
　　認為，我國為文獻之邦，自士燮開始。這種說法其實不然。因為從
　　漢朝治理交趾之時起到士燮已逾300年，交趾人已有考中孝廉、茂
　　才的有學問之人。因此，說至士燮時始有儒學方不為大錯特錯。或
　　因此公做官時乃一飽學之士，注重學術，喜歡幫助學問之人，因而
　　後來才得我國學祖之美名，這樣設想也許更為合理。──（戴可來
　　譯）〔註18〕

　　可見到近代史學新思維陳仲金對士燮有這進一步的認定，與古代人有著
客觀以及時代背景的想法。其實，黎崱《安南志略》第七卷「漢交州九真日南
刺史太守」的「士燮」目與《大越史記全書》記載內容大同小異：

　　士燮。字（彥）威〔彥〕。其先魯國汶（上）〔陽〕人。遭王（奔）
　　〔莽〕亂，避地交趾。六世，桓帝時，燮父賜，為日南太守。燮少
　　師潁川劉子奇，治《左氏春秋》，為之經解。察孝廉，補尚書郎，

〔註16〕孫曉主編：《大越史記全書》第一冊，外紀全書、本紀全書〔一〕、卷之三，
　　　　北京：西南師範大學出版社與人民出版社，2015年12月，頁74。
〔註17〕孫曉主編：《大越史記全書》第一冊，外紀全書、本紀全書〔一〕、卷之三，
　　　　北京：西南師範大學出版社與人民出版社，2015年12月，頁74～75。
〔註18〕Trần Trọng Kim（陳仲金）著：Việt Nam sử lược（越南史略），Nxb Văn học（文
　　　　學出版社），Nhã Nam phát hành（雅楠發行），2015年，頁58～59。

公事免官。舉茂才,遷交趾太守。董卓亂,交趾刺史朱符,為賊所殺。燮至郡。〔燮〕器宇寬厚,謙虛下士,國人加敬;中州士人,往依避難。(冢)〔表〕弟壹,守合浦。兄弟並為列郡,雄長一方;出入鳴鐘磬笳簫鼓吹,車馬滿道,夾轂焚香者,常有數十。妻妾乘輜軿,子弟從兵騎。當時貴重,震服百蠻,尉佗不足踰也。初,朱符、張津被殺,州郡擾亂,帝賜璽書曰:「交州絕城,南帶江海,上恩不宣,下義壅遏,知逆賊劉表遣賴恭窺南土;今以士燮為綏南將軍,董七郡,領交趾太守如故。」燮乃遣吏張(昱)〔旻〕奉貢京師。時天下喪亂,道路斷絕,而燮不廢貢(賊)〔職〕。特復下詔拜安遠將軍,封龍度亭侯。建安末,(權)孫〔權〕遣步騭為交州刺史。騭到,燮〔率〕兄弟奉承節度。權(遣以)〔加〕燮為左將軍,(遂)〔燮〕遣子廞入(貢)〔質量〕。遷燮(武)衛將軍。〔封〕龍編侯。每遣使詣權,致雜香、明珠、大(具)〔貝〕、珊瑚、琥珀、孔雀、犀象、奇物異果、芭蕉、龍眼之蜀,無歲不至。燮在郡四十年,年九十〔卒〕。〔註19〕

　　以上述《安南志略》中那段引文和《大越史記全書》中對士燮的記載引文對照發現《大越史記全書》中的內容大部分摘於《安南志略》,不過有部分省略不語,另外《安南志略》語中對士燮的稱呼絕非「士王」之稱,雖然黎崱是安南人,不過作品在中國著作,設想如果黎崱是否和陳朝人愛慕士燮而稱「士王」?如果說是,則以中國母國、大國的立場成否成立?足見尊稱「士王」或給他另立一紀的事情只是時代性或史者的主觀的立場。

　　不過嗣德皇帝比陳仲金早一點而且被古代史學思維拘束,他一樣按照《大越史記全書》的史學觀點,將士燮列為帝王部分,這樣的做法在他時代背景中看也是正常。我個人認為因為嗣德皇帝愛慕士燮善良,疼愛國民,雖然南國不是他的故鄉不過從「性本善」的角度統治人民,帶給人民歡樂幸福,有教人民識字讀書,給難過開化文明,按照一部分史學家稱他為王,嗣德皇帝隨之尊稱王而將他列入帝王部分,也許這樣就是原因。

　　從四德皇帝帝王吟詠章節看他自己所分別越南各個朝代的意識,我們發現他從吳權打敗南漢軍,把越南的獨立爭奪回來成立王朝分成各個朝代:吳、

〔註19〕〔越〕黎崱著;武尚清校點:《安南志略》;〔清〕大汕著;余思黎校點:《海外紀事》,北京:中華書局,2008年4月,頁171～172。

丁、前黎、李、陳、後黎。中間沒有胡朝（胡季犛）與莫朝（莫登庸）。《大越
史記全書》胡朝的記載：

（大越史記‧本紀全書‧卷十八‧陳紀‧少帝‧附胡季犛、胡漢蒼）

季犛字理元，自推其先祖胡興逸，本浙江人。五季後漢時，來守演
州。其後家居本州之泡突鄉，因為寨主。至李時，娶月的公主，生
月端公主。至十二代孫胡廉，徒居清化大吏鄉，為宣尉黎訓義子，
自此以黎為姓。季犛，其四世孫也。陳藝宗時，自祗候四局正掌，
陞樞密大使，遷小司空，進封同平章事，累加輔政太師攝政、欽德
興烈大王、國祖章皇，遂移陳祚，國號大虞，復姓胡。未踰年，以
位與其子漢蒼。漢蒼舊名火，僭位六年餘。後父子皆為明人所擄。
舊以二胡紀年，今黜而正之。〔註20〕

《大越史記全書》莫朝的記載：

（大越史記‧本紀實錄‧卷十五‧黎皇朝紀‧附莫登庸）

僭位三年，後僭追稱尊號為太祖。

登庸，宜陽古齋人，幼以漁為業，及長有勇力，考中力士出身。洪
順間，陞指揮使武川伯，歷仕三朝。統元間，位至太師、仁國公。
後封安興王，陰結朋黨，內外協謀，人心歸附，遂行篡弒，假詔稱
禪，而即真矣。〔註21〕

古史觀點以士燮特立一紀而把胡、莫二朝編為附錄，不過近現代史學觀
點反而言之，廢「士王紀」而為附錄，另立胡、莫而朝編為越南歷代中間的兩
個朝代。雖然胡朝存在六余年，莫朝僭位五年，不過後來莫朝退到北方而與
黎朝並存一段很長的時間，形成南北朝（南朝為黎朝；北朝為莫朝）。再後來
一點形成三角互頂莫、鄭、阮三國。這樣的狀況與中國三國時代魏、蜀、吳三
國並存沒差。不過它們都被承認成為獨立王朝。

胡、莫而朝雖然以僭偽出世，不過可觀而言當時被廢的皇朝已經沒辦法
撐了，社會內亂，面對外來的侵略危機，因此能幹的奸臣才有辦法篡奪，而
篡奪後不是執行核可的制度，他們一樣保護人民，保全國土，對外侵積極反

〔註20〕孫曉主編：《大越史記全書》第二冊，本紀全書〔二〕、本紀實錄〔一〕，卷之
　　　　八，北京：西南師範大學出版社與人民出版社，2015 年 12 月，頁 417。
〔註21〕孫曉主編：《大越史記全書》第三冊，本紀實錄〔二〕、本紀續編〔一〕，卷之
　　　　十五，北京：西南師範大學出版社與人民出版社，2015 年 12 月，頁 809～810。

抗，對人民有積極的改良，與舊史觀點相比，陳仲金在《越南史略》中有非常可觀的批評，有反駁意見，也有贊同意見：

> 觀看胡季犛的所作所為，並非庸碌無能之輩，但可惜如此一有經世之才的人，倘若自始至終盡力輔佐陳朝，即使明朝怎能強盛，也不致於輕取南國，而其本人又可以流芳千古。然因受貪心驅使，一旦得勢，便生爭權窮國之謀。因而胡季犛才行篡奪之事，明朝才有機會前來攻取安南國。正因為這個緣故，人心才被棄胡氏而向敵人，以致弄到胡氏父子敗逃、被擒、親身受辱於自己國土上的境地。但這僅僅是為害胡氏一家之罪而已，而使南國滅亡之罪，誰人為季犛擔當。──（戴可來譯）〔註22〕

不過陳仲金對胡季犛的國家整頓也有好的批評例如：武備、教育、和佔成的交涉等都有成果。

莫朝從莫登庸（丁亥年，1527）到莫茂洽（壬辰年，1592）共有65年，後來杯黎朝打敗退到越南北方和中國解禁的邊疆高平維持莫朝，因此莫朝存在不只65年而已。

我們試試看史者在《大越史記全書》對莫朝的評論，以便理解古史對莫朝的態度與評點：

> 登柄評曰：「黎朝不幸中衰，至此極矣。故愚嘗曰莫氏者黎朝之叛臣也，至黎帝即位于哀牢，始以正統紀年，以明君臣之分，正大綱也。是時莫氏奄有其國，而不以正統書之者何也？蓋莫氏臣也。黎帝雖即位于外，沒迹鄰國，曾無寸土一民，而屬以正統書之者何也？蓋黎氏君也。抑嘗考之。古人有言曰：『天下者非一人之天下也。』粵昔炎帝啟封南國以來，歷代明王賢主，有攻守而併吞之，有傳授而世守之，皆繼世而王，以有位號，乃以正統書之。曰本紀、曰正紀、後紀、曰中紀、末紀，皆其順而已。至若悖逆篡弒而強自立，雖有名號稱者，皆名不順也，則編之為附紀，是其逆而已。世降而下，亂起紛紜，迭有興廢，不必言之。自趙越王之起，則本前李南帝之臣也。繼南帝已有其國，而後始即政稱王，以其臣能代君行政，如此順也。丁先皇平十二使君之亂，而併有之，少帝微弱，弗

〔註22〕Trần Trọng Kim（陳仲金）著：*Việt Nam sử lược*（越南史略），Nxb Văn học（文學出版社），Nhã Nam phát hành（雅楠發行），2015年，頁166。

能禦敵，以國事委之大將黎桓。而黎桓承丁后之傳，已有天下者順
也。及李之代黎，陳之代李，以有位者，皆其順也。然則趙、黎、
李、陳之四君，皆承國中無主，或因群臣所請，或因女主之傳授，
國人之尊服，天與之，人歸之，已有天下，皆其順取以有之也。於
莫則不然。觀其所為者，登庸不過黎朝之一大臣也，當黎朝主弱臣
強之際，登庸能師古昔之聖臣賢相，尊主庇民，如伊尹之輔太甲，
周公之輔成王，其彰彰然偉績，庶可嘉焉。何不效此，而寧反其
道，是未免逼主稱禪，篡國弒君，以圖自立。及其有個也，殆六十
七年之間，所謂成如王莽，終不免誅夷，實於漢之曹，於陳之胡，
皆其迹也，是愚所謂其逆取而有之也，故不得書為正統也。幸賴黎
朝舊勳宿將，克全大節，同心修輔，協贊匡扶，以濟艱難，是天意
有以待夫。今日之君臣，屬志圖回，恢復舊物，故能再造中興，混
一輿圖，重新社稷，誅奸雄之殘虐，正日月於當天，以大其一統也，
故於此待書之。〔註23〕

明明看到以上的引文表示評論歷史者以傳統史觀批評莫氏，一直站在黎
朝為正統的立場去批判模式，雖然文中能提出「古人有言曰：『天下者非一人
之天下也。』」的觀點，可見他在無意識中有一點點支持莫氏，不過他在意識
上還是被傳統的儒家思想所拘束，一樣將黎朝作為自己的君主，所有「忠」
的意識都集中在黎帝，所以雖然黎朝在衰亡的趨勢，黎朝還是正統，臣民一
定要擁護黎帝，支持黎帝以及努力崛起拯救黎朝的精神。

就在正樣的背景當中，古代意識體系以及想法，我們沒辦法要求評論歷
史者能有我們現在的客觀意識，因為當時對於民主意識、自由想法等形式都
沒有在君主封建制度產生。他們史館或者嗣德皇帝都一樣深受傳統儒家的思
想所拘束。因此嗣德站在皇帝的崗位有一樣的想法。所以才將莫朝毀掉，越
南歷代王朝中絕無篡位黎朝的王朝，胡朝、莫朝就在這樣的場合。

這個立場不僅在古代封建制度存在。它一樣被近代史家機械性使用，照
著《大越史記全書》或《越史通鑑綱目》等史書的史觀積極控訴胡朝與莫朝，
甚至放過歷史背景而給他們二朝結很多大案例如：割地讓國，賣國求榮等。

〔註23〕孫曉主編：《大越史記全書》第三冊，本紀實錄〔二〕、本紀續編〔一〕，卷之
　　　　十五，黎皇朝紀，莫登瀛，北京：西南師範大學出版社與人民出版社，2015
　　　　年12月，頁816～817。

而且救他們的批評行為而言，非常帶有機械性、武斷性。事情一直到二十世紀中葉仍然沒有新的想法，不過在二十世紀六十年代開始對莫朝啟發新的想法、認定。對於近代陳仲金的《越南史略》的重要歷史教科書，一本到現在還是非常可靠的歷史工具書來說，陳仲金對莫朝的批評與古代史觀雷同，六十年代開始有些史家反駁陳仲金對莫氏的惡語，例如黎文槐 1952 年，批判陳仲金已經「在莫登庸頭上打了一下太重的錘子」。同時，他提出自己的認定「莫登庸登基的事完全符合於歷史進程」〔註 24〕。對於各位古代近代史家所控訴莫登庸割地賣國行為的批判，近代史家范文山在他的著作《越史全書——從上古至現代》中對莫登庸有這樣的辯解：

> 在如此歷史背景，莫登庸只花費一些金銀和五口山洞而逃避戰爭的災難。對於真正的史學家而言，我們還能要求更多的什麼呢？〔註 25〕

如果古代史觀積極控訴莫朝為惡的話，那近現代史觀就努力為其解案。一部為莫朝解案且非常著名的代表作品就是丁克順老師的《從書籍與碑文論莫朝歷史》著作，丁老師通過一個很長的調查史料以及對各位從古代到近代的史官、史者、史學家的批評提出一個非常有現實性、客觀性的結論：

> 根據中國與越南的史料，以及漢喃刻文搜集中的數據，我們努力對莫朝提供新的看法。對莫朝政治有關的事件性質的重新引用、解釋與確認之後，我們肯定莫朝代替黎朝後對國家穩定工作的價值。莫朝同時和明朝重新改善正常關係，與越南封建前朝一模一樣。〔註 26〕

丁克順老師在提出以上的結論語中特本使用「莫朝」（Nhà Mạc）二字，代表莫氏明明為越南歷代王朝存在，雖然對封建思維來說篡位氏罪惡，不過一代王朝在衰亡的趨向必需被另一個強大的朝代代替，差別只在於代替的形式，名義上而已。莫氏雖然篡位而登基，不過他能治理國家、調和外交關係、能帶給人民的安樂生活、能改善國家機構等工作的話，我們應該以客觀的眼光去判斷與 2 批評。

〔註 24〕Đinh Khắc Thuân（丁克順）著：*Lịch sử triều Mạc qua thư tịch và văn bia*（從書籍與碑文論莫朝歷史），河內：社會科學出版社，2001 年，頁 39。

〔註 25〕Phạm Văn Sơn（范文山）著：*Việt sử toàn thư-từ thượng cổ đến hiện đại*（越史全書——從上古至現代），西貢：史學書櫃，1960 年，頁 436。

〔註 26〕Đinh Khắc Thuân（丁克順）著：*Lịch sử triều Mạc qua thư tịch và văn bia*（從書籍與碑文論莫朝歷史），河內：社會科學出版社，2001 年，頁 345。

不過，嗣德就是因為以皇帝的崗位立場，他沒辦法像我們現代能以客觀性眼光認同，仍然把胡朝與莫朝廢去正統性，不承認胡莫二朝，甚至詠胡季犛、莫登庸、胡漢蒼於僭偽門類。

后妃門類有六首，謂之六位，趙朝一位（繆后）、李朝一位（依蘭元妃）、陳朝四位（保聖皇后、保慈皇后、儷聖皇后、嘉慈皇后）。其中，批判二位（繆后、依蘭元妃），讚美陳朝四位的德行，值得世人學習。

宗臣門類有九首，吳朝一首（吳昌岌），陳朝七位（陳光啟、陳國峻、陳日燏、陳國瓚、陳國瑱、陳元旦、陳顓），黎朝一位（黎魁）。宗臣就是宗室，歷代王朝的宗室非常多，不過嗣德皇帝只選擇九位而詠。而且只有三個朝代，其中陳朝最多。為什麼呢？過目九首詠詩發現被吟詠的宗室都有一種共同的特點：就是各位都在王朝或國家站在危急。他們經過努力把自己的忠義才能幫助國家超越災難，例如陳國瓚的戰功，嗣德皇帝有詩讚詠：

六字旗開釋內慚

萬夫披靡戰方酣

預知立建平元績

一自筵中手碎柑〔註27〕

通過這首詠詩，我們看見嗣德皇帝對懷文侯陳國瓚懷著一種羨慕青年勇氣。被吟詠的宗臣，不是每個人都是好人，一心一意給國家貢獻，嗣德皇帝也對爭奪權力而鬧的宗臣，例如吳昌岌、陳元旦、陳顓。

在《御製越史總詠集》中，嗣德皇帝不止限於真實人物而詠，另外對於傳說中的傳奇性人物或是神話傳說解釋民族起源的故事都被選擇吟詠例如：貉龍君、扶董兒、安陽神弩、士王仙、夜澤王等。這些詩篇因為一方面是帶有奇妙性的，或是神話的，有點不真實，一方面不止吟詠一人而也許是一個故事，所以作者特別編為一種特殊的門類名為「佳事補詠」。佳事補詠總共有30首分為二卷（卷九十六首、卷十十四首）。

綜觀《御製越史總詠集》的大概內容，我們能發現嗣德皇帝在吟詠過程中非常意識到吟詠的目的，選擇主題非常有意圖而表示個人的主觀意見，這種意念反映作者的混雜心態，又是皇帝，又是詩人，符合與中帶文學的詩言志觀念，這種狀況在中帶文學意識沒辦法分割。如果需要知道詩集中的仔細

〔註27〕《御製越史總詠集》卷三，法國藏版，嗣德三十年（1877）刊板，記號：Paris BN VIÊTNAMIEN A.29/1-11，頁 12a。

問題分析，請在下一章閱讀詳細內容。這一節限於概況。

第二節 《御製越史總詠集》版本考察

首先在《越南漢喃文獻目錄提要》考察《御製越史總詠集》有關的訊息，我能找出以下的訊息，《提要》中記載：

> 《御製越史總詠集》，嗣德撰。今存印本九種，其中四種為十卷722頁，高約27公分，寬約17公分；另有抄本四種，其中一種316頁本另附張登桂《讀史應制》和佚名所作《偽年號國號通考》。詠越南歷史人物詩，嗣德撰於二十七年（1874），有黎玭等於嗣德三十年（1877）所上表。陳文濬、黎進通撰凡例綿審、張登桂、潘清簡裝俊、阮勘等校訂，陳文濬、阮述等補註。本書分帝王、后妃、宗臣、賢臣、忠義、文臣僭偽、奸臣、佳事補詠諸目。原目編為2492號。漢文書。A.148/1-2、VHv.55/1-2、VHv.56/1-3、VHv.1559/1-4、VHv.1791、VHv.1591/1-2、VHv.2103、VHv.1480、VHv.1590、VHv.1162、VHv.1592/1-2、VHv.2143、VHv.994/3,6。［註28］

> 《越史總詠》，又名《御製越史總詠集》又名《御製越史總詠詩集》。今存印本五種。一本98頁，一本80頁，均高27.5公分，寬16公分，藏於河內；三本藏於巴黎，其中二本為嗣德三十年（1877）印本，高24.6公分，寬16公分，一本高29公分，寬18.5公分。又名《御製越史總詠集》（Ngự Chế Việt Sử Tổng Vịnh）、《御製越史總詠詩集》（Ngự Chế Việt Sử Tổng Vịnh Thi Tập）。嗣德詠越史詩集，錄詩二百十二首，分帝王、后妃、賢臣、宗臣、忠義、武將、烈女、僭偽、奸臣等目。綿寊序、有阮述、黎玭等人奏請重印的表文，撰於嗣德三十年（1877）。本書首印嗣德二十七年（1874），次印於1878年，柳文堂三印於河內維新辛亥年（1911）。有總目。《御製越史總詠集》條，內容與此相同，蓋為不同時期的印本。原目編為4330號。漢文書。VHv.2425、VHv.2426、Paris EFEO VIET/A/Hist.24（1-3）（高18.5公分）、Paris BN VIETNAMIEN A.14（高24.6公分）、Paris

---

BN VIETNAMIEN A.29（高 24.6 公分）。〔註 29〕

以上《越南漢喃文獻目錄提要》的數據與越南河內漢喃研究院圖書館對照，以下記號與之相同：

— 《御製越史總詠集》：A.148/1-2、VHv.55/1-2、VHv.56/1-3、VHv.1559/1-4、VHv.1791、VHv.1591/1-2、VHv.2103、VHv.1480、VHv.1590、VHv.1162、VHv.1592/1-2、VHv.2143、VHv.994/3,6。

— 《越史總詠》：VHv.2425、VHv.2426。

— 《詠史演音》：AB.586。

另外《越南漢喃文獻目錄提要》中的三種版本不見於越南河內漢喃研究院圖書館，記號：Paris EFEO VIET/A/Hist.24（1-3）、Paris BN VIETNAMIEN A.14、Paris BN VIETNAMIEN A.29。這三種版本開頭表示來自兩個地方：Paris EFEO 表示來自「遠東學院圖書館」，Paris BN 表示來自「法國國家圖書館東方攜本部」。

仔細考察每一種版本發現：

— 11 種刊印版：包括序、凡例、目錄、檢閱諸臣銜名。

　+ A.148/1-2：曰《御製越史總詠集》，十卷，722 頁，規格高 28 公分，寬 16.5 公分。

　+ VHv.55/1-2：曰《御製越史總詠集》，十卷，722 頁，規格高 29.5 公分，寬 19 公分。

　+ VHv.56/1-3：曰《御製越史總詠集》，十卷，722 頁，規格高 28 公分，寬 17 公分。

　+ VHv.1559/1-4：曰《御製越史總詠集》，十卷，722 頁，規格高 28.5 公分，寬 17 公分。

　+ VHv.1791：曰《御製越史總詠集》，缺卷，今存卷八、九、十，共 152 頁，規格高 27.5 公分，寬 17 公分。

　+ VHv.1591/1-2：曰《御製越史總詠集》，維新辛亥年柳文堂刊印，包括序文、目錄和正文內容，規格高 27.5 公分，寬 15.4 公分。

　+ VHv.2103：曰《御製越史總詠集》，今存序文、目錄與上卷，共 96 頁，規格高 26 公分，寬 15 公分。

〔註 29〕劉春銀、王小盾、陳義主編：《越南漢喃文獻目錄提要》，臺北：中央研究院中國文哲研究所編印，2002 年，頁 714。

+ VHv.1480：曰《御製越史總詠集》，與 VHv.1591/1-2 版本相同，差別在於規格：高 26 公分，寬 15 公分。

+ VHv.1590：曰《御製越史總詠集》，與 VHv.1591/1-2 版本相同，差別在於規格：高 26 公分，寬 17 公分。

+ VHv.2425：曰《越史總詠》或曰《御製越史總詠集》、《御製越史總詠集》，98 頁，包括序文、目錄和正文內容，規格高 27.5 公分，寬 16 公分。

+ VHv.2426：曰《越史總詠》或曰《御製越史總詠集》、《御製越史總詠集》，80 頁，包括序文、目錄和正文內容，規格高 27.5 公分，寬 16 公分。

－5 種手寫版：

+ VHv.1162：曰《御製越史總詠集》，316 頁，規格高 28 公分，寬 16 公分。

+ VHV.1592/1-2：曰《御製越史總詠集》，234 頁，包括序文、凡例與正文內容，規格高 29 公分，寬 16 公分。

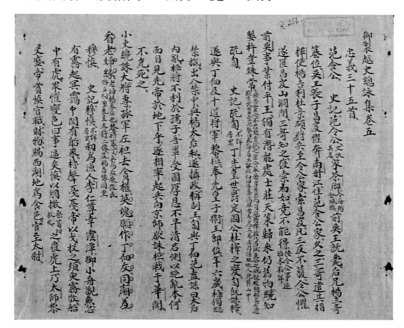

《御製越史總詠集》手寫版

+ VHv.2143：曰《御製越史總詠集》，162 頁，包括序文與正文內容，規格高 27 公分，寬 15 公分。

+ VHV. 994/3,6：曰《御製越史總詠集》，缺卷，今存卷三至卷七，共
350 頁，規格高 27.5 公分，寬 16 公分。

另外《御製越史總詠集》有另外一本喃譯本名曰《詠史演音》，《越南漢
喃文獻目錄提要》記載：

《詠史演音》二卷，阮布澤譯述。今存抄本一種，分上下二卷。358
頁，高 29 公分，寬 16 公分。嗣德帝《詠史》的喃譯本，阮布澤（號
應龍氏）譯述於啟定六年（1921），含說、跋各一篇。按：此書分為
十一目，帝王五十章、后妃六章、尊神九章、賢臣十九章、忠義三
十五章、文臣十九章、武將二十六章、烈女五章、僭偽四章、奸臣
十章、佳事三十章，其間有介紹及總論，亦為喃文。原目編為 4352。
喃文書。AB.586。〔註30〕

與漢喃研究院圖書館儲存資料相同。

另外，越南南方曾經有《御製越史總詠集》國語翻譯版，由文化特責國
務卿府 1970 年出版，由古文班的紅蓮黎春教、阮光蘇、善齊胡性、阮維笑、
黃魁譯，分三冊，附錄原本漢字刻印本於每下半冊。讓讀者方便對照原譯
版。不過，不詳知道看本的源流以及記號分明。

國務卿出版國語翻譯版的《御製越史總詠集》

我手上拿到兩種善本，都是刻印本，內容完全相同，一本就是上述的越
南國語字翻譯版的《御製越史總詠集》以及法國藏版的，記號：Paris BN

〔註30〕劉春銀、王小盾、陳義主編：《越南漢喃文獻目錄提要》，臺北：中央研究院
中國文哲研究所編印，2002 年，頁 743。

VIETNAMIEN A.29，十一卷。以二種版本做對照，架構內容完全一樣，唯一的差別就是字樣，表示二種版本即兩種不一樣的刻本。

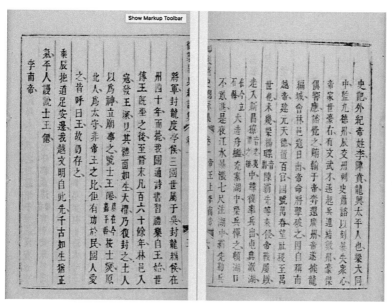

法國藏版，記號：Paris BN VIETNAMIEN A.29 版

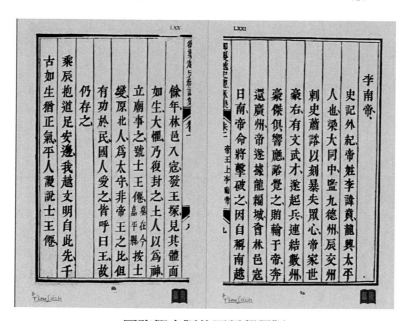

國務卿出版的國語翻譯版

全書《御製越史總詠集》架構部分包括：

－〈御製越史總詠集序〉：由^臣綿寶奉閱。

一 〈奏為籲懇印給〉表：內閣^臣等謹，由^臣阮述、^臣黎玳、^臣吳季侗、^臣宗室濯記。

一 〈凡例〉：由內閣^臣陳文準、^臣裴文禳、^臣黎進通、^臣阮述奉檢撰。

一 〈旨檢閱諸臣銜名〉。

一 〈御製越史總詠總目〉。

一 詩集正文內容：

　＋卷一：^臣阮思僩、^臣從善公綿審、^臣綿寊奉閱。

　＋卷二：^臣從善公綿審、^臣阮思僩、^臣綿寊奉閱及集賢院經筵講官^臣張登貴、^臣鄧文添、^臣潘清簡、^臣魏克循、^臣張國用、^臣黃收、^臣蘇璝、^臣范有儀奉閱。

　＋卷三：^臣從善公綿審、^臣范富庶、^臣潘廷評、^臣綿寊奉閱。

　＋卷四：^臣從善公綿審、^臣綿寊奉閱。

　＋卷五：^臣從善公綿審、^臣范富庶、^臣潘廷評、^臣綿寊奉閱。

　＋卷六：^臣從善公綿審、^臣范富庶、^臣潘廷評、^臣綿寊奉閱。

　＋卷七：^臣從善公綿審、^臣綿寊奉閱。

　＋卷八：^臣從善公綿審、^臣范富庶、^臣潘廷評、^臣綿寊奉閱。

　＋卷九：^臣從善公綿審、^臣范富庶、^臣潘廷評、^臣阮有立、^臣陳文係、^臣綿寊奉閱。

　＋卷十：^臣從善公綿審、^臣范富庶、^臣潘廷評、^臣阮有立、^臣陳文係、^臣綿寊奉閱。

通過文本考察，我發現《御製越史總詠集》歷來存在很多種版本，有幾種刊刻版，也有多種手寫手抄版，現存版本繁多，有善本也有缺卷缺頁本。經過對照，我認為有兩種版本可以做為本研究使用的研究對象，就是以法國藏版做為底本，記號：Paris BN VIETNAMIEN A.29，以國務卿出版書中的原文附錄做為參考版。

第五章 《御製越史總詠集》內容之研究

第一節 《御製越史總詠集》的詩體討論

　　《御製越史總詠·序》中，作者嗣德皇帝直接提及：「予於初年事簡，因命集賢院諸儒臣考究舊史，略編事迹，爰兮門定類擇其可詠者，各係以七言截句詩」〔註1〕。雖然作者明明界定詩體為「七言截句」，但內容包括樂府詩體（佳事補詠（上下）卷九、十）。嗣德皇帝指定詩體為截句，通常「截句」和「絕句」被混雜理解，我們在這一節試試討論「截句」和「絕句」以及「樂府詩」的問題。

一、有關詩學論述

（一）樂府詩

　　梁朝劉勰《文心雕龍》是第一部特別把樂府詩另立一篇的著作，「樂府第七」曰：

　　樂府者，聲依永，律和聲也。〔註2〕

　　而劉勰一語源於《尚書》的〈堯典〉中曰：

　　帝曰：「夔，命汝典樂，教胄。直而溫，寬而栗，剛而無虐，簡而無

〔註1〕 《御製越史總詠集》卷首，法國藏版，嗣德三十年（1877）刊板，記號：Paris BN VIÊTNAMIEN A.29/1-11，頁 3b。

〔註2〕 劉勰：《文心雕龍註》，臺北：文光出版社，1973 年，頁 101。

傲，詩言志，歌永言，聲依永，律和聲；八音克諧，無相奪倫：神
人以和。」夔曰：「於！予擊石拊，百獸率舞。」〔註3〕

這裡的「永」通「詠」，即吟詠的意思。蕭統《文選》中除詩、賦以外，
也特別另立樂府上與下，分別在卷二十七、卷二十八二卷，共有四十首：古
樂府三首、班婕妤怨歌行一首、魏武帝樂府二首、曹子建樂府四首、石季倫
王明君辭一首、陸士衡樂府十七首、謝靈運樂府一首、鮑明遠樂府八首、謝
玄暉鼓吹曲一首。〔註4〕

那樂府詩源於何時？褚斌傑教授在他著作《中國古代文體概論》中，「樂
府體詩」一章論述，寫：

> 在中國古典詩歌中，有一種被稱為「樂府」或「樂府詩」的詩體。
> 最初它屬於一種由專門機構編制、搜集起來的「歌詩」（配樂可唱
> 的詩篇），後來在文體分類上，則成為詩體的一種。樂府作為一種
> 詩體的名稱，是由漢代專門掌管音樂的一個官署名稱──「樂府」
> 而來的。漢代人把當時由樂府機關所編錄和演奏的詩篇稱為「歌
> 詩」，東晉南朝時人，才開始稱這些歌詩為「樂府」或「樂府詩」。
> 〔註5〕

劉勰《文心雕龍》曰：「暨武帝崇禮，始立樂府」〔註6〕，蕭統《文選》
曰：「漢書曰，武帝定郊祀之禮，而立樂府」〔註7〕。班固《漢書・卷二十二・
禮樂志第二》曰：「至武帝定郊祀之禮，祠太一於甘泉，就乾位也；祭後土於
汾陰，澤中方丘也。乃立樂府，菜詩夜誦，有趙、代、秦、處之謳。」〔註8〕
後世人因此通通認為樂府一詞於漢武帝成立，不過褚斌傑教授提出證據：

> 一九七七年，在陝西秦始皇墓附近出土的編鐘上面，已有用秦篆刻
> 記得「樂府」二字，據此可知秦代已有樂府的設置。又據《漢書・
> 禮樂志》記載：「《房中祠樂》高祖唐山夫人所作也。……孝惠二年
> 使樂府令夏侯寬備其簫管，更名《世安樂》。」可知漢因秦製，漢初

〔註3〕 王雲五主編、屈萬里註譯：《尚書今註今譯》，臺北：臺灣商務印書館出版，
　　　　1979年，頁18。
〔註4〕 蕭統選，李善注：《文選》（上下），香港：商務印書館，1960年8月，頁596
　　　　～624。
〔註5〕 褚斌傑著：《中國古代文體概論》，北京：北京大學出版社，1998年，頁99。
〔註6〕 劉勰：《文心雕龍註》，臺北：文光出版社，1973年，頁101。
〔註7〕 蕭統選，李善注：《文選》（上下），香港：商務印書館，1960年8月，頁596。
〔註8〕 班固撰：《漢書》，北京：中華書局，2011年2月，頁141。

已有樂府。〔註9〕

　　不過，這樣說不是否定漢武帝得貢獻，武帝對於樂府或樂府詩體也有他一定的貢獻，「那就是他大規模擴充了樂府的規模和職能」〔註10〕。因此，後代人文學史又出現了一種文體叫做「樂府詩體」。

　　界定樂府詩範圍主要是指漢代到南北朝由樂府機關當時努力在各地搜集和編輯而來，入樂得歌詩，不過這是樂府一開始所做的動作。後來出了搜集、編制的詩篇，詩人也按照樂府體詩仿作出來的多數作品，所謂「樂府詩」，因此樂府詩包括當初的搜集詩篇以及後代人的創作詩篇。然後據褚斌傑教授的研究，這樣仿作詩篇也有幾種狀況：

第一：按照樂府舊的曲譜，重新創作新辭，性質上還是入樂的。

第二：由於舊譜的失傳，或由於創作者並不熟悉和重視樂曲，而只是沿用樂府舊題，模仿樂府的思想和藝術風格來寫作的，實際上已不入樂。

第三：連舊題也不襲用，而只是仿效民間樂府詩的基本精神和體制上的某些特點，完全自立新題和新意，當然它也是不入樂的。〔註11〕

　　然後上述的三種狀況分別，第二種多為使用，嗣德皇帝《御製越史總詠集》的「佳事補詠」部分的樂府體也以第二種來創作。不過仔細的區分，褚斌傑教授提出樂府詩體擬作幾種，後世的文人樂府詩主要有四種類型，曰：

一、擬作作品嚴格的與舊曲曲名和本事相符合。

二、擬作作品用舊曲的曲名，但並不局限於咏原詞、本事，只是在內容和主題思想上，仍與舊曲相符合或有聯繫。

三、擬樂府作品襲用舊曲曲名，但只是因題成咏，與舊曲的思想內容已完全失去關係。

四、「即事名篇，無所依傍」，即以新題寫時事，不再沿襲古題。這類作品稱為「新樂府」，或「新題樂府」。〔註12〕

　　因此，嗣德皇帝《御製越史總詠集》中的「佳事補詠」部分詩篇應該可以區別為上述第四種沒有沿襲古題，所謂「新樂府」或「新題樂府」之類。

〔註9〕褚斌傑著：《中國古代文體概論》，北京：北京大學出版社，1998年，頁100。

〔註10〕褚斌傑著：《中國古代文體概論》，北京：北京大學出版社，1998年，頁100。

〔註11〕褚斌傑著：《中國古代文體概論》，北京：北京大學出版社，1998年，頁102。

〔註12〕褚斌傑著：《中國古代文體概論》，北京：北京大學出版社，1998年，頁117～122。

（二）絕句

中國詩歌史上，律詩佔據一個非常重要的一種詩體，從民間二言到《詩經》四言詩體，後來出現雜言的楚辭體（又名騷體），接著是樂府詩體的出現。經過一個很長的時間，發展到五言、七言詩體則是一種有突破又漫長的過程。而五言七言律詩於唐代發展到完整面貌，為了區別於之前的「古體詩」，而所謂「近體詩」或「今體詩」。就是說中國唐代詩歌佔有中國詩歌史上的一個重要的位置，因為：

> 唐代以前，我國詩歌並沒有一套嚴密的格律，除了趨向于大致整齊和用韻，比較講究節奏外，沒有什麼對篇章、音律的硬性規定。初唐以後，這種情況則有了變化。唐代詩人在五、七言詩的基礎上，接受了六朝文壇崇尚駢偶和漸講音律的風習而創造了篇章、句式、對偶、音律都有嚴密限定的格律詩。這是中國詩體的一大變化，是一種嶄新的詩體。〔註13〕

在這一節我們特別討論嗣德皇帝《御製越史總詠集》的「七言截句」的這種近體詩。而七言截句和七言絕句則如何而來，然七言律詩和五言律詩有何關係？

絕句詩又稱絕律詩，是近體詩中篇幅最小的一種詩體。洪為法教授對絕句下個定義：「絕句在詩歌中，是用最經濟的文學手段抒情，寫景，或是敘事而其所寫，又是所要寫的對象中最精彩的一段或一方面。」〔註14〕絕句一兩種五言與七言之分。五言每首四行，每行五字，共有二十字。七言每首四行，每行七字，共有二十八字。通常「絕句」有被稱為「截句」。截就是截取的意思，就是把八行律詩截取四行稱為絕句，或以前後各四行，或以首尾各兩行，或以中間四行成立絕句。就如褚斌傑教授在他《中國古代詩體研究》中引《詩法源流》之說以及清代施補華的《峴傭說詩》，曰：

> 絕句者，截句也。後兩句對者，是截律詩前四句；前兩句對者，是截後四句；皆對者，是截中四句，皆不對者，是截前後各兩句。故唐人稱絕句為律詩，觀李漢編《昌黎集》，凡絕句皆收入律詩內是也。（《詩法源流》）

> 五言絕句，截五言律詩之半也。有截前四句者，如「移舟泊煙渚，

〔註13〕褚斌傑著：《中國古代文體概論》，北京：北京大學出版社，1998 年，頁 181。
〔註14〕洪為法著：《絕句論》，上海：商務印書館，1934 年，頁 23。

日暮客愁新。野曠天低樹，江清月近人」是也；有截後四句者，如
「公益三分國，名成八陣圖。江流石不轉，遺恨失吞吳」是也；有
截中四句者，如「白日依山盡，黃河入海流。欲窮千里目，更上一
層樓」是也；有截前後四句者，如「山中相送罷，日暮掩柴扉。春
草年年綠，王孫歸不歸」是也。七絕亦然。（《峴傭說詩》）〔註15〕

　　如果按照上述的說法，絕句詩原本從律詩而出，就是說在唐朝律詩定型
後才產生絕句這種詩體，然每一式律詩，絕句有四種公式：

1. 前四式

首聯出句，首聯對句。

頷聯出句，頷聯對句。

2. 後四式

頸聯出句，頸聯對句。

尾聯出句，尾聯對句。

3. 中四式

頷聯出句，頷聯對句。

頸聯出句，頸聯對句。

4. 前後式

首聯出句，首聯對句。

尾聯出句，尾聯對句。

每式又有它自己按照律詩格式之分。

　　不過，另外也有與上述反駁的意見，大概的意思就是說絕句並非截取律
詩而成，因此不是在唐代以後才有，而且早在唐代近體八行律詩詩產生以前
就已經有了四行絕句詩。也有意見說它來自於南北朝的民歌以及古詩和古樂
府，褚斌傑教授又引古書文中曰：

吳訥《文章變體》引楊伯謙說：「五言絕句，盛唐初變六朝《子夜》
體。」李重華《貞一齋詩話》也認為「五言絕發源於《子夜歌》。」
說到七絕，高棅《唐詩品彙》謂「《挾瑟歌》、《烏棲曲》、《怨詩行》
……為絕句之祖。」而更遠而推之，認為絕句來源於漢古詩、古樂
府者，如胡應麟於《詩藪》上說：「五、七言絕句、蓋五言短古、七

〔註15〕褚斌傑著：《中國古代文體概論》，北京：北京大學出版社，1998 年，頁 222。

言短歌之變也。五言短古，雜見漢魏詩中，不可勝數，唐人絕體實所從來。」〔註16〕

清代王夫之則直接反駁上述的意見，他在《薑齋詩話》中有言：

五言絕句自五言古詩來，七言絕句自歌行來，此二體本在律詩之前，律詩從此出，演令充暢耳。有云絕句者，截取律詩一半，或絕前後四句，或絕首尾各二句，或絕中兩聯。審爾，斷頭刖足，為刑人而已。不知誰作此說，戕人生理。〔註17〕

清代郎廷槐在他《師友詩傳錄》也說：

「五言絕近於樂府，七言絕近於歌行。」

「問：或論絕句之法謂「絕者，截也」，須一句一斷，特藕斷絲連耳。然唐人絕句如《打起黃鶯兒》、《松下問童子》諸作皆順流而下。前說似不盡然。

答：截句謂「或截律詩前四句，如後二句對偶者是也。或截律詩後四句，如起二句對偶者是也」。非一句一截之謂。然此等迂拘之說，總無足取。今人或竟以絕句為截句，尤鄙俗可笑。」〔註18〕

或者洪為法教授在他著作《絕句論》著作引《四庫提要》說：「漢人已有絕句，在律詩之前，非先有律詩，截為絕句。」（卷一百九十六《師友詩傳錄提要》條下）〔註19〕

《唐詩三百首》中的〈五言絕句聲調〉又言：

絕有「截」的意思，但是六朝的詩，已有五言四句的詩，題為「絕句」「斷句」或「截句」等名稱，並非創始於唐。趙甌北（翼）《聲調後譜》，也有「兩句為聯，四句為絕，始於六朝，元非近體。後人誤以絕句為絕律體」的話。因此所謂「絕者截也」的話，就生疑問。綜合古今的說法，我以為「截」並非「截取」之意，應作為「截然而止」的截解，比較近於論理。〔註20〕

不過，我們重新觀察以上五言、七言律詩格式，每種格式前四句和後四

〔註16〕褚斌傑著：《中國古代文體概論》，北京：北京大學出版社，1998年，頁222。

〔註17〕王夫之著：《薑齋詩話箋注》，北京：人民文學出版社，1981年，頁139。

〔註18〕https://zh.wikisource.org/zh-hant/師友詩傳錄

〔註19〕洪為法著：《絕句論》，上海：商務印書館，1934年，頁7。

〔註20〕孫洙編，黃永武導讀：《唐詩三百首》，臺北：金楓出版社，1986年，頁427。

句除了「平收式」以外是重複的。頷聯和尾聯是一模一樣的格式，因此「前四式」和「前後式」幾乎是一模一樣的。那麼，如果把這兩種混合起來為一種格式的話，與「後四句」和「中四句」式所謂三種格式而已。

二、《御製越史總詠集》詩體考察

首先要確認《御製越史總詠集》以何詩體創作，我發現其中有：七言絕句、七言長詩、五言長詩以及新樂府（雜言）。

七言絕句：182 首

要考察《御製越史總詠集》的七言絕句結構，我們先從上述的四種七律格式綜合起來，不管截取還是不截取七律的話也不處於以下四種：

1. 仄起第一式（仄起平收，就是第一句第二字為仄，第七字為平，首句入韻）

仄仄仄平平仄仄平，（韻）
平平仄仄仄平平。（韻）
平平仄仄平平仄，
仄仄平平仄仄平。（韻）

2. 仄起第二式（仄起仄收，就是第一句第二字與第七字同仄，首句不入韻）

仄仄平平平仄仄，
平平仄仄仄平平。（韻）
平平仄仄平平仄，
仄仄平平仄仄平。（韻）

3. 平起第一式（平起平收，就是第一句第二字與第七字同平，首句入韻）

平平仄仄仄平平，（韻）
仄仄平平仄仄平。（韻）
仄仄平平平仄仄，
平平仄仄仄平平。（韻）

4. 平起第二式（平起仄收，就是第一句第二字為平，第七字為仄，首句不入韻）

平平仄仄平平仄，

⊙仄平平仄仄平。（韻）

⊙仄⊙平平平仄仄，

⊙平平⊙仄仄平平。（韻）

《御製越史總詠集》兩百十二首，除了「佳事補詠」上下二卷三十首以新樂府體創作以外，剩下來一百八十二首以七言絕句體創作。本人通過親手統計此一百八十二首詩而分類，規劃出上述四種格式，每一種格式包括多少首，發現：

（1）仄起第一式（仄起平收，首句入韻）共有82首：〈趙越王〉、〈丁先王〉、〈黎大行帝〉、〈（李）太尊〉、〈（李）仁尊〉、〈（李）英尊〉、〈（李）高尊〉、〈（李）惠尊〉、〈（陳）仁尊〉、〈（陳）英尊〉、〈（陳）明尊〉、〈（陳）裕尊〉、〈（陳）藝尊〉、〈（陳）睿尊〉、〈（黎）仁尊〉、〈（黎）聖尊〉、〈（黎）威穆帝〉、〈（黎）昭尊〉、〈（黎）恭帝〉、〈（黎）莊尊〉、〈（黎）神尊〉、〈（黎）熙尊〉、〈陳國峻〉、〈陳國瓚〉、〈陳國瑱〉、〈陳元旦〉、〈陳顒〉、〈黎魁〉、〈蘇憲成〉、〈陳見〉、〈莫挺之〉、〈張社〉、〈阮廌〉、〈黎念〉、〈阮文階〉、〈阮宧〉、〈阮邁〉、〈范廷重〉、〈阮蜀〉、〈阮楊〉、〈陳元晫〉、〈黎栯〉、〈陳渴真〉、〈裴夢范〉、〈黎景恂〉、〈鄧悉〉、〈丁禮〉、〈武睿〉、〈黎俊懋〉、〈阮泰拔〉、〈阮有嚴〉、〈鄭惟悛、鄭惟憭〉、〈黎岊〉、〈陳名案〉、〈陳文涓〉、〈陳光珠〉、〈陳芳舅〉、〈韓詮〉、〈杜天覷〉、〈段汝諧〉、〈裴伯耆〉、〈武聚〉、〈申仁忠杜潤〉、〈郭有嚴、范謙益〉、〈吳仕〉、〈李常傑〉、〈楊嗣明〉、〈陳慶餘〉、〈范五老〉、〈陳吾郎〉、〈丁列〉、〈鄭劍〉、〈武文淵、武文密〉、〈黎伯驪〉、〈阮仲康〉、〈媚珠〉、〈真氏〉、〈阮氏金〉、〈胡季犛〉、〈杜釋〉、〈黎文盛〉、〈陳益稷〉。

（2）仄起第二式（仄起仄收，首句不入韻）共有4首：〈李太祖〉、〈（李）神尊〉、〈（陳）順尊〉、〈阮帥〉。

（3）平起第一式（平起平收，首句入韻）共有94首：〈雄王〉、〈蜀安陽王〉、〈趙武帝〉、〈士王〉、〈李南帝〉、〈後李南帝〉、〈吳先主〉、〈吳後主〉、〈黎臥朝帝〉、〈（李）聖尊〉、〈（陳）廢帝〉、〈簡定帝〉、〈重光帝〉、〈黎太祖〉、〈（黎）太尊〉、〈（黎）憲尊〉、〈（黎）襄翼帝〉、〈（黎）英尊〉、〈（黎）世尊〉、〈（黎）敬尊〉、〈（黎）裕尊〉、〈（黎）顯尊〉、〈（黎）出帝〉、〈樛后〉、〈依蘭元妃〉、〈保聖皇后〉、〈保慈皇后〉、〈儷聖皇后〉、〈嘉慈皇后〉、〈吳昌岌〉、〈陳光啟〉、〈陳日燏〉、〈阮忠彥〉、〈朱安〉、〈阮熾〉、〈潘天爵〉、〈裴擒虎〉、〈阮伯驥〉、〈覃文禮〉、〈馮克寬〉、〈裴士暹〉、〈范令公〉、〈穆慎〉、〈陳平仲〉、〈阮表〉、〈阮景

異〉、〈鄧容〉、〈黎來〉、〈黎俊傑〉、〈譚慎徽〉、〈黎意〉、〈阮景模〉、〈阮勵〉、〈阮廷簡〉、〈阮工爍〉、〈阮日肇〉、〈黎伯玉〉、〈黎輔陳〉、〈范應夢〉、〈張漢超〉、〈黎括〉、〈同亨發〉、〈阮直〉、〈阮秉謙〉、〈武公道〉、〈段阮俶〉、〈范巨倆〉、〈黎奉曉〉、〈武帶〉、〈韶寸〉、〈鄭可〉、〈陳元扦〉、〈黎察〉、〈黎隻〉、〈阮文郎〉、〈陳真〉、〈黃廷愛〉、〈黎及第〉、〈范篤〉、〈阮有僚〉、〈文廷胤〉、〈阮潘〉、〈媚醯〉、〈潘氏舜〉、〈楊三哥〉、〈胡漢蒼〉、〈莫登庸〉、〈杜英武〉、〈陳守度〉、〈陳克終〉、〈鄭惟慥〉、〈鄭松〉、〈阮公沆〉、〈阮有整〉。

（4）平起第二式（平起仄收，首句不入韻）共有 2 首：〈陳太尊〉、〈（陳）聖尊〉。

我們發現以「仄起平收」和「平起平收」為最多，其中有兩首破律導致失黏：

〈（陳）聖宗〉〔註21〕

蘭亭席上惇親語，平平仄仄平平仄

鹹子關頭砲敵機。平仄平平仄㊣平

若把紹隆較天寶，仄仄仄平囙㊥仄

何殊李耳竝韓非。平平仄仄仄平平

這一首屬於平起仄收式，其中第三句最後四言應該是「平平仄仄」才合平仄和黏律，因為中間本「平仄」變換為「仄平」，從格律上有錯，使得和上句失對。

〈范巨倆〉〔註22〕

丁朝臃仕大將軍，平平仄仄仄㊥平

奉命興師禦外氛。仄仄平平仄仄平

主少國疑圖報日，仄仄仄平平仄仄

遽尊十道樹新勳。仄平仄仄㊥平

這一首屬於平起平收式，第一句第六字硬要是平才合格律，不過這裡仄聲使得其與第四句失對「平對平」。不過這兩首是意思開朗，押韻順耳，若不嚴格算是唐律詩的話，我們可以接受二者為唐律前的七言絕句而不是律詩。

〔註21〕《御製越史總詠集》卷二，法國藏版，嗣德三十年（1877）刊板，記號：Paris BN VIÊTNAMIEN A.29/1-11，頁 2a。

〔註22〕《御製越史總詠集》卷七，法國藏版，嗣德三十年（1877）刊板，記號：Paris BN VIÊTNAMIEN A.29/1-11，頁 1b。

七言長詩：4 首

〈阮揚戈〉、〈蘭亭宴〉、〈官家捧表人〉、〈太子獄〉。

五言長詩：5 首

〈士王仙〉、〈四輔圖〉、〈城南盟〉、〈騷壇元帥〉、〈長派侯發〉。

新樂府詩：21 首

〈貉龍百男〉、〈扶董兒〉、〈安陽神弩〉、〈夜澤王〉、〈白藤戰〉、〈范令公存孤〉、〈蘆花仗〉、〈蘆花仗〉、〈斫刀稅〉、〈占城音〉、〈劉家鄉兵〉、〈鼎耳隄〉、〈單騎平賊〉、〈昭陵石馬〉、〈興道王仗〉、〈國公洗上相〉、〈鄭黎高義〉、〈逋姑捷〉、〈滅占城〉、〈九重臺〉、〈馬僮〉、〈琵琶烈女〉。

後三者（七言長詩、五言長詩、新樂府詩）嚴格而煩的話，我們應該歸為上述三種題材，不過「七言長詩和五言長詩」因該屬於古詩的五言詩和七言詩，而不是長律，因為據我觀察分析可見上述九首雖然是五言和七言，不過不合格律，完全失黏，另外關於押韻部份，有的詩篇是整首一韻（〈士王仙〉、〈官家捧表人〉、〈城南盟〉），另外都不押韻。在這樣的情況下，全三十首雖然有五首界定五言，四首界定七言，不過藝術手法比較自由而不執著唐律詩的嚴格形式創作。古樂府有一定的曲調，若按照古樂府詩創作新作品一定要按照樂譜而寫，嚴格於音律、曲調，後人以為古樂府寫多了變無聊，因此創作新的樂府，即不沿襲古樂府的曲調創作新樂府詩，新樂府詩則是用古樂府的雜言詩創作，也接受五言、七言詩在內。因此，嗣德皇帝在創作「佳事補詠」三十首就選擇比較自由的雜言詩寫，另外五言詩、七言詩也屬於新樂府詩體。

第二節　《御製越史總詠集》的道德審美及思想褒貶討論

凡「詠史所作有以寓褒貶也」〔註23〕，因此嗣德皇帝在吟詠歷代君臣人物、事件也不外於褒貶範圍。綜觀《御製越史總詠集》的 212 首詠詩，我們

〔註23〕 Hoàng Thị Ngọ（黃氏午）、Nguyễn Văn Nguyên（阮文原）主編：Đặng Minh Khiêm, *Thoát Hiên vịnh sử thi tập*（鄧鳴謙——脫軒詠史詩集），胡志明市：文學出版社，2016 年，頁 35。與原本對照，漢喃研究院圖書館所藏文件，記號：VHv.1506。

不難發現合於嗣德皇帝自認「至於褒貶取舍（捨），皆出自予意，不敢毫有假借苟且」〔註24〕，且可以分為三種態度：

－ 整首詩表現讚美、羨慕或表示之恩的態度，如：〈李南帝〉、〈陳聖宗〉、〈陳光啟〉、〈陳國俊〉

－ 整首詩體現批判、控訴的態度，如：〈黎臥朝〉、〈李高宗〉、〈陳裕宗〉、〈黎太宗〉、〈黎威目〉、〈陳元旦〉

－ 同一首詩又有讚美又有批判的態度，如：〈後李南帝〉、〈黎出帝〉

我們下面探討嗣德皇帝詩人對歷代歷史人物有何褒貶態度。

一、《御製越史總詠集》對吟詠對象的讚美討論

《御製越史總詠集》詩集的每一首詩的結構為先傳後詩，與前者鄧鳴謙《脫軒詠史詩集》沒差。不過嗣德皇帝以自己的身分可以使集賢院官員（亦是自己的詩友）「儒臣考究舊史，略編事迹，爰分門定類擇其可詠者」〔註25〕，因此嗣德皇帝的「小傳」文部份比較貼近史書，不過「褒貶取舍（捨），皆出自予意」即出於作者自己的立場，而不因他人褒貶而褒貶。

通過《御製越史總詠‧序》：「然而代有作者，衣鉢相承，筆法分明，事文詳備，又有《通鑑綱目》，已纂栝穿貫，一覽便已了然。」〔註26〕，就能界定《御製越史總詠集》被創造於《欽定越史通鑑綱目》開始被命撰（1856年）之後，《御製越史總詠‧序》撰寫完畢（1873年）之前，大約17年之間。也就是在國家正被法國人日益吞併的階段。

就這樣的情況下，嗣德皇帝對國家興亡，對先祖功勞的成果逐漸被奪於法國人，嗣德皇帝心理演變得非常屬害，他一直想方設法派人出國外交，對自己的文學抗拒工具只能依靠文學，希望能通過詩文的意象能崛起國人的保全國家的意識。因此，〈序〉曰：

> 其如中人以下常多，物欲交蔽，若非以古為鑑，善勸惡懲，雖欲盡
> 人而賢之，每事而善之，反乎天性，立於無過之地，其勢亦不可得，

〔註24〕《御製越史總詠‧序》卷首，法國藏版，嗣德三十年（1877）刊板，記號：Paris BN VIÊTNAMIEN A.29/1-11，頁 5a。

〔註25〕《御製越史總詠‧序》卷首，法國藏版，嗣德三十年（1877）刊板，記號：Paris BN VIÊTNAMIEN A.29/1-11，頁 3b。

〔註26〕《御製越史總詠‧序》卷首，法國藏版，嗣德三十年（1877）刊板，記號：Paris BN VIÊTNAMIEN A.29/1-11，頁 2a。

此史昕以不可不讀也。〔註27〕

目的就是勸善懲惡，崛起臣民的力量，能明明分別賢臣忠將，君臣之道能聊分，敵我去別二能保全國安，就如：

> 他日君臣士女，有志觀感於斯者，則君克盡乎君道，臣克盡乎臣道，士敦素行，女勵貞節，《春秋》成而亂臣賊子懼，固不敢希，而使人遷善遠惡，其亦不無小補也。〔註28〕

那我們從《御製越史總詠集》觀察看看嗣德皇帝讚美甚麼呢？帝王門類，嗣德皇帝讚美各位如：李南帝、陳聖宗、陳仁宗、陳英宗、重光帝、黎莊宗、黎境宗等。如果綜合觀察這七位被吟詠的帝王，我們不難發現他們都是一代國家面臨危機、被外邦侵略、被奸臣弄權等困難。不過他們都非常堅強，委婉貫穿國事，能完美的保安國土、國民。按照詠詩正文前面部分的人物小傳的取捨，我們也可以補助我們大概詠詩的大意，如李南帝寫：

> 辰交州刺史蕭諮以刻暴失眾心，帝家世豪右，有文武才，遂起兵連結數州，豪傑俱響應，諮覺之，賄輸于帝，奔還廣州，帝遂據龍編城，會林邑寇日南，帝命將擊破之，因自稱南越帝，建元天德，置百官，國號萬春，望社稷至萬世也。……尋復率兵出，屯典澈湖（在今立石縣）大造舟艦充塞湖中，梁兵憚之，頓湖日不敢進。〔註29〕

詠李南帝詩曰：

> 南征北拒欲經綸，
>
> 草昧規模暫濟屯。
>
> 典澈風波深夜起，
>
> 空期世祚萬千春。〔註30〕

四行詩包含李南帝的偉大事業，前兩句描述帝的才略功狀，後兩行表示作者對一位明君的禍患而失敗，表示一種可惜的同感態度。與李南帝表示愛慕與可惜態度相反，嗣德對陳仁宗皇帝的偉大功業，以及仁愛德性，表示羨

〔註27〕《御製越史總詠·序》卷首，法國藏版，嗣德三十年（1877）刊板，記號：Paris BN VIÊTNAMIEN A.29/1-11，頁 1b。

〔註28〕《御製越史總詠·序》卷首，法國藏版，嗣德三十年（1877）刊板，記號：Paris BN VIÊTNAMIEN A.29/1-11，頁 6a～6b。

〔註29〕《御製越史總詠集》卷一，法國藏版，嗣德三十年（1877）刊板，記號：Paris BN VIÊTNAMIEN A.29/1-11，頁 6a。

〔註30〕《御製越史總詠集》卷一，法國藏版，嗣德三十年（1877）刊板，記號：Paris BN VIÊTNAMIEN A.29/1-11，頁 6b。

慕敬仰的態度。他在陳仁宗德「小傳」中曰：

〔帝〕性友愛，嘗謂尊室曰：「朕雖外以天下奉一人之尊，內與卿等骨肉同胞，共愛共樂，當以此語傳之子孫勿忘」。又詔尊室王侯朝罷，入殿內及蘭亭，與之飲食。設長枕大被，連床同宿，以篤友愛之情。於朝賀、亭筵大禮，則尊卑位次，等級截然。是以，當辰王侯莫不和睦敬畏，無狎昵驕矜之失。人尊重興元年（1285），元人來侵，帝與人尊決機破敵，擒胡于鹹子關，厥功茂焉。〔註31〕

詩詠陳聖宗曰：

蘭亭席上惇親語，

鹹子關頭砲敵機。

若把紹隆較天寶，

何殊李耳竝韓非。〔註32〕

整首詩命名體現作者對被吟詠者的羨慕、敬仰，帝王向帝王羨慕的態度，帝王想要向帝王學習的意志。詩中以比喻手法非常妙，紹隆是陳聖宗的第一年號，天寶是中國唐朝玄宗的年號，仁宗本性友愛，唐玄宗亦然，陳聖宗建蘭亭宮，就如玄宗建花萼樓為享樂院，後世有詩曰：

〈楊柳枝詞九首〉劉禹錫

花萼樓前初種時，

美人樓上鬥腰肢。

如今拋擲長街里，

露葉如啼欲恨誰？〔註33〕

不過唐玄宗被認為好名，主要為之享樂而不是真正有友愛之實心，因此作者在第四句以老子（李耳）相對於韓非子表示一種不稱對的比喻來表示陳仁宗和唐玄宗是兩樣，這樣也是一種作者的民族自豪感而已。就如嗣德皇帝陳述陳仁宗皇帝小傳曰：

元兵犯京城，帝奉上皇如清化，夏四月，昭文王日燏敗元兵于鹹子關，五月，帝奉上皇自將擊元兵，大敗元唆都于西結斬之，國峻又

〔註31〕《御製越史總詠集》卷二，法國藏版，嗣德三十年（1877）刊板，記號：Paris BN VIÊTNAMIEN A.29/1-11，頁 1b～2a。

〔註32〕《御製越史總詠集》卷二，法國藏版，嗣德三十年（1877）刊板，記號：Paris BN VIÊTNAMIEN A.29/1-11，頁 2a。

〔註33〕https://www.arteducation.com.tw/shiwenv_a9e6bc1228e1.html

敗元于萬劫，脫歡逌還，帝奉上皇還宮，社稷危而復安，天下渙而

復合，功德之隆，蓋自鴻厖氏以來，未之有也。〔註34〕

這裡的「功德之隆，蓋自鴻厖氏以來，未之有也。」一語表示作者的一種非常羨慕、之恩、希望學習一技替之自豪，如果一位皇帝簡直以自己的天子之分來說，沒有擁有藝術感的詩人之性的話，則難發此言。因此詠陳仁宗皇帝詩曰：

兩卻元兵莫舊邦，

重興功德冠鴻厖。

當年二帝回宮闕，

羞殺徽欽奉表降。〔註35〕

從善公綿審評：「押險韻牢穩。」〔註36〕。阮思僩評：「議論固自正大不易，而其借此狀彼，尤見精緻。」〔註37〕。那麼，「借此狀彼」到底是借什麼來比喻什麼呢？「羞殺徽欽奉表降」裡的「徽」、「欽」就是中國宋朝宋徽宗和宋欽宗二位。宋徽宗是欽宗之父親，宋徽宗被世人稱為藝術家，又是詩人、畫家、書法家、音樂家、好古收藏者等，愛好藝術文學，不過他在位時間因為自己的愛好而荒廢，使得北方女真族滅遼立金打宋朝，宋徽宗與欽宗父子二人被北方金人抓去北國，雖然他們上表投降而不得放回國土，在北國勞役國度八年之間，死於客地。因此，詠詩作者以陳聖宗與仁宗父子與宋父子相比被評「尤見精緻」也。

也就與上述情況稍微有關係的詠重光帝的詩。

一戎尺劍欲吞明，

茹港功成志不成。

天遣北轅臨水上，

清流萬古共天清。〔註38〕

〔註34〕《御製越史總詠集》卷二，法國藏版，嗣德三十年（1877）刊板，記號：Paris BN VIÊTNAMIEN A.29/1-11，頁 2b～3a。

〔註35〕《御製越史總詠集》卷二，法國藏版，嗣德三十年（1877）刊板，記號：Paris BN VIÊTNAMIEN A.29/1-11，頁 3a。

〔註36〕《御製越史總詠集》卷二，法國藏版，嗣德三十年（1877）刊板，記號：Paris BN VIÊTNAMIEN A.29/1-11，頁 3a。

〔註37〕《御製越史總詠集》卷二，法國藏版，嗣德三十年（1877）刊板，記號：Paris BN VIÊTNAMIEN A.29/1-11，頁 3a。

〔註38〕《御製越史總詠集》卷二，法國藏版，嗣德三十年（1877）刊板，記號：Paris

小傳曰:「帝與明張輔戰于蔡茹港,夜襲輔營,明軍潰,在位五年,後竟為輔俘獲送燕京,途中赴水死。」〔註39〕一位失敗的君王,被抓去國外,可讚可悲的就是敢以死亡保全身分名譽,這種非常符合於儒家思想君子道德,為國王身。因此詩曰:「天遣北轅臨水上,清流萬古共天清。」詩意超美,輕擴委婉,能帶給讀者一幅非常悲壯之情的背景。

黎莊宗與黎敬宗二帝,嗣德皇帝詩人對他們表示仰慕的情感。他們二者都是在一個被奸臣農權的艱難情境,至於黎敬宗被奸臣逼死。

黎莊宗經過莫朝篡位黎朝後,奔跑到哀牢,得到阮朝先祖阮黃的輔助,登基皇帝重興黎氏,小傳曰:

> 莫氏既篡位,帝避居哀牢,我肇祖靖皇帝首倡大義迎而立之,帝尊為尚父太師興國公,掌內外事。於是進攻清化、義安,所向克捷,驩、演、烏、廣諸州豪傑多歸之。軍聲益振,乃立行殿于萬賴冊,在位十六年。此辰雖未掃清大憨,收復故疆,而中興之業,寔基於此。〔註40〕

「此辰雖未掃清大憨,收復故疆,而中興之業,寔基於此。」表示作者的讚譽意思,並且有點鼓勵認同之意。或者,對於黎敬宗的悲劇,雖然本身為皇帝位,不過被權臣鄭松弄權,掌握國家的權力,黎敬宗皇帝只是虛名,嗣德皇帝在小傳陳述,曰:

> 帝名維新,世尊次子,在位二十年,帝徒擁虛器,國家庶事一委鄭松總裁,松往東津樓,忽有伏砲發射,知帝謀殺己,遂絞弒之。〔註41〕

陳述一位弱勢的皇帝的悲劇,讚揚他敢謀殺奸臣場景,不過陰謀失敗,黎敬宗無能保全姓名,被奸臣逼害亡命。嗣德有詩詠其二帝曰:

〈(黎)莊宗〉

奮跡哀牢賴聖生,

中興日月復光明。

BN VIÊTNAMIEN A.29/1-11,頁 8b。

〔註39〕《御製越史總詠集》卷二,法國藏版,嗣德三十年(1877)刊板,記號:Paris BN VIÊTNAMIEN A.29/1-11,頁 8b。

〔註40〕《御製越史總詠集》卷二,法國藏版,嗣德三十年(1877)刊板,記號:Paris BN VIÊTNAMIEN A.29/1-11, 頁 14b～15a。

〔註41〕《御製越史總詠集》卷二,法國藏版,嗣德三十年(1877)刊板,記號:Paris BN VIÊTNAMIEN A.29/1-11,頁 16b。

修論版籍初多少，

正統重新莫與京。〔註42〕

〈（黎）敬尊〉

薰天尚父勢難同，

決計東津竭苦衷。

飛彈無情容大憨，

懸繩何事怨宸聰。〔註43〕

　　以上總共陳述及評論嗣德皇帝對七位皇帝的讚美的詩。那我們思考一下兒這七位被讚美的人物有何突出的特點呢？一個非常線路的問題，和嗣德皇帝當時的國家背景非常有關係，法國人正在進行逐漸侵略越南，嗣德皇帝心痛的看望自己的國土失於法國人之手，他反而想不出辦法擋住或者反抗，力不從心，因此他非常希望藉著臣民的力量去反抗外侵，想通過詩文鼓起知識分子的意識，因此詠詩的對象選擇也非常巧。上述七位皇帝都出在一種國家面對危害、侵略、堅持弄權的情景。李南帝因為梁朝赫克統治制度而奇兵，而經過艱苦稱帝後就被梁樣暽、陳霸先來侵。陳聖宗和陳仁宗二帝時代就被元蒙軍隊來侵略。黎莊宗復國中興黎朝，工業重大。黎敬宗雖然弱勢，不過意志堅強，想方設法滅除奸臣，不過失敗，不幸。惟有陳英宗狀況和其他不同，國家沒有外侵的危害，不過英宗本來酒醉無度，惹怒上皇，不過英宗即時覺醒，上表請罪而後改善，能以之作為改善好榜樣，能給後世學習也。

氛祲初消制度新，

不慚付畀啟昌辰。

後來絕飲全鴻業，

莫負官家捧表人。〔註44〕

　　通過詠詩四句能表現初君臣父子之道，合於儒家思想精神，因此阮思僩後評詩曰：「只此數語當日君臣父子之間，一絲不漏，千載如見，而莫負二字

〔註42〕《御製越史總詠集》卷二，法國藏版，嗣德三十年（1877）刊板，記號：Paris BN VIÊTNAMIEN A.29/1-11，頁 15a。

〔註43〕《御製越史總詠集》卷二，法國藏版，嗣德三十年（1877）刊板，記號：Paris BN VIÊTNAMIEN A.29/1-11，頁 16b。

〔註44〕《御製越史總詠集》卷二，法國藏版，嗣德三十年（1877）刊板，記號：Paris BN VIÊTNAMIEN A.29/1-11，頁 4a。

尤為精警。」〔註45〕

　　另外帝王也有些又被讚揚，又被批判，不過批判之意不如讚美重要，嗣德皇帝通過他們的功狀、品德而讚美為了鼓勵人事例如：士燮、趙光復、吳權、陳簡定等。士燮就是士王，以上已經陳述其來歷，嗣德皇帝讚美他的功狀就是中國當時世居三分，戰亂重重，不過士燮能保安國民，教民文化，不過嗣德皇帝很明確認為士燮是北國人，只是我國交州的太守所以為缺點，小傳曰：

　　　　按士燮原北人，為太守，非帝王之比，但有功於民，國人愛之，皆
　　　　呼曰王，故仍存之。〔註46〕

因此詠詩曰：

　　　　乘辰抱道足安邊，
　　　　我越文明自此先。
　　　　千古如生猶正氣，
　　　　平人謾說士王僊。〔註47〕

　　不過嗣德皇帝非常之恩士燮於政治方面「乘辰抱道足安邊」和文化方面「我越文明自此先」。

　　趙越王名光復，是趙肅之子，趙肅為前李朝太傅，趙越王原本曾經跟從李南帝出戰，屢次立功，封左將軍之職。後來李南帝百戰，光復堅強維持兵力與北國軍抗戰，李南帝崩後光復稱帝。傳說趙光復後來得到龍爪，將之差在兜鍪百戰百勝。李南帝之子李佛子與趙越王交戰以奪取父親之帝位，因光復有龍爪神術，佛子無法擊敗之。後來想辦法，小傳曰：

　　　　佛子兵卻，意王有異術，乃講和，為其子雅郎求婚王女杲娘為贅
　　　　婿，雅郎誘杲娘密觀龍爪兜鍪，潛易之歸，與其父謀舉兵攻王，王
　　　　倉醉督兵披兜鍪立以待，佛子兵益進，王知勢不可禦，乃甫奔至大
　　　　鴉（今大安縣遼海門）嘆曰，吳窮矣，遂投于海。〔註48〕

〔註45〕《御製越史總詠集》卷二，法國藏版，嗣德三十年（1877）刊板，記號：Paris
　　　　BN VIÊTNAMIEN A.29/1-11，頁 4a。
〔註46〕《御製越史總詠集》卷二，法國藏版，嗣德三十年（1877）刊板，記號：Paris
　　　　BN VIÊTNAMIEN A.29/1-11，頁 5b。
〔註47〕《御製越史總詠集》卷一，法國藏版，嗣德三十年（1877）刊板，記號：Paris
　　　　BN VIÊTNAMIEN A.29/1-11，頁 5b。
〔註48〕《御製越史總詠集》卷一，法國藏版，嗣德三十年（1877）刊板，記號：Paris
　　　　BN VIÊTNAMIEN A.29/1-11，頁 7b。

　　觀此傳，我們馬上之道故事有志怪傳奇情節，這樣只能認為是傳說而已，不可能是真實的故事，就按照中代文學思維來講，人們通常為了表達自己的某一個意圖而擬出某一個離奇情節。因此在這裡和更早以前陳述安陽王神弩的故事類似。安陽王得到金龜之爪，以之造神弩，與敵交戰，百戰百勝，後來敵方立謀講和通婚，女婿誘惑女子而失龜爪，神弩失靈，因此戰敗失國。趙越王故事情節沒差。因此嗣德皇帝有詠詩曰：

　　　　仗鉞分疆夜澤雄，
　　　　復尋覆轍速途窮。
　　　　龍鏊龜弩毫釐異，
　　　　鴉海鵝毛兩樣同。〔註49〕

　　因此在這裡，對於趙越王光復的功狀讚美了一句「仗鉞分疆夜澤雄」，不過後馬上就批評他不以前者作為榜樣學習，變成不明之君，「復尋覆轍速途窮」，雖然「龍鏊」和「龜弩」不同一物，不過敗國是同樣的「鴉海鵝毛兩樣同」。所以，對於趙光復帝嗣德皇帝非常公平的批評，有功而褒，有過而貶。

　　另外對於文武臣民的批評如何？

　　后妃目六首其四讚揚如：保聖皇后、保慈皇后、儷聖皇后、嘉茲皇后，穆后和依蘭元妃得不到嗣德皇帝的讚美，批評依蘭元妃有私心貪權，迫害能幹的楊氏元妃曾經幫助聖宗治國，後來幫助嗣君（本依蘭元妃之子）處理國事，不過被依蘭元妃迫害，詠詩批判依蘭元妃而小傳讚美楊氏元妃。綜觀各位后妃得到嗣德皇帝吟詠的突出之點是什麼呢？按小傳所述，他們都是一位能幹的女人，德行仁慈的婦女，性格善良，宮內能相愛別人，儲備國事，幫助君王處理內外不宜之事，例如依蘭元妃傳里有文讚美楊氏元妃曰：

　　　　天貺寶象二年，帝親征占城，占人久不下，還至居連洲，聞元妃楊
　　　　氏相內治，民心化洽，境內案堵，尊崇佛教，俗號觀音女，曰彼一
　　　　婦人，乃能如是，我男子何庸，再往攻克之，擒其主制矩。〔註50〕

楊氏元妃後被依蘭元妃的讒言而受害，仁宗因聽母親而降楊氏嫡母和她

〔註49〕《御製越史總詠集》卷一，法國藏版，嗣德三十年（1877）刊板，記號：Paris BN VIÊTNAMIEN A.29/1-11，頁7b。

〔註50〕《御製越史總詠集》卷三，法國藏版，嗣德三十年（1877）刊板，記號：Paris BN VIÊTNAMIEN A.29/1-11，頁2a～2b。

的七十六位侍女于上陽宮，後逼死。或是嗣德陳述包聖皇后有文曰：「后柔嘉聰慧，仁能逮下」。〔註51〕不僅如此，包聖皇后還屢次曾經勇敢的以身保安皇帝的生命，得到人們的崇敬讚揚：

> 仁尊嘗築虎圈於望樓階，令軍士搏虎，御樓觀之，后與妃嬪皆從侍，虎忽脫圈攀樓，樓上人皆散走，后獨與侍女四五人在，即以席遮仁尊，亦以自覆，虎登樓倉皇跳下，不敢擊櫌（音釁，撲取也），仁尊又御天安殿，觀鬥象於龍墀，象忽脫突入將登殿，左右皆驚散，惟后在焉，子烇（七選切，音綫）立。〔註52〕

另外陳英宗皇帝的皇后曰保慈皇后傳陳述：

> 后性仁慈，凡英尊子雖庶出，皆愛護撫育如己子，至於遇妃嬪亦深厚，宮人王氏有寵懷娠，后以雙香堂（太后正寢）為坐蓐（音辱，草廌也，坐蓐猶言坐草）所，王氏病亡，宮人或私言后所殺，英尊素知后仁慈，因大怒笞責言者，后亦不以關懷，王氏女惠真公主，仁尊所鍾愛，后亦加愛之，凡賜予必先惠真，而後及己女天真公主。〔註53〕

明宗的皇后儷聖皇后傳曰：

> 后性仁厚佐明尊有相成之功……有內人於嚴光井中得斑魚，口中有物，書裕尊恭肅太王天寧公主（皆后子），名作厭咒語，明尊大駭，詔悉捕宮人接問，後曰：「且止，恐其中有冤者，且容潛訪」。從之。及訪得買斑魚，乃次妃黎氏所買，明尊亟命窮治，后恐裕尊與次妃子元暉生釁，因曰：「宮中事不可發洩，請寢勿問。」明尊賢之。〔註54〕

另外一位皇后，嘉慈皇后，即睿宗皇帝的皇后，除了從夫愛子之德也沒有什麼特別，小傳曰：

> 睿尊南征不返，后削髮為尼，居龍潭鄉昭慶寺，會藝尊以后子晛嗣

〔註51〕《御製越史總詠集》卷三，法國藏版，嗣德三十年（1877）刊板，記號：Paris BN VIÊTNAMIEN A.29/1-11，頁 3a。

〔註52〕《御製越史總詠集》卷三，法國藏版，嗣德三十年（1877）刊板，記號：Paris BN VIÊTNAMIEN A.29/1-11，頁 3a～3b。

〔註53〕《御製越史總詠集》卷三，法國藏版，嗣德三十年（1877）刊板，記號：Paris BN VIÊTNAMIEN A.29/1-11，頁 3b～4a。

〔註54〕《御製越史總詠集》卷三，法國藏版，嗣德三十年（1877）刊板，記號：Paris BN VIÊTNAMIEN A.29/1-11，頁 4b～5a。

位,是為廢帝,后辭讓不允,乃涕泣謂親人曰:「吾兒福薄,難堪大
位,以是取禍耳,先皇棄世,未亡人惟欲死,不欲見世事,況見子
之將危乎」。后崩二年,而廢帝遇害。〔註55〕

綜觀嗣德皇帝對於女人的讚美主要在品德節行、能幹仁慈,與後面第八
卷烈女部份五首詠:媚珠、媚醯、真氏、阮氏金、潘氏舜,雷同。嗣德皇帝讚
美他們三從四德、真實端正,一心從主從夫。

詩詠各位皇后曰:

〈保聖皇后〉

仁能遇下洽群情,

更得剛腸將胃生。

虎突象衝皆不避,

當熊漢殿莫專名。〔註56〕

〈保慈皇后〉

雙香座蓐特深情,

顧復他兒邁所生。

不為外家媒寵祿,

漢家明德媲芳聲。〔註57〕

〈儷聖皇后〉

斑魚蠱案不窮推,

調護宮中各得宜。

誤立優童詒自戚,

只緣柔順昧先知。〔註58〕

〈嘉慈皇后〉

乘輿一去絕歸期,

〔註55〕《御製越史總詠集》卷三,法國藏版,嗣德三十年(1877)刊板,記號:Paris
BN VIÊTNAMIEN A.29/1-11,頁 5b。

〔註56〕《御製越史總詠集》卷三,法國藏版,嗣德三十年(1877)刊板,記號:Paris
BN VIÊTNAMIEN A.29/1-11,頁 3b。

〔註57〕《御製越史總詠集》卷三,法國藏版,嗣德三十年(1877)刊板,記號:Paris
BN VIÊTNAMIEN A.29/1-11,頁 4a。

〔註58〕《御製越史總詠集》卷三,法國藏版,嗣德三十年(1877)刊板,記號:Paris
BN VIÊTNAMIEN A.29/1-11,頁 5a。

昭慶甘心作老尼。

世事隆宏猶不顧，

忍看孤子履艱危。〔註59〕

對女人，詩人提高品德，善良仁慈，就是符合於儒家思想的三從四德。對男人呢？我們繼續討論宗臣目的九位人物：吳昌岌、陳光啟、陳國峻、陳日燏、陳國瓚、陳國瑱、陳元旦、陳顒、黎魁。如果我們閱過各位的小傳，不難發現為何嗣德皇帝只選擇九位人物來吟詠。他們都是在國家或王朝面對危機，或是外侵，或是內亂、篡奪等環境，就如陳光啟、陳國峻、陳日燏、陳國瓚四位在陳朝聖宗與仁宗時代，這個階段陳朝三次與北國元朝軍隊來侵。宗室陳元旦、陳顒階段陳朝被胡季犛操弄篡奪。黎魁是黎利一位兄長的兒子，曾經跟從黎利征戰，經過艱苦階段終於取得勝利。除吳昌岌有野心被批判，陳國瑱在陳英宗與陳明宗時代國內沒有戰亂，外國也沒有來侵，除了朝中有廢立陰謀不成外也沒什麼特別。

就在國家面臨艱難，嗣德皇帝選擇品德高尚尊臣來吟詠，陳光啟、陳國峻、陳日燏、陳國瓚、黎魁皆是賢臣，一心一意為國家付出所有，保全國土，對國家屢次立大功，又有德行又有與眾不同的才能。小傳陳述陳光啟與陳國俊二位平生有不妥，不過他們之後能以和為貴，互相忍讓，使得二人之間的關係逐漸改善：

〔陳光啟〕初與興道王不協，一旦興道王自萬劫來，光啟下船博戲竟日，興道王為具清水香澡洗，曰：「今日得洗上相。」光啟亦曰：「今日得國公洗浴。」自此情好愈篤。〔註60〕

閱讀過這一則故事，我們能形容他們二位身為高尚的將軍，性格秉直，不過德性也非常柔軟，能分別好惡，不以個人的愛憎影響到親戚關係，使得國家不缺二位其中那一位賢才。陳興道國俊小傳陳述他的忠義之精神，可以為國王身，對於自己的兒子非常嚴肅的教導，不能違反儒家君臣之道德：

〔陳〕聖尊辰為太上皇，陽問國俊曰：「賊勢如此，我可降之？」國俊曰：「先段臣首，然後降。」乃命節制水部諸軍，會諸王侯兵于

〔註59〕《御製越史總詠集》卷三，法國藏版，嗣德三十年（1877）刊板，記號：Paris BN VIÊTNAMIEN A.29/1-11，頁 5b。

〔註60〕《御製越史總詠集》卷三，法國藏版，嗣德三十年（1877）刊板，記號：Paris BN VIÊTNAMIEN A.29/1-11，頁 8a。

萬劫，唆都既敗，脫歡及餘黨走，追襲之，元兵太潰，殺其將李常。〔註61〕

對兒子的亂臣之意想不會鼓勵，反而嚴治之：

初〔陳〕柳以太尊奪其妻李公主（李惠尊女）？遂生嫌隙，心懷鞅鞅，將終，囑國俊曰：「汝不能為我取天下，吾死不瞑目。」國俊不以為然，及天下板蕩，軍國之權自己出。一日，以父言陽問其子，次子國顥曰：「宋太祖田舍翁也，乘機興運，以有天下。」國俊拔劍數其罪曰：「亂臣出於不孝子。」欲殺之。〔註62〕

觀如此慷慨行為，以君臣之道高於父子之道，不以私利而還國家、道德，興道王陳國俊已經成為越南歷代的忠誠的榜樣，因此不愧嗣德皇帝的讚揚也。詩詠各位曰：

〈陳光啟〉

託身肺腑耀台階，

鹹子章陽逐觝豹。

幸得國公相洗浴，

山河拂拭一朝佳。〔註63〕

〈陳國峻〉

為國忘家迴物情，

手中空杖武功成。

後來北虜猶驚遁，

白晝風雷匣劍鳴。〔註64〕

詠陳國俊的二句「為國忘家迴物情，手中空杖武功成。」非常妥當，完美地刻畫陳國俊的性格與才華，德性就「為國忘家」我們就閱讀小傳陳述他對待陳光啟以及責備兒子就一米瞭然，才華就非常屬害「手中空杖」就無人比。

〔註61〕《御製越史總詠集》卷三，法國藏版，嗣德三十年（1877）刊板，記號：Paris BN VIÊTNAMIEN A.29/1-11，頁 8b。

〔註62〕《御製越史總詠集》卷三，法國藏版，嗣德三十年（1877）刊板，記號：Paris BN VIÊTNAMIEN A.29/1-11，頁 9a～9b。

〔註63〕《御製越史總詠集》卷三，法國藏版，嗣德三十年（1877）刊板，記號：Paris BN VIÊTNAMIEN A.29/1-11，頁 8a。

〔註64〕《御製越史總詠集》卷三，法國藏版，嗣德三十年（1877）刊板，記號：Paris BN VIÊTNAMIEN A.29/1-11，頁 10a。

陳光啟和陳國俊交好，克服嫌忌，就是團結的一種美德，嗣德皇帝以其為讚，作者提高國內人們要團結，所有艱難都能超越，因此對於嗣德皇帝來說，團結精神是不可或缺的，因此黎魁得到作者的讚美：

> 百戰艱關父子兵，
>
> 歷斅中外樹能聲。
>
> 驩州遺廟千秋在，
>
> 傳道循良第一名。〔註65〕

另外陳日燏不只屢次立功，保全國安，且他曾經輔佐歷代君王，嗣德皇帝對他讚揚，有詩曰：

> 沱江單騎服豺狼，
>
> 重使元兵怕宋裝。
>
> 四世元勳兼四得，
>
> 千秋不媿郭汾陽。〔註66〕

陳國瓚代表堅毅勇猛的年青，對國家事務非常有責任，本身操略只才具備，面臨國家被外國侵略，陳國瓚雖歲幼而知不幼，小傳曰：

> 《史記》，國瓚以尊室封懷文侯，仁尊紹寶間，元兵入寇，帝以國瓚年幼，不許預議。國瓚內懷愧憤，手握柑子，不覺碎爛，及退，率家奴及親屬千餘人，修戰器戰船，題【破強敵、報皇恩】六字于旗，後與陳光啟，破賊于章陽等處，每與賊對陣，身先士卒，賊見之退避，無敢當其鋒者，及卒，仁尊歎惜，親為祭之，贈王爵。〔註67〕

陳國瓚的勇猛青年榜樣仍然被歷代史書、教科書作為教導人們學習，六個字【破強敵、報皇恩】，陳國俊手握柑子碎爛的形象都留名於世。嗣德皇帝對陳國讚有詩詠曰：

> 六字旗開釋內慚，
>
> 萬夫披靡戰方酣。
>
> 預知立建平元績，

〔註65〕《御製越史總詠集》卷三，法國藏版，嗣德三十年（1877）刊板，記號：Paris BN VIÊTNAMIEN A.29/1-11，頁 16a。

〔註66〕《御製越史總詠集》卷三，法國藏版，嗣德三十年（1877）刊板，記號：Paris BN VIÊTNAMIEN A.29/1-11，頁 11a。

〔註67〕《御製越史總詠集》卷三，法國藏版，嗣德三十年（1877）刊板，記號：Paris BN VIÊTNAMIEN A.29/1-11，頁 11b。

一自筵中手碎柑。〔註68〕

　　對於武將，嗣德皇帝也一樣關照其行為而褒貶，面對國家臨危，權臣、奸臣操弄篡奪，宗室互相爭奪，皇位不穩定，各位武將對君王的表現就是嗣德皇帝褒貶的標誌。就處在這樣的環境當中嗣德皇帝選擇各位人物來吟詠，如：黎奉曉、李常傑、楊嗣明、武帶、陳吾郎、阮文郎、武文淵、武文密、黃廷愛、黎及第、阮仲康等。黎奉曉生前勇猛，黎太祖聞其名，便請來作將，黎奉曉從黎太祖征戰建立基業，人性秉直，黎太祖崩，三王起亂，黎奉曉輔佐嗣君平定朝政，黎太宗讚曰：「吾嘗觀唐史，見尉遲敬德，匡君之難，自謂後世人臣無可比者，今乃知奉曉之忠勇過敬德遠矣。」〔註69〕嗣德作詩詠曰：

　　　　拔刀直犯定蕭牆，

　　　　早自初年服兩鄉。

　　　　一擲冰山饒產業，

　　　　更逾王翦美田莊。〔註70〕

　　李常傑文武兼全，本為宮中太監而出陣為將，屢次打敗北國宋軍，南服占城，保全及開闊國土，「趙禼（音薛）副之，總九將軍，合占城、真臘兵來侵，常傑領兵逆擊子如月江大破之，郭逵引退，龍符三年，演州人李覺叛，討平之，覺遁入占，誘占城人入寇，復伐占城破之，五年卒。贈越國公，食邑萬戶，常傑多謀略，有將帥才，兩敗宋師，聲勢振薄，古今傳為武功第一。」〔註71〕嗣德皇帝有詩詠曰：

　　　　堪用何須使自宮，

　　　　但諭將略有誰同。

　　　　兩侵宋境咸聲震，

　　　　豹是么麼接壞戎。〔註72〕

〔註68〕《御製越史總詠集》卷三，法國藏版，嗣德三十年（1877）刊板，記號：Paris BN VIÊTNAMIEN A.29/1-11，頁 12a。

〔註69〕《御製越史總詠集》卷七，法國藏版，嗣德三十年（1877）刊板，記號：Paris BN VIÊTNAMIEN A.29/1-11，頁 2b。

〔註70〕《御製越史總詠集》卷七，法國藏版，嗣德三十年（1877）刊板，記號：Paris BN VIÊTNAMIEN A.29/1-11，頁 3a。

〔註71〕《御製越史總詠集》卷七，法國藏版，嗣德三十年（1877）刊板，記號：Paris BN VIÊTNAMIEN A.29/1-11，頁 3b～4a。

〔註72〕《御製越史總詠集》卷七，法國藏版，嗣德三十年（1877）刊板，記號：Paris BN VIÊTNAMIEN A.29/1-11，頁 4a。

　　楊嗣明、武帶二人秉性剛直，做人孝忠，為國忘身，李英宗時做官，因杜英武與李太后私奸，二人發覺想除去，後杜英武得到李太后而免死復職，與英宗讒言而害二人含冤而死。嗣德皇帝有詩詠曰：

〈楊嗣明〉

不習豪奢駙馬郎，

內防外禦檠匡裏。

欲除穢德清宮禁，

投鼠寧辭瘴癘鄉。〔註73〕

〈武帶〉

既憂嫪毒亂宮闈，

大蹇朋來任〔註74〕指揮。

象齒焚身由自取，

不思養虎患誰歸。〔註75〕

　　國家被權臣、奸臣篡奪，胡季犛篡陳朝、莫朝篡奪黎朝、鄭松僭越黎帝，武文淵、武文密輔佐黎莊宗中興黎朝，嗣德讚美：

因亂攖城據上游，

同胞同氣復同仇。

雖非河北勤王倡，

亦是河西向義流。〔註76〕

　　讚美黃廷愛輔佐黎帝滅莫朝：

驅除偽莫致中興，

諸將雲森罕比能。

原自得師充學識，

更加下士罔驕矜。〔註77〕

〔註73〕《御製越史總詠集》卷七，法國藏版，嗣德三十年（1877）刊板，記號：Paris BN VIÊTNAMIEN A.29/1-11，頁5a。

〔註74〕本作壬，忌諱嗣德皇帝名任而少亻字旁。

〔註75〕《御製越史總詠集》卷七，法國藏版，嗣德三十年（1877）刊板，記號：Paris BN VIÊTNAMIEN A.29/1-11，頁5b。

〔註76〕《御製越史總詠集》卷七，法國藏版，嗣德三十年（1877）刊板，記號：Paris BN VIÊTNAMIEN A.29/1-11，頁19a～19b。

〔註77〕《御製越史總詠集》卷七，法國藏版，嗣德三十年（1877）刊板，記號：Paris BN VIÊTNAMIEN A.29/1-11，頁20b。

　　總之，各位武將得到嗣德皇帝的讚詠大概都在國家臨危時期，他們能表現自己為忠臣有才略，能幫助國家脫離災難，外侵，保全國土，保安國民，符合於嗣德朝國家正在面對法國來侵的狀況。對他們的品德高尚讚美，對他們的勇氣鼓勵，就好像想通過這些詩文來寄託給當時國內的知識分子、有力志士思考，想辦法帶領國家越過外侵的困難。

　　就以上所說的標誌，賢臣與忠義部分主要是讚揚，就賢臣、忠義二語能表現出讚美的語意，賢臣詠十九首，所謂十九位，忠義詠三十五首，所謂三十五位，總共五十四位人物。其中有些人物一位後裔作弄篡奪使得嗣德皇帝有不完全讚美之意，如：莫挺之因為後裔莫登庸篡奪黎朝，嗣德在詠莫挺之詩最後一句曰：「奇貨安知後私裔」〔註78〕。阮文階黎世宗時期中進士，黎中興大業立大功，黎神宗時鄭松作弄政變後，因有滅亂之功得封功臣，晉封太保，卒後封大司徒。嗣德皇帝有詩詠曰：

> 出自權門總六卿，
> 中興籌畫幸功成。
> 當年靖難膺殊寵，
> 黎鄭誰知兩樣情。〔註79〕

　　另外，嗣德皇帝對於賢臣功臣的冤屈也表示自己的傷心，又讚美又感傷，阮廌是一個例子。阮廌與其父親於胡朝漢蒼時，阮廌年二十有一中太學生，任御史台職，胡朝被明軍侵略，胡漢蒼父子被明軍張輔抓，阮廌父親阮飛卿亦被抓，張輔逼卿寫信照阮廌到帳，阮廌不得已來帳，阮廌不從服，張輔欲殺之，不過黃福將軍觀其相貌堂皇魁梧奇偉，因此放回不殺。趁機黎太祖黎利於藍山起義，阮廌默默到軍機獻計滅仇，黎利用之取得勝利，黎「太祖諭功行賞，加冠服侯，賜國姓，功在第一等。太尊朝，為入內行遣，與太尊言仁義，及議定禮樂，多不合，年六十二，迄致仕，歸崑山，許之。」〔註80〕

　　阮廌有小妾阮氏路，其人本有文才，容貌出色，太宗愛之，召入宮內晝夜侍候，封拜禮儀學士。太宗一次東巡歸來，到天德江，住宿荔枝園，與氏路

〔註78〕《御製越史總詠集》卷四，法國藏版，嗣德三十年（1877）刊板，記號：Paris BN VIÊTNAMIEN A.29/1-11，頁5a。

〔註79〕《御製越史總詠集》卷四，法國藏版，嗣德三十年（1877）刊板，記號：Paris BN VIÊTNAMIEN A.29/1-11，頁18b。

〔註80〕《御製越史總詠集》卷四，法國藏版，嗣德三十年（1877）刊板，記號：Paris BN VIÊTNAMIEN A.29/1-11，頁7b。

過夜，隔天黎太宗崩，氏路被判殺君之罪，因此阮廌連累遂夷三族。阮廌家族不幸含冤，族內唯一一個人脫死而生存下來，名叫鸚鵡。到黎聖宗時，明君照冤案，阮廌得鳴冤，追贈濟文侯，封鸚鵡縣官。嗣德皇帝對阮廌得冤屈表示可惜之意，因此有詩詠曰：

> 葩國詞章筆舌嫻，
>
> 平吳名溢鼎鐘間。
>
> 功成已愛崑山興，
>
> 其奈蛾眉不許還。〔註81〕

忠臣部分，嗣德讚揚些為國忘身、為主亡身的榜樣，例如黎來殺身守義，替主滅身，使得平定王黎利能順利取得勝利，建立黎朝，小傳曰：

> 辰軍少勢孤，屢為明人所逼。帝問諸將曰：「誰能以身代我，出攻西
> 都，使為賊所虜，我因得休兵，收集軍士以圖後舉者，來請自當之，
> 遂領兵至西都城挑戰，自稱為平定王，明人悉眾圍之，於是東關城
> 各處皆傳言平定王已死，王得休養數年，明人不以為意。來子林亦
> 從太祖征哀牢，陣死。」〔註82〕

對於黎來之子黎林之死，黎太宗曾經敕封曰：「一門忠孝，憐乃祖乃父之死綏蓋謂來乃林也。」〔註83〕嗣德皇帝詠詩曰：

> 至靈山下四山幽，
>
> 自著黃袍誑楚猴。
>
> 他日東都新社稷，
>
> 肯教紀信獨安劉。〔註84〕

詩人在這裡用典比較非常妙，楚猴指楚霸王項羽，劉指漢高祖劉邦，史述紀信曾經參與鴻門宴，隨從漢高祖劉邦起兵抗秦。在滎陽城危時紀信乘黃屋車，用左纛，稱自己為劉邦而向西楚詐降，因此劉邦得逃脫，自己被出兵抓，項羽愛其才與忠義性格，說服不得，後用火刑殺之。

〔註81〕《御製越史總詠集》卷四，法國藏版，嗣德三十年（1877）刊板，記號：Paris
BN VIÊTNAMIEN A.29/1-11，頁 8b。

〔註82〕《御製越史總詠集》卷五，法國藏版，嗣德三十年（1877）刊板，記號：Paris
BN VIÊTNAMIEN A.29/1-11，頁 12a。

〔註83〕《御製越史總詠集》卷五，法國藏版，嗣德三十年（1877）刊板，記號：Paris
BN VIÊTNAMIEN A.29/1-11，頁 12a。

〔註84〕《御製越史總詠集》卷五，法國藏版，嗣德三十年（1877）刊板，記號：Paris
BN VIÊTNAMIEN A.29/1-11，頁 12b。

　　詠詩中嗣德皇帝以典故比較黎利因黎來幫自己替死等於漢高祖劉邦得到紀信勇猛而脫身，明軍與楚霸王項羽沒差。嗣德皇帝讚美黎來難道不如紀信嗎？「肯教紀信獨安劉」北國紀信能做到如此留名忠義行為，南國黎來也不差。

　　阮帥從主自殺，報答主恩。明軍來侵大越，重光帝時當太傅，與明軍交戰。當初簡定帝與明軍交兵，帝守御於天營，阮帥暗捉簡定帝帶到乂安三制江，這裡重光帝特別來迎接，尊奉上皇，目的是統一軍機民心，以能打敗明軍。後來重光帝被明軍將張輔抓，阮帥得知，與其夫人曰：「臣事君死生以之，生享其祿死當同其難，今吾主被擒，而吾苟且幸免何以生為。」〔註85〕阮帥要求張輔見其帝，君臣二人擁抱哭泣，二人被送去東關，重光帝跳進河裡而死，阮帥亦同重光帝跳下去而死，嗣德皇帝有詩詠曰：

　　　主虜豈甘求自免，

　　　陳亡誓不與明生。

　　　對棋早已爭先著，

　　　隨向長流問屈平。〔註86〕

　　這裡屈平就是屈原，屈原本來也是中國名人的忠孝榜樣，嗣德皇帝向他起一個非常妙的典故，讚揚阮帥的忠義精神，不貪生畏死，與君王一心忠誠，至於死都要同死不怕，保全氣節，為了疼國愛君而不在意自己的生命。

　　許多被詠的人物屬於類似的情景，讚美他們通過真實行動與具體的行為表示它們的「為義捨身」精神。另外，對奸臣、外侵賊幹出面抗議，輔佐君王建國，能講述有：鄧悉、鄧容、黎俊傑、阮景異等。

　　與武將有點不一樣的褒貶標誌，文臣部分主要讚美或批判有關知識、文才、言行與道德有關的人物。文才絕世、不貪婪、不賄賂、能以口才出使外交把榮光勝利帶給國家、有文才身作相又能作將，不過批判雖有文才而心不正、妒忌。

　　嗣德皇帝讚揚黎伯玉「伯玉以文臣知兵，受顧命，位師傅，功著兩朝，為一辰元輔云」〔註87〕李仁宗時黎伯玉因文才出眾而被皇帝詔入宮，曾經做到禮部侍郎，不過有時犯錯被貶為內大書家，不過國家臨難「廣源儂反，命

〔註85〕《御製越史總詠集》卷五，法國藏版，嗣德三十年（1877）刊板，記號：Paris BN VIÊTNAMIEN A.29/1-11，頁 11b。

〔註86〕《御製越史總詠集》卷五，法國藏版，嗣德三十年（1877）刊板，記號：Paris BN VIÊTNAMIEN A.29/1-11，頁 11b。

〔註87〕《御製越史總詠集》卷六，法國藏版，嗣德三十年（1877）刊板，記號：Paris BN VIÊTNAMIEN A.29/1-11，頁 1b。

將兵討之，將行會軍盟于大興門外，宣軍命，行至廣源州叛黨望風逃入宋境，約束沿邊而還。」〔註88〕，李神宗（仁宗之子）升他為為太尉侯秩，天順元年升太師。嗣德皇帝讚詠曰：

> 兩朝元輔帝王師，
>
> 相將身兼又受遺。
>
> 臣道有終真罕得，
>
> 不孤仁廟注殊知。〔註89〕

另外，黎輔陳也是，官職到御史中相，不過在元朝打越南的時候，黎輔陳從太宗大戰，黎輔陳拼命救主，後戰勝，帝封職御史大夫，並言之曰：「朕非卿豈復有今日，卿其免之，共成厥終」〔註90〕到聖宗時寶符二年，封為少師兼儲宮教授，黎輔陳做官歷太宗、聖宗、仁宗而卒。嗣德皇帝詠曰：

> 單身突陣翼王身，
>
> 不負嘉名賜輔陳。
>
> 密議不宣臣道謹，
>
> 乃承昭聖斁彝倫。〔註91〕

韓詮本姓阮，被後世稱為喃字之父，陳太宗時中太學生，仁宗時官至刑部尚書，相傳時有鱷魚出現，帝命詮作文章投入江里，鱷魚自去不見，帝觀其事與古代韓愈類似，因而賜姓韓，謂之韓詮。韓詮善詩文，多作國語南音詩文，因此開始喃字文學，這樣的功狀得到嗣德皇帝詠曰：

> 國語文章始染翰，
>
> 不忘敦本備參看。
>
> 瀘江徙鱷何神速，
>
> 博得君王賜姓韓。〔註92〕

〔註88〕《御製越史總詠集》卷六，法國藏版，嗣德三十年（1877）刊板，記號：Paris BN VIÊTNAMIEN A.29/1-11，頁 1a。

〔註89〕《御製越史總詠集》卷六，法國藏版，嗣德三十年（1877）刊板，記號：Paris BN VIÊTNAMIEN A.29/1-11，頁 1b。

〔註90〕《御製越史總詠集》卷六，法國藏版，嗣德三十年（1877）刊板，記號：Paris BN VIÊTNAMIEN A.29/1-11，頁 2a。

〔註91〕《御製越史總詠集》卷六，法國藏版，嗣德三十年（1877）刊板，記號：Paris BN VIÊTNAMIEN A.29/1-11，頁 2a。

〔註92〕《御製越史總詠集》卷六，法國藏版，嗣德三十年（1877）刊板，記號：Paris BN VIÊTNAMIEN A.29/1-11，頁 3a。

段汝諧，陳英宗時幫帝向上皇撰表請罪，口才應對流暢聰明，上皇愛之免帝之錯，因此英宗皇帝封職御史中贊。當時世人輕視年小當大官，因此有詩駁之曰：「風憲論談傳古語，口存乳臭段中贊」。不過段汝諧不在意，只一心一意做好本職責任。段汝諧曾經出使占城，甚至領兵打占城，不過「不費一鏃而占城平」。後來打哀牢陣不行戰死，太上皇陳明宗非常心痛曰：「汝諧用必勝之謀，乘必勝之勢，功垂成，卒為賊所餌，非不知料敵，但所為過大而致然耳。」〔註93〕

段汝諧文才好，有能力作將，雖然後不幸陣亡，不過觀其事者能了解情形悲哀，沒有責怪之意，這也是聖人的容量也。嗣德皇帝有詩詠曰：

拜表還能拜詔書，

口中乳臭誚徒虛。

一言強虜皆歸命，

習見成功慮轉疎。〔註94〕

阮直字公挺，小時候聰敏能幹頂唔，年十二能作詩文，黎太宗時中第一甲進士第一名，本位開國狀元，曾經做到翰林直學士、安撫使、升翰林侍講，鴻德年間任翰林承旨國子監祭酒。出使明國得到明帝的讚美。被後世稱為「兩國狀元」不過嗣德皇帝與群臣經考究認為非事實也：

按《公餘捷記》〔註95〕竝《憲章類誌》〔註96〕載，阮直奉北使，適值會試，明人命諸國陪臣與諸舉人同應試，復舉一甲第一名，世稱為兩國狀元，經查《明史》竝《越史》不見載。〔註97〕

因此在詠阮直詩對「兩國狀元」問題嗣德皇帝直接不討論，或虛或實都不要再以討論「兩國狀元休泛諭」，詩詠曰：

童齡早已有文名，

謙退尤能養老成。

〔註93〕《御製越史總詠集》卷六，法國藏版，嗣德三十年（1877）刊板，記號：Paris BN VIÊTNAMIEN A.29/1-11，頁 5a～5b。

〔註94〕《御製越史總詠集》卷六，法國藏版，嗣德三十年（1877）刊板，記號：Paris BN VIÊTNAMIEN A.29/1-11，頁 5b。

〔註95〕武芳楗（1698～1761）所著著作。

〔註96〕潘輝注（1782～1840）的《歷朝憲章類誌》。

〔註97〕《御製越史總詠集》卷六，法國藏版，嗣德三十年（1877）刊板，記號：Paris BN VIÊTNAMIEN A.29/1-11，頁 11a。

兩國狀元休泛諭，

黎朝巨擘孰爭衡。〔註98〕

讚揚廉潔清高氣節的人物，拒絕賄賂，秉性剛直，例如武聚，唐安濩澤人，李聖宗鴻德年間中進士，曾經做官至刑部侍郎，小傳曰：

性廉直，居官清介，未嘗妄取于人，聖尊嘗暗使人餽絹試之，聚不

受，聖尊嘉其有暮夜卻金之操，特賜廉節二字，入朝粘于衣領，以

旌異之，官至侍郎，而家無寸儲，怡然自適，人皆賢之。〔註99〕

上述小傳引文陳述一位非常廉潔的官僚，體現古代人的審美與標準，做官做到如此貧窮，連財產一寸儲也沒有，對我們現代人來說真的不可思議。如果，事情過是如此的話，表示古代君王非常不樂意他們臣民生活足夠豐餘嗎？因此我個人認為中帶文學思維需要強調問題，加重注意，只能使用這種筆法才能表示他們作者想強調的問題而已。身為明君無一不想讓自己的臣民生活足夠。嗣德皇帝對武聚的讚美，詠詩曰：

卻絹遙同暮夜金，

臣心如水異君心。

家無贍石怡然樂，

廉節官常合飾襟。〔註100〕

阮秉謙，應該說阮朝有啟蒙的功狀的人物應該說是阮秉謙這一位。因為黎朝中興後，鄭檢對阮潢有嫌意，阮潢派人來問計阮秉謙，阮秉謙正在花園玩耍假山，順口脫出：「橫山一帶，萬代容身」。阮潢瞭解邊界事，奏與黎帝，請出鎮順化，從而建立南方的阮姓基業。阮秉謙從小就聰敏能學，以文章出名，家裡窮，父母年老，他年四十才上京應試，莫登瀛大正六年中考狀元，官至吏部左侍郎，兼東閣大學士，以剛直性格曾經上疏彈劾弄臣，而帝不聽之。阮秉謙拖病辭官歸隱，建設白雲庵，號白雲居士，常常遨遊山水，登各個有名山頂。莫朝有事來請教，他或譴使者詢問，使者將其意見歸朝回稟，或親自入朝獻計，事後即歸。

〔註98〕《御製越史總詠集》卷六，法國藏版，嗣德三十年（1877）刊板，記號：Paris BN VIÊTNAMIEN A.29/1-11，頁 11a。

〔註99〕《御製越史總詠集》卷六，法國藏版，嗣德三十年（1877）刊板，記號：Paris BN VIÊTNAMIEN A.29/1-11，頁 11a～11b。

〔註100〕《御製越史總詠集》卷六，法國藏版，嗣德三十年（1877）刊板，記號：Paris BN VIÊTNAMIEN A.29/1-11，頁 11b。

阮秉謙精通數學，易學，歸隱後他從教學為樂，當時人從他學習多有成就如馮克寬、梁有慶、阮嶼等。他精通易數，能詳雨暘禍福，無不前知，曾經先知莫朝不穩，先告知莫朝以高平為退地，能撐過幾代，果然事實。

聽說阮秉謙受教於梁得朋，梁得朋曾經出使明國得《太乙神經》後傳給阮秉謙，因此精通也。其後，清國使者周燦稱之曰：「安南理學有程泉」〔註101〕。程泉即阮秉謙也，因為之前莫帝曾經遙授他吏部尚書太傅程國公。

對於這樣沁潤儒學思想、精通易學的人，能幫助君主國事，甚至對阮朝有啟蒙功狀的阮秉謙，嗣德皇帝無非讚揚，有詩詠曰：

> 曾聞理學有程泉，
>
> 世運隆汙默會先。
>
> 胡乃巧圖臣閏莫，
>
> 希夷康節詎如然。〔註102〕

總之，被讚美的武將或文臣都是韜略偉大人物。嗣德皇帝身為君王，對國家安危一定優先，不過他性本為藝術家、詩人，對儒家思想有所崇拜，對詩文有所愛好，因此有文才的人物非常重用而提高，不過在國家臨危情景，嗣德皇帝不得不斟酌考慮國家安危，雖然讚美吟詠文臣，都加重他們的爭戰能力，能作相能作將就是最好的標誌，能幫助國家脫離危險，或以口才或以無功，反應嗣德皇帝當時對國家情形一直有考慮狀況。

以上就是嗣德皇帝在吟詠歷史人物過程中隊好的人物所讚美鼓勵，接下來請筆者繼續討論嗣德皇帝詩人對不好的人物如何批判。

二、《御製越史總詠集》對吟詠對象的批判討論

帝王門類，嗣德皇帝讚美李南帝、陳聖宗、陳仁宗、陳英宗、重光帝、黎莊宗、黎境宗等各位的同時，也批判不照顧朝政、國土、民生的帝王，如李英宗，本李神宗之長子，在位三十七年，就英宗朝代有杜英武作弄，帝幼無明，在小傳曰：

> 〔帝〕初嗣位，年方三歲，政事皆委太尉杜英武。英武與太后私，因此益驕，眾皆側目，莫敢言者。帝以武帶等言，收擊英武，配田兒。

〔註101〕《御製越史總詠集》卷六，法國藏版，嗣德三十年（1877）刊板，記號：Paris BN VIÊTNAMIEN A.29/1-11，頁 15b。

〔註102〕《御製越史總詠集》卷六，法國藏版，嗣德三十年（1877）刊板，記號：Paris BN VIÊTNAMIEN A.29/1-11，頁 15b。

後太后憂悶，思所以復之，乃屢設大會赦罪人，武竟以累赦復為太尉，
輔政如故，寵用益隆，占城人雍明些疊詣闕請命為王使李蒙以兵納
之，為其主制皮囉（音羅）筆所拒蒙死，及英武死，蘇憲誠為太尉，
選軍校定考課，占城寇掠，憲誠伐之，復納款，奉貢不缺。〔註103〕

　　嗣德皇帝意批判李英宗身為國家君王而國事不能自決，因太后操弄而使
寵臣弄權作罷，憎愛不分，好壞不明，這樣的君王若沒有象蘇憲誠那麼能幹
忠實，國家如何脫離災難，不過在吟詠讚美蘇憲誠的同時就批判英宗，曰：

〈蘇憲成〉

義重財輕是丈夫，

伊周心迹世間無。

臨終一語猶金石，

星日爭輝四輔圖。〔註104〕

　　李英宗崩，囑咐蘇憲誠輔佐嗣君，不過太后想私下勸諭蘇憲誠另立曾經
被英宗廢成常民的皇子，蘇憲誠一已不聽，不過太后也沒辦法惹弄他，臨終
時太后親自問蘇憲誠曰陳忠佐大臣是如何的人，蘇憲誠道忠佐為忠人，太后
非常滿意嘉憲誠為致忠，不過太后不從聽他語，嗣德皇帝讚他「臨終一語猶
金石」也。同時批判李英宗的詠詩，曰：

〈（李）英尊〉

納叛容奸又黷兵，

紹明政績有何明。

幾年興替惟人力，

太尉纔亡太尉生。〔註105〕

　　言語非常嚴肅堅決「納叛容奸又黷兵」，嗣德皇帝似乎有所憤怒，反問句
「紹明政績有何明？」表示他的主意。至於從善公綿審讚曰：「回還對應，確
當」〔註106〕。

〔註103〕《御製越史總詠集》卷一，法國藏版，嗣德三十年（1877）刊板，記號：Paris
　　　　BN VIÊTNAMIEN A.29/1-11，頁 19b～20a。

〔註104〕《御製越史總詠集》卷四，法國藏版，嗣德三十年（1877）刊板，記號：Paris
　　　　BN VIÊTNAMIEN A.29/1-11，頁 2a。

〔註105〕《御製越史總詠集》卷一，法國藏版，嗣德三十年（1877）刊板，記號：Paris
　　　　BN VIÊTNAMIEN A.29/1-11，頁 20a。

〔註106〕《御製越史總詠集》卷一，法國藏版，嗣德三十年（1877）刊板，記號：Paris
　　　　BN VIÊTNAMIEN A.29/1-11，頁 20a。

　　陳朝到陳裕宗開始衰落，「晚節荒淫無度，令王侯公主諸家獻諸雜戲，帝閱定期優者賞之，招集天下富家入宮賭博。又令奴私耕蘇瀝江岸樹蒜賣之，臨崩以恭肅王昱子日禮入繼統。」〔註107〕從而造成楊日禮之亂，國家困難。楊日禮之亂平，藝宗繼位，不過在位三年，不過「徒習藝文，不修武略，占城入寇，輒幸東岸江避之，以黎季犛外家之親，大加寵信，既立其姪晛為帝，季犛密奏云：『聞里諺曰，未有賣子養姪，惟見賣姪養子』，帝以為然又廢晛而立順尊，托孤于季犛，遂成篡國之禍。」〔註108〕陳元旦當時對藝宗的行為有詩詠「十禽」，其中有兩句隱喻對其事駁之，曰：

　　　　人言寄子與老鴉，

　　　　不識老鴉憐愛不。

　　陳裕宗荒淫無度使國家臨難，陳藝宗因寵用黎季犛，造成陳廢帝（晛）和順帝的死亡，陳朝陷入黎季犛之手，創立胡朝稱胡季犛，就如陳元旦的詩句「不識老鴉憐愛不」，果然老鴉不愛，因此黎季犛殺害順宗。嗣德皇帝對陳裕宗與陳藝宗非常不滿意，因此對他們二帝表達非常嚴肅的批判，詠詩曰：

　　　〈（陳）裕尊〉

　　　　賣蒜私耕足自怡，

　　　　空教大寶付哥兒。

　　　　穆棱若有知人鑑，

　　　　肯許鄒庚遽拯危。〔註109〕

　　　〈（陳）藝尊〉

　　　　舊物纔收重外家，

　　　　一朝禦寇但詞葩。

　　　　養兒賣姪還深信，

　　　　詎識孤兒寄老鴉。〔註110〕

<hr>

〔註107〕《御製越史總詠集》卷二，法國藏版，嗣德三十年（1877）刊板，記號：Paris BN VIÊTNAMIEN A.29/1-11，頁5a。
〔註108〕《御製越史總詠集》卷二，法國藏版，嗣德三十年（1877）刊板，記號：Paris BN VIÊTNAMIEN A.29/1-11，頁5b～6a。
〔註109〕《御製越史總詠集》卷二，法國藏版，嗣德三十年（1877）刊板，記號：Paris BN VIÊTNAMIEN A.29/1-11，頁5b。
〔註110〕《御製越史總詠集》卷二，法國藏版，嗣德三十年（1877）刊板，記號：Paris BN VIÊTNAMIEN A.29/1-11，頁6a。

　　嗣德皇帝對藝宗的無明行為非常不滿意，不只在吟詠藝宗的詩而批判他，甚至在吟詠陳廢帝（睍）的詩時有句「權歸赤觜恨何窮，廢立安知伯父衷」〔註111〕，赤觜即季犛也〔註112〕，伯父就是藝宗。

　　另外，對於無才的君王，對權臣操弄行為無法阻止，甚至作為他們的底子使得權臣勢力越來越大，嗣德皇帝控訴非常嚴重，例如黎昭宗傳曰：

> 黎義昭、鄭惟憕迎而立之。辰既板蕩，政非己出，而帝本闇弱，信惑讒邪，都力士鐵山伯陳真討逆賊陳高有功，莫登庸亦見憚，帝乃聽褚啟、鄭侑之譖，召入禁中殺之，真之弟子阮敬、阮盎等引兵犯闕，鄭綏等亦起兵作亂，帝專倚莫登庸討之，自是登庸威權日重，無所忌憚。署衛、阮構、都力士明山伯、阮壽及覃舉等皆帝腹心，登庸竝殺之。〔註113〕

　　黎昭宗本為黎聖宗之曾孫，黎襄翼被殺害後無嗣，所以權臣黎義、鄭惟憕立他為皇帝，不過權力全歸權臣，帝沒有實質，因本身無才而被權臣操弄，帝因而而被殺，嗣德皇帝因帝無才使權臣作霸而不滿，有詩批判：

> 執契隨人歷險艱，
> 豺狼相競莫繩姦。
> 徒勞夜幸山西郡，
> 曷若宮中宥鐵山。〔註114〕

　　黎昭宗被害後，黎恭帝命運也一樣被莫登庸自意廢立甚至莫登庸隨手篡奪皇位：「庸自古齋入京，令東閣大學士阮文泰草禪詔，逼帝禪位，降為恭王，尋弒之。」〔註115〕從而黎朝失於莫登庸之手，嗣德皇帝批評黎恭帝曰：

〔註111〕《御製越史總詠集》卷二，法國藏版，嗣德三十年（1877）刊板，記號：Paris BN VIÊTNAMIEN A.29/1-11，頁 7a。

〔註112〕藝宗夢見睿宗誦詩云：「忠間惟有赤觜侯」，藝宗自析其字赤觜者，季犛也。《御製越史總詠集》卷二，法國藏版，嗣德三十年（1877）刊板，記號：Paris BN VIÊTNAMIEN A.29/1-11，頁 7a。

〔註113〕《御製越史總詠集》卷二，法國藏版，嗣德三十年（1877）刊板，記號：Paris BN VIÊTNAMIEN A.29/1-11，頁 13a～13b。

〔註114〕《御製越史總詠集》卷二，法國藏版，嗣德三十年（1877）刊板，記號：Paris BN VIÊTNAMIEN A.29/1-11，頁 13a。

〔註115〕《御製越史總詠集》卷二，法國藏版，嗣德三十年（1877）刊板，記號：Paris BN VIÊTNAMIEN A.29/1-11，頁 14a～14b。

國事人心久已離，

尚專兄位贅旒垂。

來朝禪詔憑誰草，

此日方題賜扇詩。〔註116〕

其實黎朝之衰落就從威穆帝開始，至襄翼帝、昭宗帝愈來愈嚴重使得弄臣莫登庸有機會篡黎恭帝位，後黎朝結束等到黎中興階段，因此嗣德皇帝不只批判黎昭宗與黎恭帝，而對威穆帝和襄翼帝也不放過。威穆帝「溺於酒色，權歸外戚……皆擅作威福，屠戮蒼生，又戕害尊室。」〔註117〕被稱為鬼王。襄翼帝「在位七年，大興土木，作大殿百餘屋起九重臺，罄國中之財力，嘗遊西湖，命女史裸身把棹以為大樂。」〔註118〕被明國使臣潘希曾稱為豬王，詠詩曰：

〈（黎）威穆帝〉

長樂何辜遽取殃，

惟令大柄委三鄉。

殘軀砲裂名猶在，

難過鄰邦喚鬼王。〔註119〕

〈（黎）襄翼帝〉

西湖湖上乍移舟，

倏爾霜鋒至碧溝。

廣廈重臺誰燕處，

豬王空作鬼王儔。〔註120〕

黎中興後，黎帝雖然在位不過國家權力全由鄭主，黎帝本身虛位，所以讀嗣德皇帝吟詠黎中興時期各位皇帝時，我們不難發現嗣德皇帝對於無才無

〔註116〕《御製越史總詠集》卷二，法國藏版，嗣德三十年（1877）刊板，記號：Paris BN VIÊTNAMIEN A.29/1-11，頁 14b。

〔註117〕《御製越史總詠集》卷二，法國藏版，嗣德三十年（1877）刊板，記號：Paris BN VIÊTNAMIEN A.29/1-11，頁 12a～12b。

〔註118〕《御製越史總詠集》卷二，法國藏版，嗣德三十年（1877）刊板，記號：Paris BN VIÊTNAMIEN A.29/1-11，頁 13a。

〔註119〕《御製越史總詠集》卷二，法國藏版，嗣德三十年（1877）刊板，記號：Paris BN VIÊTNAMIEN A.29/1-11，頁 12b。

〔註120〕《御製越史總詠集》卷二，法國藏版，嗣德三十年（1877）刊板，記號：Paris BN VIÊTNAMIEN A.29/1-11，頁 13a。

德的皇帝痛責的詩意，如責怪黎熙宗詩詠曰：

> 三十光陰托大權，
>
> 亞王殊禮自人專。
>
> 幸逢歲稔收全境，
>
> 亦愧中興穢史傳。〔註121〕

從權臣弄權篡奪的狀況出發，嗣德皇帝嚴肅痛責無力、坐視的君王，林外對於無助國家臨危脫難的宗室，嗣德皇帝一樣控訴指責，例如陳元旦、陳顒等。

陳元旦號冰壺，是陳光啟的曾孫，陳帝封為章肅國上侯。陳元旦不是不好、無才智的人，傳曰：「元旦為人慈祥儒雅，有古君子風雅，好文章，退居崑山，吟詠自適，有《冰壺詩集》行世」〔註122〕曾經從藝宗在大吏起兵滅絕楊日禮之亂，官至司徒。不過到廢帝時，胡季犛弄權操縱，元旦觀其情形不利，事不可為而告老而歸，在崑山隱逸過生活。「藝皇嘗幸其第，問疾及後事，皆不言，但曰：『陛下敬明國如父，愛占城如子，則國家無事，臣雖死且不朽。』」〔註123〕另外陳元旦吧次子夢與寄託於胡季犛以免後患的行為表示元旦後來的弱勢而不忠，因此嗣德皇帝雖讚揚陳元旦的戰功、文章之才而批判他小人之志，詠詩曰：

> 要路多艱勢路開，
>
> 禽詩自作自嘲詼。
>
> 當年殉難惟莊定，
>
> 猶笑才非大廈才。〔註124〕

同時陳顒與元旦同心坐視，無法幫助朝政，因此在批判陳元旦的同時，作者對陳顒也一樣有指責的態度，詠詩曰：

> 天位惟艱豈詐辟，
>
> 孤忠難免鑠金辭。

〔註121〕《御製越史總詠集》卷二，法國藏版，嗣德三十年（1877）刊板，記號：Paris BN VIÊTNAMIEN A.29/1-11，頁18a。

〔註122〕《御製越史總詠集》卷三，法國藏版，嗣德三十年（1877）刊板，記號：Paris BN VIÊTNAMIEN A.29/1-11，頁13b。

〔註123〕《御製越史總詠集》卷三，法國藏版，嗣德三十年（1877）刊板，記號：Paris BN VIÊTNAMIEN A.29/1-11，頁13a。

〔註124〕《御製越史總詠集》卷三，法國藏版，嗣德三十年（1877）刊板，記號：Paris BN VIÊTNAMIEN A.29/1-11，頁13b。

萬寧寨外非王府，

黃壤應慚一死遲。〔註125〕

　　吳昌岌是吳權（前吳王）的長子，吳權去世後楊三哥（舅哥）篡奪，吳昌岌逃命，楊三哥立昌岌的弟弟昌文為己子，派昌文赴打昌岌，昌文自悔恨，兄弟後來擁抱而哭，返回打楊三哥恢復吳朝，稱南晉王，迎兄昌岌回朝封天策王，天策王越來越僭南晉王之權力，南晉王後來不得參與朝政，四年後崩，其子昌熾繼位。對於吳昌岌僭弄其弟王力，雖然昌岌是長子，不過其弟才是正統君王，甚至昌文對恢復吳朝有功，顧兄弟之情而迎接昌岌會朝封王位，昌岌就不知恩而超越權力，嗣德皇帝對這種無道行為，不正名違反道德的行為非常不滿意，嚴肅指責，詩詠曰：

平王三索已身孤，

南晉重迎競握樞。

肺腑不如胘股分，

應慚泰伯入勾吳。〔註126〕

　　就上述的標誌而言，嗣德皇帝明明指責各位皇帝以及坐視的宗室的同時，作者特別另立一目僭偽控訴責怪四個人物：楊三哥、胡季犛、胡漢蒼、莫登庸；以及奸臣十個人物：杜釋、黎文盛、杜英武、陳守度、陳益稷、陳克終、鄭惟憕、鄭松、阮公沆、阮有整。

　　楊三哥篡位姪子；胡季犛篡位外戚，胡漢藏繼位父親；莫登庸篡位黎朝。以上在論述各位皇帝或褒或貶，至少也提及各位的僭偽行為，嗣德皇帝積極指責控訴，詠詩曰：

〈楊三哥〉

因緣姻婭肆鷗鵁，

撫弟驅兄志氣驕。

舊物難爭還舊物，

張公仍復齒吳朝。〔註127〕

〔註125〕《御製越史總詠集》卷三，法國藏版，嗣德三十年（1877）刊板，記號：Paris BN VIÊTNAMIEN A.29/1-11，頁 14b。

〔註126〕《御製越史總詠集》卷三，法國藏版，嗣德三十年（1877）刊板，記號：Paris BN VIÊTNAMIEN A.29/1-11，頁 7b。

〔註127〕《御製越史總詠集》卷八，法國藏版，嗣德三十年（1877）刊板，記號：Paris BN VIÊTNAMIEN A.29/1-11，頁 5a。

〈胡季犛〉

四輔圖成墨尚新，

蒲黃異服已加身。

未臨泉下逢陳主，

亦赴燕京見北君。〔註128〕

〈胡漢蒼〉

棟梁奇對已生憎，

克肖姦兒可繼承。

怪殺竝俘還竝釋，

莫非源濁鮮留澄。〔註129〕

〈莫登庸〉

鐵山已沒有誰何，

為賊為漁術愈多。

繫頸軍前還賜爵，

胡為皇極尚偏頗。〔註130〕

　　奸臣部分，陳述控訴指責有謀殺君王，與外邦連結謀害國家，投降敵軍為了榮光富貴，這些人物被嗣德皇帝撰寫小傳部分——陳述，在詠詩部分痛罵一頓，言語嚴肅而恰當。

　　杜釋殺丁先皇和丁先皇長子南越王璉，被適當甚至殘忍的懲罰，傳曰：

　　　杜釋，天本人，初為潼關吏，夜臥橋上，忽流星入口，以為休祥，
　　　遂陰懷異圖。丁先皇太平十年，為祗候內人，乘先皇夜宴，醉臥庭
　　　中，遂殺之，及長子南越王璉，事發，捕賊益急，釋潛伏宮雷，踰
　　　三日，渴甚，遇雨引手乘水飲，宮女見之，以告定國公阮匐，遂收
　　　捕斬之，臠其肉，國人爭啖。〔註131〕

〔註128〕《御製越史總詠集》卷八，法國藏版，嗣德三十年（1877）刊板，記號：Paris
　　　　　BN VIÊTNAMIEN A.29/1-11，頁 7a。

〔註129〕《御製越史總詠集》卷八，法國藏版，嗣德三十年（1877）刊板，記號：Paris
　　　　　BN VIÊTNAMIEN A.29/1-11，頁 8a。

〔註130〕《御製越史總詠集》卷八，法國藏版，嗣德三十年（1877）刊板，記號：Paris
　　　　　BN VIÊTNAMIEN A.29/1-11，頁 10b。

〔註131〕《御製越史總詠集》卷八，法國藏版，嗣德三十年（1877）刊板，記號：Paris
　　　　　BN VIÊTNAMIEN A.29/1-11，頁 11a。

　　傳陳述「臠其肉，國人爭啖」實在殘忍，缺乏人道性，不過符合古代思維，表示一種非常重大的懲罰，為了取得勸懲的目的。詩詠曰：

　　　　逆弒丁丁讖語浮，

　　　　徒然希覬速招尤。

　　　　終藏簷霤承飛雨，

　　　　入口流星止渴不。〔註132〕

　　杜英武在以上部分讚美武帝以及批評李英宗都提及杜英武，英武是李神宗的舅舅，神宗崩，英宗繼位，英武與英宗母親通淫，英武操弄政權，殺害賢臣、忠義，這樣奸詐的行為被嗣德皇帝批判，詩曰：

　　　　上林弟子意中人，

　　　　別殿金吾不禁巡。

　　　　何幸歸泉全首領，

　　　　公卿駢戮有誰神。〔註133〕

　　陳守度是越南的一位特別的歷史人物。歷來史學家的意見有好有壞，如果按照中代史學思維規則，通通見到指責他的意見，對於他篡奪黎朝的陰謀嚴重的控訴。不過，近現代史學家的反駁思維規則，許多史學家對於他的委婉行動的人讚美他是一位能造成一個委婉安靜的改朝換位，沒有任何一個殘酷的政變。因為通常在每一個朝代趨向衰落的情形，不滿意的成分慢慢形成抗議的勢力，逐漸變大而造成革命起義，戰爭會發生，民心會隨著正義而從。不過在李朝摔落情形，皇帝變成女皇帝李昭皇，守度以自己的侄子娶昭皇而登基，陳朝開始。不過背後陳守度為了陳太宗登皇帝位就殺害很多人，甚至幾乎消滅李朝宗室，因此被歷史嚴重控訴。傳曰：

　　　　陳守度天長即墨人，陳太尊叔父，李末以外戚進用。昭皇初，為殿
　　　　前都指揮使知城市內外諸軍事。太尊辰方八歲，以守度姪選為祗侯
　　　　正首。昭皇見而悅之，長與戲謔，太尊以告守度。守度曰：「誠如此
　　　　皇族乎赤族乎。」乃率家屬及親戚入禁中閉城門，徧告百官，曰：
　　　　「陛下已有尚矣。」太尊遂受昭皇禪，即皇帝位，以守度為太師，

〔註132〕《御製越史總詠集》卷八，法國藏版，嗣德三十年（1877）刊板，記號：Paris BN VIÊTNAMIEN A.29/1-11，頁 11b。

〔註133〕《御製越史總詠集》卷八，法國藏版，嗣德三十年（1877）刊板，記號：Paris BN VIÊTNAMIEN A.29/1-11，頁 13a。

統國行軍，務征討事。廢李惠尊居真教寺，惠尊既廢，嘗出遊東市，百姓爭趨視之，有慟哭者。守度恐人心懷舊生變，令人嚴守。一日國寺前，見惠尊拔草，守度曰：「拔則拔深根。」惠尊曰：「爾所言，我知之矣。」尋逼縊惠尊于寺後園。降惠尊靈慈皇后為天極公主，因納之。李氏尊室由是怏怏失望。會諸李拜先后于花林太堂，守度潛作坑，候至酒酣竝生埋之。太尊后昭皇無子，其兄懷王柳妻李公主（惠尊女）有娠，守度密謀請冒取之以賴其後，柳遂聚眾作亂。〔註134〕

觀其行動，陳守度實在是一位奸詐的人，篡奪李朝通通有他所操弄，殺害官臣宗室，甚至奪惠宗之妻子，搶懷王柳之妻子嫁給太宗，非常暴虐，在陳述陳守度的罪狀的同時，嗣德皇帝詠詩中也嚴肅責怪、諷刺，表示批判的態度，詩曰：

> 昭皇有尚及靈慈，
> 拔草生坑虐焰彌。
> 走狗安知人道重，
> 陳家自是敗家規。〔註135〕

不過現代史學觀點反思，一個不可否認的事就是「守度無學問而才略過人」〔註136〕不使戰爭而得天下，陳朝之祖也。

陳益稷，太宗之次子，不知道為何嗣德皇帝不歸於宗臣部門而歸於奸臣部門，難道因為他的罪惡不可原諒而不得分於宗室門類。陳益稷本反逆和外邦通同謀害國家，也許因為這個重大缺點使得嗣德皇帝乾脆控訴，傳曰：

> 陳益稷，陳太尊次子，封昭國王，聰明好學，通經史六藝，文章冠世，嘗開學堂于第之右，集四方文士就學。給以衣食。益稷未生辰，太尊夢有神人三眼從天而下，言於太尊曰：「臣為上帝所責，願托於帝後，乃北歸。」及生額中有文如眼形，既長通書史及諸小技，潛有奪嫡之心。嘗挾私書寄雲屯商客，乞元師南下。紹寶中元唆都入寇，仁尊出幸，益稷挈家降元，封為安南國王。重興二年，元復遣

〔註134〕《御製越史總詠集》卷八，法國藏版，嗣德三十年（1877）刊板，記號：Paris BN VIÊTNAMIEN A.29/1-11，頁 13a～14a。

〔註135〕《御製越史總詠集》卷八，法國藏版，嗣德三十年（1877）刊板，記號：Paris BN VIÊTNAMIEN A.29/1-11，頁 14b。

〔註136〕《御製越史總詠集》卷八，法國藏版，嗣德三十年（1877）刊板，記號：Paris BN VIÊTNAMIEN A.29/1-11，頁 14a。

兵來侵，假送益稷還國封為王。及元兵敗隨北歸居鄂州。元人遂授湖廣行省平章。〔註137〕

　　益稷原本為宗室，有學識，聰明伶俐，不過無行，貪富貴榮光，賣國求榮，是國家禍害，後人也許因要遮蔽他，而你出太宗做夢的神奇情節。不過以他生前言行無道，嗣德皇帝因此不把他視為宗室來責怪，詩曰：

　　三眼何來復驟歸，

　　一生學行兩相違。

　　平章降虜寧無恥，

　　昭道書兒慎勿譏。〔註138〕

三、《御製越史總詠集》表示自豪感討論

　　長期時間愛國精神沁潤越南文學，從書寫文學尚未誕生的時期，口傳文學曾經就運載這種美德精神，越南歷代戰爭連綿，大小皆不曾安息，因此越南民族潛意識就要有抗侵略的精神培養，國家和平時有另一種表現的手法，國家臨變就有另一種符合情形的表現手法，或是抗侵，或是讚揚美德，表現勇士的威力，表示自豪的精神。作者文新和阮洪風在《越南文學史（初簡）》裡面曾經認定：

Thơ văn yêu nước Việt Nam là tinh hoa của văn học Việt Nam trong thời kỳ lịch sử từ giữa thế kỷ XIX đến đầu thế kỷ XX ... Không phải là sự ngẫu nhiên mà văn học yêu nước thời kỳ này đã vận dụng rất nhiều hình thức nghệ thuật đem tư tưởng yêu nước, tư tưởng chống Pháp và quần chúng nhân dân. Các hình thức văn học như văn tế, hịch, thể lục bát, song thất lục bát, vè trường thiên, ca trù, ca dao, v.v ... đã được dùng rộng rãi trong văn học. Các thể văn như thất ngôn bát cú, thất ngôn tứ tuyệt, câu đối, v.v... cũng được dùng nhiều để biểu đạt tình cảm và tư tưởng. 〔註139〕

〔註137〕《御製越史總詠集》卷八，法國藏版，嗣德三十年（1877）刊板，記號：Paris BN VIÊTNAMIEN A.29/1-11，頁 14b～15a。

〔註138〕《御製越史總詠集》卷八，法國藏版，嗣德三十年（1877）刊板，記號：Paris BN VIÊTNAMIEN A.29/1-11，頁 15b。

〔註139〕Văn Tân（文新）、Nguyễn Hồng Phong（阮洪風）著：*Lịch sử văn học Việt Nam（sơ giản）*（越南文學史（初簡）），河內：史學院史學出版社，1961 年，頁 390～391。

（越南愛國詩文是十九世紀中葉至二十世紀初歷史時期越南文學
的精華……不是偶然，愛國文學在這個時期中就運用許多藝術形式
跋愛國思想、抗法精神與人民。各種文學形式如祭文、檄、六八體、
雙七六八、長篇喂、歌籌、歌謠等，在文學被廣泛使用。各種文體
如七言八句、七言四絕、對連等也被用來表達感情或思想。）

因此，越南中代文學中的主導思想就是愛國愛民之心、人道精神，也許
可以說它就是穿透整個越南中代文學歷史。因為如上述越南人連綿抗爭，人
民為了鞏固自己的力量而創造各種鼓勵的精神武器，文學也不例外，文學雖
然是文字的藝術，不過我們不可否認文學的抗戰力量。不過，為了能全面表
達它的積極能力，文學需要全面的控訴罪惡、讚揚美德，鼓勵人民戰士崛起
保衛國土的精神。

嗣德時代，西方帝國潮浪湧遍世界，亞洲各國被西方帝國慢慢吞沒，越
南實狀被法國吞併，嗣德皇帝外面靠著群臣想方設法到處找辦法抵抗法國，
自己合力反抗，空閒時間以自己的文藝才力而著作，詩文對嗣德皇帝是一種
抒發感情，另外也是一種精神武器。通過文學，尤其是通過詠詩詩，嗣德皇
帝得以坦白的讚美或批判某一個歷史人物、某一個歷史事件，坦白以自己的
意見，或是認同史學家得意見，或是反駁史學家意見，在批判他們的缺點的
同時，讚美勇敢、才智、韜略的榜樣，表示自豪感一邊鼓勵國民湧起勇氣保
安國土。

讀《御製越史總詠集》不難發現詩集的主導精神就是對國家民族、榮
光的歷史、人的高貴品格感到一種深重的自豪感。次序的讀整部詩集，我
們發現嗣德皇帝以詩述史，有歷史的腳步陳述，每一類部門被吟詠的人物
都有歷史前後的安排，或褒或貶都有統一性。那能讓讀者逆行歷史找回民
族的淵源，鴻貉之子孫，雖然是傳說人物——扶董天王之偉大勇猛氣勢，
如果鄧鳴謙在他《詠詩詩集》中以中性的態度吟詠的話，那嗣德皇帝家中的
讚揚：

〈沖天神王〉

生來三歲未能言，

一旦英風便卓然。

掃盡武寧山下賊，

金戈鐵馬竟沖天。〔註140〕

不過嗣德皇帝對扶董天王的詠詩曰：

〈扶董兒〉

武寧部

扶董鄉

三歲兒

碩且強

能飲食

聲不揚

聲不揚

藏以俟

適於此會逢賊起

君王側席求能士

兒忽言

驚鄉村

只求一馬與一劍

為王殺賊賊皆奔

功成身退縱馬飛

來從何來去何歸〔註141〕

　　鄧鳴謙命題〈沖天神王〉而嗣德皇帝命題〈扶董兒〉，從命題上看鄧鳴謙有著嚴肅的態度以崇拜的眼神去看扶董，一尊神似的，不過嗣德皇帝特別從容的成為他為「兒」，一個可愛的孩童，不過他有能力有別才，有力量打敗敵軍。從形式上看鄧鳴謙以正式的絕句來吟詠，不過嗣德皇帝選擇比較自由的樂府詩體來用，三言節拍是我們想起三字經詩拍的回應，讀起來有一種歡樂自豪感。在這一點，我們可以承認嗣德皇帝也許通過他本身皇帝身分而有權力放肆自由，超越千人導致詩風體現一種興奮開放，且前人無法體現。雖然在勸懲鼓勵世人而對傳說人物有新的視角。前人對扶董的陳述，就單純的陳述

〔註140〕 Hoàng Thị Ngọ（黃氏午）、Nguyễn Văn Nguyên（阮文原）主編：Đặng Minh Khiêm, *Thoát Hiên vịnh sử thi tập*（鄧鳴謙──脫軒詠史詩集），胡志明市：文學出版社，2016年，頁151。

〔註141〕 《御製越史總詠集》卷九，法國藏版，嗣德三十年（1877）刊板，記號：Paris BN VIÊTNAMIEN A.29/1-11，頁 1b～2a。

戰勝,而嗣德皇帝除了陳述他的戰勝,且還把歡樂的態度、音樂的節拍也能完
美的呈現出來。我們不難發現以上的審美標誌通過另一首詩名〈蘆花仗〉詠
萬勝王丁部領小時後喜歡和眾友演兵玩耍,長大後能帶領軍隊統一國家:

〈蘆花仗〉

花閣洞

出真王

兒戲辰

已殊常

群牧童

咸推讓

交手為輦,蘆花為旗

儼然天子之威儀

里中父老共尊奉

豐沛氣象猶在茲

十二使君費割據

義旗所向都清夷

萬勝王

大瞿越

混一山河新日月

炎疆正統此肇始

遠邁前王與宋比

云何遽盛還遽衰

馬上取焉能馬上治

行多暴戾自詒戚

識文圭角徒張奇〔註142〕

讀嗣德皇帝樂府詠詩,很特別的一點就是常常詩中突然轉折出現三言
詩,〈安陽神弩〉、〈扶董兒〉、〈蘆花仗〉、〈白藤戰〉、〈夜澤王〉、〈斫刀稅〉、
〈鼎耳隄〉、〈國公洗上相〉這種筆法非常特別,一首詩中的三言句就好像亮
點,強調某一種形象或行動,帶給讀者一種凝視、自豪、乾脆、決斷,帶來一

〔註142〕《御製越史總詠集》卷九,法國藏版,嗣德三十年(1877)刊板,記號:Paris
BN VIÊTNAMIEN A.29/1-11,頁 7a~7b。

種美好的藝術效應，讀者不覺在那裡停頓思考或想像。

或者，通過吟詠各位被讚美的皇帝，嗣德皇帝其實想給讀者體會到越南民族從早期的頑強，就通過頑強勇氣才能把國家獨立爭奪回來，才能把國家的獨立權保全到現在，這個成果不只是一個人的能力，而是屬於歷代民族人物連穿起來，因此我們當代人對古人、祖先要有責任。吳先主（吳權）勇猛打敗南漢軍；丁先皇茅旗演兵後戰功等身；李仁宗能安治國家平穩；陳英宗是陳朝的英明皇帝；黎太宗聰明伶俐，才能出眾；陳國瓚果敢愛國，空手握碎柑子；黎來捨身救主；張漢超秉直有文才等等。

文化文學方面對韓詮創造喃字來自豪，越南中代思維對喃字有稍微歧視的態度，喃字文學長期不得以正統資格登上詩文壇，相傳喃字由韓詮創造，因此嗣德皇帝對他特別讚揚：

> 國語文章始染翰，
>
> 不忘敦本備參看。
>
> 瀘江徙鰐何神速，
>
> 博得君王賜姓韓。〔註143〕

嗣德皇帝本身對喃字文學非常喜歡，這種愛好表示他對民族意識有著開放的態度，既表示自豪，又表示藝術性，對自己的語言的文字尊重就是對自己民族有意識，漢文雖然是廣泛文字，不過越南文也有它的地位，皇帝甚至自己編撰一部喃字典曰《嗣德聖製字學演歌》，自己也創作許多喃字詩文作品。

吟詠韓詮的詩篇有著氣概豪爽的音響，表示作者的自豪，就是越南民族至此已有文學、文獻，以自己的民族語言來記載自己的歷史事件，以自己的語言文字來抒發自己的感情內心。對善於文學的人物嗣德皇帝非常提高尊重，例如段汝諧年少而文才優秀「不費一鏃而占城平」〔註144〕，阮廌「蓜國詞章筆舌嫻，平吳名溢鼎鐘間。」〔註145〕黎聖宗帥領騷壇詩壇，乘騷壇元帥，通過〈騷壇元帥〉一首我們更加瞭解嗣德皇帝對黎聖宗文才的自豪：

〔註143〕《御製越史總詠集》卷六，法國藏版，嗣德三十年（1877）刊板，記號：Paris BN VIÊTNAMIEN A.29/1-11，頁 3a。

〔註144〕《御製越史總詠集》卷六，法國藏版，嗣德三十年（1877）刊板，記號：Paris BN VIÊTNAMIEN A.29/1-11，頁 5a。

〔註145〕《御製越史總詠集》卷四，法國藏版，嗣德三十年（1877）刊板，記號：Paris BN VIÊTNAMIEN A.29/1-11，頁 8b。

予聞三軍眾，無帥焉能用。

又聞李杜壇，誰敢為之冠。

詩翁與詩伯，亦非自炫赫。

虞庭雖賡颺，戒勒猶未遑。

苟幸逢豐樂，歡孚合體作。

安用此九歌，猥雜殊汨羅。

況乎互標榜，泰山齊土壤。

諛風日愈昌，大雅日愈喪。

縱教有所得，安知道無極。

彼擊毬狀元，與朱壽將軍。

非常創名號，千古留談笑。

不然泥草詞，兢怨已多虧。

春花好採摘，秋寘反棄擲。

周公才美多，驕吝亦不嘉。

時〔註146〕君既自侈，諸臣亦阿旨。

四七誇璧奎，孰與雲臺齊。

古今寔難比，責備不容己。〔註147〕

　　白藤江之戰，打敗南漢軍被視為越南民族獨立的開頭，對越南人來說它是一個非常英烈值得自豪的戰爭，把越南民族在被統治的黑暗之夢驚醒，打開新的獨立時代，建立越南民族的自己封建國家，是越南人歷代的自豪感，嗣德皇帝特別詠曰：

〈白藤戰〉

白藤江面波流急，

白藤江心椿杙立。

奇兵倏走又倏來，

百萬漢軍魚腹入。

公獻馘，

弘操擒。

〔註146〕原本作「寺」，因忌諱嗣德皇帝名「時」，今改正。

〔註147〕《御製越史總詠集》卷十，法國藏版，嗣德三十年（1877）刊板，記號：Paris
　　　　 BN VIÊTNAMIEN A.29/1-11，頁 9b～10a。

　　詭謀妙運由一心，

　　白藤江水未為深。〔註148〕

　　中間詩句從七言突然換三言，給讀者一種乾脆的感覺，一種決心，表示堅強勇猛，就像一幅畫裡面的亮點「公獻馘，弘操擒。」至於從善公棉審平「簡妙」〔註149〕二字。

〔註148〕《御製越史總詠集》卷九，法國藏版，嗣德三十年（1877）刊板，記號：Paris BN VIÊTNAMIEN A.29/1-11，頁 5b。

〔註149〕《御製越史總詠集》卷九，法國藏版，嗣德三十年（1877）刊板，記號：Paris BN VIÊTNAMIEN A.29/1-11，頁 5b。

第六章 結 論

　　就以上所述，嗣德皇帝是一位詩人的皇帝，愛好文學，知識淵博，不過他的知識主要還是傳統的儒家思想，一種建構了阮朝封建朝廷的思想，因此也可以說嗣德皇帝就是一位儒家學者、儒學思想的崇拜者。

　　因此，研究《御製越史總詠集》我們不可忽略過它的入學觀點，也就是作者的史學和文學觀點的關鍵問題。儒家思想構成越南傳統文化的一部分，當然在接受儒家思想的過程中越南民族或無意或故意未完的改變，為了符合與越南人的習慣，也就是別於東亞漢文化的各國。

　　雖然《御製越史總詠集》不完全運載整個儒家思想的各個問題，不過通過《御製越史總詠集》作者已經盡量把屬於儒家思想的正統因素寄託與各個詩篇。目的就是：

　　－對我克己：在批評各位皇帝的過程，嗣德皇帝很明顯或褒或貶，讓讀
　　　　者能體會到他本身想向誰模仿，想借誰來批判並遠離；

　　－對你勸懲：在褒貶各個歷代臣子民眾的過程中，嗣德皇帝想要對自己
　　　　當代的臣民展開一種應該學習或應該遠離的榜樣；

　　「詩言志、文載道」是儒家思想的重要問題，因此詠史詩就是儒家思想的直接產品，詠史詩「言志、載道」的結晶，沁潤儒家思想的一種文藝類型，因此通過《御製越史總詠集》嗣德皇帝可以自由的、坦白的洩露自己對史學觀點，對歷史人事物或褒或貶都非常爽快的、直接的吟詠，當然主要的思維還是圍繞著傳統文化與儒家思想。

　　「言志、載道」的體現通過崇古、懷古，對古人的崇拜，以古人所做的行為作為榜樣，當然在崇古懷古的過程不只是歌詠好的榜樣而已，對不好的例子也展開讓讀者能夠分別好與壞，為了教化世人，詩人有意識的選擇好壞

人事物來呈現自己的意圖，寄托感情、責任讓讀者能夠體會。

越南儒家學者和中國還是某個國家的儒家學者一樣認為古人所做的道德都是現在學者的道德榜樣，美的、聖的、標準的、道德的，一一都屬於古代觀念傳承下來，現代學者要向古人那些標誌而努力學習、模仿，創新實在不重要，因此詩人在詠詩中努力提出古人的榜樣，讓今人能夠觀照，主要還是盡量提出傳統封建儒家思想的榜樣，符合於儒家思想的道德標準。

嗣德皇帝亦無例外，尤其身為封建制度的一位皇帝，本為附加的崇拜者，嗣德皇帝更為貼切的提高儒家思想的道德標準。整個《御製越史總詠集》詩集，在吟詠帝王的門類明顯強調天命的思想，另外三綱五常沁潤其餘吟詠臣民的詩篇，就這一點可以說嗣德皇帝以詩說史，以史道哲，很明顯表示文史哲混合的中代文學思維。

阮朝陷入內亂的時期，全國百上起義或造反，有黎朝舊臣，有西山後裔，有反抗朝廷對法國人有特權，反對天主教的組織，尤其嗣德時代非常混亂，使得朝廷的權威減低，西方文化踴躍灌入越南，天主教傳教士努力傳道導致與傳統文化、儒教深刻衝突，士紳因此對朝廷起著不滿意的心態，因此士紳在與西方文化、天主教衝突的同時，也與朝廷（尤其是嗣德皇帝）衝突，所以士紳起義也是嗣德時代的一個大問題，對嗣德皇帝有著很大的動搖。

嗣德皇帝本身想要把國家帶領脫離當時的黑暗世局，不過因為本身背景知識還是偏重與傳統儒家思想，一方面想要改良，一方面擔心會破壞傳統封建制度的秩序。不過大部分臣民都認為嗣德皇帝對法國人和西方文化、宗教有同情的態度，所以矛盾越來越大。

嗣德皇帝本身仍信任、崇拜儒家思想，對堯、舜之道堅固信任，因此《御製越史總詠集》詩集也是他寄托心意的一部著作。嗣德皇帝本身意識到儒家思想仍然還是封建朝庭具體是阮朝封建制度的護符。因此，嗣德皇帝還相信邪惡都可以教養而為善，《論語・為政第二》曰：

> 子曰：「為政以德，譬如北辰居其所而眾星共之。」
> 子曰：「道之以政，齊之以刑，民免而無恥；道之以德，齊之以禮，有恥而格。」
> 子曰：「溫故而知新，可以為師矣。」〔註1〕

〔註1〕吳樹平等標點：《十三經》（標點本上冊），臺北：曉園出版社遊仙公司，1994年7月，頁1998～1999。

　　「溫故而知新」也是詠史詩的重要目的，嗣德皇帝創作《御製越史總詠
集》無疑就是表現那個心意。嗣德皇帝努力以文章歸服民心，希望拯救國家
日益被法國人侵犯吞沒，不過一個大問題就是嗣德皇帝秉性衰弱，雖然知識
淵博不過都是落後的思想，對新的文明進步缺乏知識，另外周圍一直作為他
的阻擋物，屢次得到革新人士陳不過沒有一個計畫能夠持續實現，導致國家
日益衰落，可惜！

　　論及《御製越史總詠集》的價值是我們後世對前世作品評論的工作。不
過在作品誕生前或在形成的過程，其本身有它自己的意義，那種意義首先來
自於作者所創作的目的，因此在這裡我們首先要理解嗣德皇帝為何創作詩
集，從〈序〉文中看，我們不難發現他在創作過程想要的目的：

> 生乎千百年之後，而能知乎千百年之前，非藉有史，其何以哉。故
> 世世君臣士女，不可以不讀史，雖天命之性，良知良能，誰莫不有，
> 若能不失其赤子之心，則雖「盡信書不如無書」，亦無妨害。其如
> 中人以下常多，物欲交蔽，若非以古為鑑，善勸惡懲，雖欲盡人而
> 賢之，每事而善之，反乎天性，立於無過之地，其勢亦不可得，此
> 史所以不可不讀也。而讀史之難予謂南史更甚於北史，蓋北史固為
> 卷帙繁鉅，人或資志惰乏，嘗苦難於卒讀。然而代有作者，衣鉢相
> 承，筆法分明，事文詳備，又有《通鑑綱目》，已櫽栝穿貫，一覽便
> 已了然。〔註2〕

　　很明顯表示作者創作目的是讓人們能夠接觸自己國家民族的歷史，作者
認為歷史事件是一種教科書，讓後代人關照學習或避開，「以古為鑑，善勸惡
懲，雖欲盡人而賢之，每事而善之，反乎天性，立於無過之地，其勢亦不可
得」，就從這樣的目的出發，嗣德皇帝再來與中國史料相比，一個非常大的問
題就是越南歷代戰亂，史料、書籍被殘忍的毀壞，一部分被戰爭火燒，一部
分被北國沒收帶回中國，因此對於現存的史料非常缺乏：

> 若夫南史，自鴻厖以來，四千餘年，與北國相並，乃作者闕如，全
> 無法則，間有記載，亦或失之荒唐，流於散晦，從未有良史善本，
> 足以考鏡者，其間賢君良臣，名士烈女，著之於事業，蘊之為德
> 行，想亦代不乏人，足為世法，亦皆漶漫遺逸，十不存一，此予每

〔註2〕《御製越史總詠・序》卷首，法國藏版，嗣德三十年（1877）刊板，記號：
　　　　Paris BN VIÊTNAMIEN A.29/1-11，頁 1a～2a。

嘗痛惜惋恨於世君史臣之不能留意也，且我越本稱文獻之邦，從來
久矣，使能著意纂修，後先接續一代有一代之史，得以足徵，則豈
獨北史為能流行乎哉，卻乃不操南音，動徵北史，雖事非獲已，而
人寔為之，嗟夫籍談忘祖，原伯落殖，其能免乎遺譏也耶，故予謂
讀南史較難於北史，非高論也，苟非會通簡括，刪繁就約，誠恐愈
久愈失，豈不更大可惜哉。〔註3〕

　　從中，不知看到作者對國家民族的歷史保存有意識，另外能看到作者對
民族意識有著自豪感，「且我越本稱文獻之邦，從來久矣」，因此作《御製越
史總詠集》不出於講史、評史以及表示自豪的心態，為了教化民眾。因此，作
者提出「籍談忘祖，原伯落殖」之典故來指責不重視歷史的人，這件事無疑
感到「遺譏」。

　　閱讀《御製越史總詠集》我們很難歸類詩集是屬於史類還是文類，因為
嗣德皇帝不止詠懷而已，而且嗣德皇帝進一步深刻的述史和論史，而且兩個
部分一樣半斤八兩。如果把《御製越史總詠集》放在整個越南歷代詠史詩集
綜合而看，我們不難發現它比其他作品優秀得多，在講史的部份，嗣德皇帝
非常委婉的選擇史料情節，不像一部史書那麼複雜，不過重要的史料重點都
被他巧妙的選擇，讓讀者能夠一目了然。

　　實際上，至今《御製越史總詠集》這不可以成為詩史混合材料著作仍然
被史學家陸續使用。我們一定提出一個問題就是：越南歷代有正統史書如《大
越史記全書》、《欽定越史通鑑綱目》等，以及諸部野史如《皇黎一統志》、《皇
越興隆志》、《後陳逸史》等，為何《御製越史總詠集》能得到信任？

　　首先嗣德皇帝本身是一位知識淵博的儒家學者，同時對哲學、史學、詩
學、文學都能排到高手的等級。本身對歷史有深入研究，這一部詠史詩集的
歷史材料就通過朝廷中知識分子考究才到嗣德皇帝審閱使用：

予於初年事簡，因命集賢院諸儒臣考究舊史，略編事迹，爰分門定
類擇其可詠者。〔註4〕

史料經過屢次選擇，因此，信任程度可算高。另外從「小傳」部分，史料

〔註3〕《御製越史總詠・序》卷首，法國藏版，嗣德三十年（1877）刊板，記號：
　　　　Paris BN VIÉTNAMIEN A.29/1-11，頁 2a～3b。
〔註4〕《御製越史總詠・序》卷首，法國藏版，嗣德三十年（1877）刊板，記號：
　　　　Paris BN VIÉTNAMIEN A.29/1-11，頁 3b。

簡單易懂有著適當程度，讓讀者一目了然，不難進入史學之門，就像嗣德皇帝形容：

> 惟可取更於初學者耳，但挈其領，則可舉全裘之體，嘗一臠，亦可
> 知全鼎之味，籍談、原伯之誚庶乎可免，不亦猶愈乎。〔註5〕

所以，《御製越史總詠集》的即時性非常強，至今在某一個需要臨時表示某一個歷史人物、歷史事件等，電視媒體傳播、歷史新聞傳播、甚至歷史研究學術論文仍然適用《御製越史總詠集》的材料，被視為正統的證據使用。

嗣德皇帝是越南的一位特殊的作家、一位政治人物的場合，本身處在一個正在面對外侵、內亂的時期的國家，終於越南國土在嗣德皇帝滿滿失於法國人之手，嗣德皇帝儼然成為國家千古之罪人。後代人，尤其是這一代社會主義制度學者幾乎完全否認嗣德皇帝的政治功勞與文學事業，通通只向他失國過錯而挖掘，忽略他的優點之處，甚至不支持學界研究嗣德皇帝的文學事業。

本論文從《大南寔錄》以及一些外國學者從國外資料的研究成果重新認識嗣德皇帝有關的生平與事業。可見嗣德皇帝秉性善良、好學，適合於孟子所說「人性本善」，又先得到母親的嚴格教養，後收到紹治皇帝父親的寵愛及培育。在這樣子的環境中逐漸形成嗣德的儒家思想聖人模式的君王，而且是一位性善的皇帝。

不過在爭奪皇位的情況下，嗣德皇帝的繼位身分的到許多人的懷疑，尤其是他的哥哥洪保得到其他人的擁護，引起篡位陰謀的歷史事件被稱為「洪保事件」後，他對政治非常小心翼翼，就好像驚弓之鳥一樣退一步。雖然嗣德本身愛護兄弟，對洪保從沒惡心，但是國有國法，造反是大罪，不管皇室之類都不能忽視，因此在國法的壓力下以及朝臣的監督，嗣德不得不處理問題，結果導致洪保之死。然後也就是紅包的死亡招來了嗣德的許多呢言，如：嗣德篡位、殺兄之類。可是根據我以上的分析，嗣德很明顯以及值得當皇帝，所以說他登上皇帝位的事是一種陰謀也許是偏見，這個訊息不能成立。

接著，法國人來侵，造成嗣德皇帝的許多困擾，眼見自己大南國土逐漸被外國人吞沒，他不忍心而得想方設法拯救，不過嗣德皇帝本性軟弱所以政治上連續碰到挫折。嗣德皇帝的失敗不是突然的，那已經是一個很明顯的問

〔註5〕《御製越史總詠·序》卷首，法國藏版，嗣德三十年（1877）刊板，記號：Paris BN VIÊTNAMIEN A.29/1-11，頁 4b～5a。

題，只是遲早的事而已。這種失敗不能全部歸於嗣德一個人了事，公平而言，朝臣、士紳還是一個大勢力，一定要負擔一份大責任，因為：

一、皇帝不能一個人決定而放過朝臣的意見；

二、朝臣是積極打動皇帝的成份。朝臣甚至有時候能操弄政事，廢立弄權。

因此我覺得後來的史學家觀點認為越南當時敗於法國都是嗣德皇帝的過去，這樣的觀點不公平。

嗣德皇帝的政治事業如此挫折。與其相反的是文學的事業比較順暢，適合於嗣德本身的性格。越南國土雖然在嗣德時代落在法國之手，但是越南文學的花園得到嗣德皇帝種下許多花種果樹。在嗣德皇帝的鼓勵下，皇宮中存在「集賢院」、「開經延」、「國史館」等學術機關，結交許多手下的偉大文人，宗室裡也有很多善於文學，甚至偉大如：綏理王綿寊、從善王綿審、相安君王綿寶。嗣德本身是詩人，他給越南文學留下了許多有價值的學術著作以及非常美麗的詩文集。

本論文出了對嗣德皇帝的生平以及政治事業討論以外，還涉及他的具體詠史詩著作《御製越史總詠集》。在著手討論嗣德具體文學作品前，首先要帶引讀者大概了解越南中代文學概況，越南中代文學在東亞漢文化圈裡面的位置與關係，從口傳文學到書面文學的進程，漢字文學與喃字文學的區分和人們對他們的眼光，對阮朝文學的情況介紹。

詠史詩幾乎是東亞漢文化圈裡面的一個共同詩歌形式與內容，從中國古代出發，又歌詠國家歷史事件與人物的需求下逐漸發展，後流傳到東亞漢文化圈各國，其中越南也不例外。本論文先概括中國詠史詩的淵源，到越南詠史詩的情況，介紹越南裡來的詠史詩作家與作品。

從文本學的角度切入研究嗣德皇帝《御製越史總詠集》作品的概況與文本考察。在《御製越史總詠集》的詩歌內容與形式的部分，先了解《御製越史總詠集》作品是否以何詩體來創作，發現嗣德皇帝主要使用：

－七言絕句：182 首。

－七言長詩：4 首。

－五言長詩：5 首。

－新樂府詩：21 首。

從而討論嗣德皇帝對《御製越史總詠集》詩歌創作手法。詠史詩主要講

說作者對歷史事件或人物的褒貶之意。因此進一步討論嗣德皇帝本來在《御製越史總詠集》中對何事、何人讚美，對何事、何人批判，以及他想通過褒貶的態度寄托什麼意圖。

漢字與唐詩在越南有悠久的歷史，甚至越南語被認為是保留唐代漢字讀音的語言。研究越南中代文學的唐律詩歌對中國音韻學實在有直接的幫助。

我們讀越南文學史的時候，不難發現大部分不提及阮朝各位皇帝的文學事業，或者講得非常忽略，至今嗣德皇帝的全面作品還沒被齊全的認識，這種狀況非常遺憾。因此，我希望從本論文作為起步，逐步挖掘研究嗣德皇帝的政治身分、文學身分、文學作品，讓文學界、史學界重複認識他的問題，同時也是阮朝其他皇帝依然，嘉隆皇帝一輩子幾乎與西山掙扎，拼命給阮氏奪回事業，登記皇帝後要努力解決戰爭留下來的各種問題，不多久去世，因此嘉隆皇帝留下來的作品不多，並不是不佳。第二代明命皇帝、紹治皇帝的文學作品雖然數量上比不上嗣德皇帝，不過藝術價值也不亞於。因此，阮朝各位皇帝的文學事業一定得到文學研究屆的注意並研究。

參考資料書目

一、原始資料及史料

1. 《嗣德御製文初集》，漢喃研究院圖書所藏記號 A.120/3。

2. 《嗣德御製文二集》，漢喃研究院圖書所藏記號 A.120。

3. 《嗣德聖製文三集》，Phủ quốc vụ khanh đặc trách văn hoá xuất bản（國務卿府文化特責出版），第二冊（原作），Saigon，1971 年。

4. 《御製越史總詠集》法國藏版，嗣德三十年（1877）刊板，記號：Paris BN VIÊTNAMIEN A.29/1-11。

5. 〔越〕黎崱著，武尚清校點：《安南志略》；〔清〕大汕著，余思黎校點：《海外紀事》，北京：中華書局，2008 年 4 月。

6. 《攷古臆說》越南漢喃研究院圖書館所藏，記號：VHv.244。

7. 《詠史詩集》越南漢喃研究院圖書館所藏，記號：VHv.1456。

8. 《越史賸評》越南漢喃研究院圖書館所藏，記號：A.1026。

9. 《鄧鳴謙詠史詩集》越南漢喃研究院圖書館所藏，記號：VHv.1506。

10. 吳樹平等標點：《十三經》（標點本上冊），臺北：曉園出版社遊仙公司，1994 年 7 月。

11. 阮朝國史館：《明命政要》（第一冊），文化特責國務卿出版，1972 年。

12. 國史館：《大南正編列傳二集》，《大南實錄》第二十冊，東京：慶應義塾大學言語文化研究所複印本，1979 年 4 月。

13. 國史館：《大南實錄》（二十冊），東京：慶應義塾大學言語文化研究所複

印本，1979 年 4 月。

14. 〔漢〕許慎撰，〔宋〕徐鉉校訂：《說文解字》，北京：中華書局影印，2010 年 8 月。

15. 陳壽著：《三國志》，臺北：鼎文書局，1978 年。

16. 陳慶浩、王三慶編：〈總序〉，《越南漢文小說叢刊》（第一輯），臺北：學生書局，1987 年。

17. 黎崱著、武尚清點校：《安南志略》，北京：中華書局出版社，2008 年。

18. 蕭統撰，李善注：《文選》（上下），香港：商務印書館，1960 年 8 月。

19. 班固撰：《漢書》，北京：中華書局，2011 年 2 月。

20. 孫洙編，黃永武導讀：《唐詩三百首》，臺北：金楓出版社，1986 年。

21. 王夫之著：《薑齋詩話箋注》，北京：人民文學出版社，1981 年。

二、近人論著

（一）專書

1. Đinh Gia Khánh（丁嘉慶）主編，Bùi Duy Tân（裴維新）、Mai Cao Phương（梅高芳）著：《Văn học Việt Nam（thế kỷ X-nửa đầu thế kỷ XVIII）》（越南文學作（十世紀至十八世紀上半葉）），胡志明市：教育出版社，2006 年。

2. Đinh Gia Khánh chủ biên（丁嘉慶）主編：〈Mười thế kỷ của tiến trình văn học viết〉（成文文學的進程的十個世紀），《Văn Học Việt Nam（thế kỷ X-nửa đầu thế kỷ XVIII）》（越南文學（十世紀～十八世紀上半葉）），胡志明市：教育出版社，2006 年。

3. Đinh Gia Khánh chủ biên（丁嘉慶）主編：《Văn Học Việt Nam（thế kỷ X-nửa đầu thế kỷ XVIII）》（越南文學（十世紀～十八世紀上半葉）），胡志明市：教育出版社，2006 年。

4. Đinh Khắc Thuân（丁克順）著：*Lịch sử triều Mạc qua thư tịch và văn bia*（從書籍與碑文論莫朝歷史），河內：社會科學出版社，2001 年。

5. Guy-Marie Oury, *Le Vietnam des martyrs et des saints*, Paris, Le Sarment Fayard, 1988.

6. Hà Ngại（何艾）：*Khúc Tiêu Đồng-hồi ký của một vị quan triều Nguyễn*（曲

蕭同——阮朝舊臣的回憶），胡志明市：年輕出版社，2014 年。

7. Hoàng Thị Ngọ（黃氏午）、Nguyễn Văn Nguyên（阮文原）主編：Đặng Minh Khiêm, *Thoát Hiên vịnh sử thi tập*（鄧鳴謙——脫軒詠史詩集），胡志明市：文學出版社，2016 年。

8. Joseph Buttinger 著：*The smaller dragon-A Political History of Vietnam*（較小之龍——越南的政治歷史），紐約：Frederick A. Praeger 出版社，第三版，1966 年。

9. Lé Opold Pallu 著，Hoàng Phong（黃風）譯：*Lịch sử cuộc viễn chinh Nam Kỳ năm 1861*（1861 年南圻遠征歷史），Nxb Phương Đông（東方出版社），2008 年。

10. Mai Khắc Ứng（梅克應）著：*Khiêm Lăng và vua Tự Đức*（謙陵與嗣德皇帝），Nxb Thuận Hoá（順化出版社），2004 年。

11. N.I.Nikulin 著：《Lịch sử văn học Việt Nam》（越南文學史），河內：文學出版社，2007 年。

12. Ngô Tất Tố（吳必素）著，《Việt Nam Văn Học》（越南文學），河內：文學出版社 2010 年。

13. Nguyễn Khuê（阮奎）：*Tâm trạng Tương An Quận Vương qua thi ca của ông*（從襄安郡王的詩歌看其心情），西貢：Trung tâm sản xuất học liệu-Bộ văn hoá giáo dục và thanh niên（學料生產中心——青年與教育文化部），第二版，1974 年。

14. Nguyễn Lộc（阮祿）著：*Văn học Việt Nam nửa cuối thế kỷ XVIII nửa đầu thế kỷ XIX（Tập 1）*（越南文學——十八世紀下半葉至十九世紀下半葉（第一冊）），胡志明市：Nxb Đại học và Giáo dục chuyên nghiệp（專業教育與大學出版社），1992 年。

15. Nguyễn Lộc（阮祿）著：《Văn học Việt Nam（nửa cuối thế kỷ XVIII-hết thế kỷ XIX）》（越南文學（十八世紀下半葉～十九世紀終）），峴港：教育出版社，1999 年。

16. Phạm Văn Sơn（范文山）著：*Việt sử toàn thư-từ thượng cổ đến hiện đại*（越史全書——從上古至現代），西貢：史學書櫃，1960 年。

17. Philippe Devillers 著，Ngô Văn Quỹ（吳文揆）譯：*Người Pháp và người*

An Nam-bạn hay thù?（法國人和安南人：朋友還是敵人？），Nxb Tổng hợp Thành phố Hồ Chí Minh（胡志明市綜合出版社），2006 年。

18. Trần Trọng Kim（陳仲金）著：*Việt Nam sử lược*（越南史略），Nxb Văn học（文學出版社），Nhã Nam phát hành（雅楠發行），2015 年。

19. Trần Văn Giáp（陳文甲）：*Tìm hiểu kho sách Hán Nôm*（*1 & 2*）（漢喃資料庫探討），胡志明市：社會科學出版社，2003 年。

20. Trần Văn Khê（陳文溪）：《*Du ngoạn trong âm nhạc truyền thống Việt Nam*》（在越南傳統音樂遊玩），胡志明市：年輕出版社，2004 年。

21. Ưng Trình（膺脭）、Bửu Dưỡng（寶養）著：*Tùng Thiện Vương-Tiểu sử và thi văn*（1819～1870）《從善王——生平與詩文（1819～1870）》，順化：Văn Đàn 文壇出版，1970 年。

22. Văn Tân（文新）、Nguyễn Hồng Phong（阮洪風）著：*Lịch sử văn học Việt Nam*（*sơ giản*）（越南文學史（初簡）），河內：史學院史學出版社，1961 年。

23. 文學院：*Tổng mục lục tạp chí nghiên cứu văn học*（1960～2010）（《文學研究期刊》總目錄（1960～2010）），河內：文學出版社，2013 年。

24. 王國瓔著：《中國文學史新講》（上下）修訂版（二版），臺北：聯經出版事業股份有限公司，2014 年 6 月。

25. 王雲五主編、屈萬里註譯：《尚書今註今譯》，臺北：臺灣商務印書館出版，1979 年。

26. 任明華著：《越南漢文小說研究》，上海：上海古籍出版社，2010 年。

27. 阮惠之主編：《李陳詩文》，河內：社會科學出版社，1988 年。

28. 坪井善明（Yoshiharu Tsuboi）著，Nguyễn Đình Đầu（阮庭頭）譯：*Nước Đại Nam đối diện với Pháp và Trung Hoa*（大南國面對法國與中華），Nxb Tri Thức（知識出版社），Nhã Nam phát hành（雅楠發行），2014 年。

29. 屈原著，王逸章句：《楚辭》（上、下），臺北：金楓出版有限公司，1997 年 5 月。

30. 范仲恬、裴文原拼音、註解、介紹：《洪德國音詩集》，河內：文學出版社，1982 年。

31. 孫遜編，任明華著：〈海外漢文小說研究：一個有待深入開掘的學術領

域〉,《越南漢文小說研究》,上海:上海古籍出版社,2010 年。

32. 孫曉主編:《大越史記全書》(四冊),北京:西南師範大學出版社與人民出版社,2015 年 12 月。

33. 陳仲金著,戴可來譯:《越南通史》,北京:商務印書館出版,1992 年。

34. 陳益源著:《《剪燈新話》與《傳奇漫錄》之比較研究》,臺北:學生書局,1990 年。

35. 楊保筠著:《中國文化在東南亞》,鄭州:大象出版社,2009 年。

36. 楊碧川、石文傑合編:《活用歷史手冊》,臺北:遠流出版事業股份有限公司,1993 年 3 月,第八版。

37. 褚斌傑著:《中國古代文體概論》,北京:北京大學出版社,1998 年。

38. 趙望秦、張煥玲著:《古代詠史詩通論》,北京:中國社會科學出版社,2010 年 12 月。

39. 劉玉珺著:《越南漢喃古籍的文獻學研究》,北京:中華書局,2007 年 7 月。

40. 劉春銀、王小盾、陳義主編:《越南漢喃文獻目錄提要》,臺北:中央研究院中國文哲研究所編印,2002 年。

41. 劉勰:《文心雕龍註》,臺北:文光出版社,1973 年。

42. 潘叔直輯:《國史遺編》,香港:香港中文大學新亞研究所東南亞研究室,1965 年。

43. 潘輝注:《黎朝憲章類志》,胡志明市:年輕出版社,2014 年。

44. 鄭永常:《漢文文學在安南的興替》,臺北:臺灣商務印書館發行,1987 年。

45. 王仲孚著:《中國文化對日韓越的影響》,桂林:廣西師範大學出版社,2008 年。

46. 洪為法著:《絕句論》,上海:商務印書館,1934 年。

47. 牛軍凱著:《王室後裔與叛亂者——越南莫氏家族與中國關係研究》,廣東:世界圖書出版廣東有限責任公司,2012 年。

48. 鐘彩鈞主編:《東亞世域中的越南》,臺北:中央研究院中國文哲研究所,2015 年。

49. 邵循正著:《中法越南關係始末》,河北:河北教育出版社,2001 年。

50. 孫宏年著:《清代中越關係研究（1644～1885）》，山東:黑龍江教育出版社，2014 年。

51. 龍章著:《越南與中法戰爭》，臺北:臺灣商務印書館，1996 年。

52. 李塔娜著;李亞舒、杜耀文譯:《越南阮氏王朝社會經濟史》，北京:文津出版社，2000 年。

（二）參考篇目

1. 鄭永常:〈越法〈壬戌和約〉簽訂與修約談判，1860～1867〉，臺南:成大《歷史學報》第二十七號，2003 年 6 月，頁 99～128。

2. 鄭永常:〈越南阮朝嗣德帝的外交困境，1868～1880〉，臺南:成大《歷史學報》第二十八，2004 年 6 月，頁 49～88。

3. 李時人:〈中國古代小說與越南古代小說的淵源發展〉，《復旦學報（社會科學版）》2009 年第 2 期。

4. 李福清著:〈瞿佑傳奇小說《剪燈新話》及其在國外的影響〉，《成大中文學報》2007 年 7 月，第 17 期。

5. 楊靜芬著:〈杜牧詠史詩分析〉，《興大中文研究生論文集》1998 年 7 月，頁 91～107。

6. Bùi Duy Tân（裴維新）著: *Thơ vịnh sử, thơ đi sứ và chủ nghĩa yêu nước*（〈詠史詩、出使詩與愛國主義〉）, *Văn học Việt Nam*（*thế kỷ X-nửa đầu thế kỷ XVIII*）（越南文學作（十世紀至十八世紀上半葉））, 胡志明市:教育出版社，2006 年，頁 482～503。

7. 王仲孚著:〈研究「中國文化圈」的開山之作〉，《中國文化對日韓越的影響》，桂林:廣西師範大學出版社，2008 年。

8. 王爾敏:《中國文化對日韓越的影響》，2008 年再版代序〈一部傳世的不朽之作〉，桂林:廣西師範大學出版社，2008 年。

（三）參考資料庫網站

1. https://cldup.com/DYdkb2YIfl.pdf

2. https://zh.wikisource.org/zh-hant/師友詩傳錄

附　錄

附錄一　「聖德神功」之碑內容〈謙宮記〉

（引自《大南寔錄》，第十七冊，卷五十，頁 6474～6483）

　　天氣輕清，故能悠久，風雲雨露無常形，固不必說，若有形雖大如地，亦有辰圻坼；明如日月亦有辰闕昃晦蝕。他如山高海深，金堅石確，皆其為物之最卓卓者，亦不能無崩涸銷爛之虞，何況於人乎哉，人之於生死大矣，然亦常矣，顏夭彭壽，夷善跖惡，其生者固自不同，其死者無不同也，益不朽者，名也，無不朽者，身也，又何必汲汲乎？身後事惟葬者，藏也，所以別於禽獸，禮也，亦請也。君即位而為一漆之藏焉，予敢違先王之制，彊者猶憂靡常，矧弱者何敢必？予稟受甚薄，初生辰已為母氏病痛，累旬月始愈；食母不謹潔，母訓不悛，恐昏憒，纔到三歲已屏斥絕乳，氣惟躬自撫育，自是羸疾，牽延屢危殆，朝夕懷抱劬勞極矣。能言行即已握炭頻畫于牆壁，人異之，問答謂寫狀字，益俗稱進士及第為狀元。而今得於母言云，總角已命就傅讀書小學之間，已傲然屬對吟詠，何知聲律。皇考嚴而慈，小子自幼至成童，因行輩過失，得笞責只一次數下而已，甚敬憚不數訓，訓必勉。辰見詩對，頗蒙色笑。一日戲問眾子：汝某名何義？各以意對不知是否，小子率爾據所學訓詁，以洪為重大，任為負苛以對奉，顧而微哂曰：重負者何樵薪邪？太后慈而嚴，日常教以應對進退之節務合禮度，不許嬉遊，每旦出外舍學問，近午方入，有失記怠惰譴責，隨之若未熟讀方止，否則雖戲劇近前亦未許一看。小子幸資鍾毓，幼稍穎，讀小學開心之類，半日間已爛熟一卷，亦

畏嚴訓，故爾幸少笞，責過重不得不笞，笞已復泣。皇考每幸必攜隨，常茂園始完亦從與居。皇考奉旨閱定秋審冊，不敢輕委于人，親自寫奏章，夜深亦合小子侍側呼字便寫，是歲纔周星，適皇考初受璽，遭大故之詰，朝眾妾子未暇召，獨先召小子，入星福殿護侍。明年命出居潛邸，後更名善慶堂也便講習。又明年，遇邦交鉅典，將命充京守尋，復隨駕北巡預執事，一路往還，朝夕隨御營。又明年，賜封公爵，出府納姬，正志學之年也。雖已有室，猶常召入侍內庭，邇陪御筵，賜予特厚，有至夜深始出者，或遇敕諭大文字，亦命檢校，御筆應制賦詩則數焉。有辰方侍膳賜食，亦命放箸即席成詠，使宮嬪捧御筵文寶函寘于座，許其取用，待不疑，恩至渥。小子何敢踰，則詠成即以方御用御盌遺餘飯賜之，曰：兒食此以承餘慶有辰侑觴。奏樂鼓吹歌舞翕如也，亦命即事口占小子勉承即得一絕，立取御用金玉指環以賜之，曰：此不足珍，今賜爾，無添爾所生一句，爾其念哉。小子拜受銘心鏤骨焉，且予是辰始讀《四書》、《詩》、《書》，猶未竟，略習詩多不成語，第以兄弟中或怠或幼，獨稍識字，辰幸而敏應，故特蒙過愛所以為父母之量，罔極之德也。寔則學殖貧，腹笥空空，然益以自為皇孫至為皇子，凡充師傅者，無巨儒名士，克稱斯選率，多老秀才，僅堪訓蒙者，已縱有問難亦無所啟導，又見其夙慧，以為可保無累，遂安於閒職虛課焉耳。予亦苦無多書，未能深解不知，以此為樂，而以騎射為樂。本由少年氣習使然，然而漸進，亦不自知其所以然也，至如以他事獲獎，亦難盡述，即如侍射屢能命中，叔弟行侍衛輩所共見之，謂凡御用弓矢，聽兒擇適以習諸器物後豈誰貽？有知者默識其大意。日侍射于禁園有太后侍，予已發四矢，尚持一矢，奉面諭，爾射此矢務中鵠，以慰爾母心。小子承命即彎弧發矢，幸亦如旨。聖心木自深遠非炎涼徒所可測，予亦視之闊然，未嘗留意，有忌嫉者若罔聞，有勸入閣閱習政事者，曰有兄在，性又寡言多羞，凡非至親故，雖親藩大臣入朝相遇亦罕致詞，作態如夫人之為者，以故人亦寡交。予亦樂安於澹拙也，氣血弱，身體常瘦，方此妙年無事而嗣續猶艱，難慰父母之望，甚愧焉。然予猶是粗疎未以為意。近冠年六月，忽出痘毒甚危劇，賴父母多方醫禱，八月始愈，攝限未滿，面痂未落，但甚瞻戀，力疾趨謝于朝，行跪猶傾跌，蒙免拜，又取止善堂會集賜之，曰：心法治法都在此，爾學而踐焉，又召入內殿賜見太后，許將龍鬚，不覺涕泗交下，益久暌也。從容賜閱御製仿虞舜卿雲歌，率以原作有韻，撿奏蒙厚加獎賞，因譴閣臣以失撿之故。未幾，皇考不豫，即于是月下旬至于九月下旬，同諸兄

弟大臣常直宿禁中侍醫藥，問起居辰也。潦雖元氣未復，亦冒涉寒水，日夜依巾不敢解，寢食俱減，倦甚則倚柱假寐，聞宣召魂不附體，即隨中使趨侍，皆分固。當然不曾自念，惟冀日慶安，長聆訓。詎意昊天弗弔，遽已遺大投艱于冲藐人，嗚呼！痛哉！痛哉！以少年初政，不諳悉典，故人情茫昧焉，惴慄焉，深惟弗克負荷，又因胞姊延福長公主不幸隨薨，重傷母心，黽勉慰解，一行閒多故驟集于弱質，疾復大作，幾至委頓，尚賴皇祖、皇考德澤在人也深。內有皇太后整肅宮闈，外有舊德諸大臣布列朝郡，邪心匡贊，凜遵成憲，逡巡十年間，幸無大過，雖有不念鞠子哀，不得已從公論伸大義，為社稷計，栗布之謠，寔深憐周公之過，非孟子誰諒之噫？有無是心？抑為群小所誤，何遽至自裁一辰，亦難盡慕。百世有青史，在予何心焉。大抵事後論人，予不能無恨于好事之輩，為此類也，若能觀夫後來，委曲成舊於諸孤而不可得者，則予心亦可以對于天下矣。他若草窩姦宄，有辰煽惑亦迄無事皆資眾力也，予何能焉。嗚呼！愚而紐安，昧于牖戶，衣袽之戒，能臣宿將，亦已太半凋謝，幾能恢我考海防之遺訓，用上躋予于無過之地，皇天乃降厚罰，以警我君臣逖焉。重洋萬餘里，風馬牛不相及之歐州人，而素有舊之富浪沙國者，師船突如其來，棄好尋仇，侵我邊鄙，恃船堅礮，利肆其吞噬遏于廣南，軼于嘉定；北圻喜亂，姦民亦因而蠢動，承平日久，民不知戰于城保障有幾人焉。以致山海群盜，內姦外寇，暗相締串滋蔓，所至風靡，誰與保吾境，矧可保吾民，不得已征繕以從事，而民益騷然瘁止，不得已因虜求成，遣使與約，耆儒碩輔慨然請往，不審何故，而容易成言以還，率將累朝艱難關聚之土地人民一旦盡棄與敵，其於擇禍取輕，以死固爭，使不辱君命，果如是乎！使朕與憨遺一老，無可奈何，相對飲泣，已甘得罪於尊朝天下，沒者不得完志業，存者長戚戚之能雪，是孰階之厲也。若謂棄已失，轉已危，不如是安保其往，夫棄之者若有公，則失之者固有過；若失之者未定過，則棄之者何謂功？二者必有能辯者，況如彼既失之，我能復之，曰功宜矣，彼既失之，我隨棄之，功烏乎在安可逆？億以為智誣，祝以為功而私議者，猶為之辭不恤國是，無怪乎日益偷惰，事務增繁，不知人心曾否隱痛？然而知人不明，予罪也，用人不稱亦予罪也。凡百不舉皆予罪也，不得已異以行權冀其小息，而天下自此始多事矣。回思當日，羽檄角馳，機務填委，日夜寢饋失節，如痴如醉。至今驚魂猶未定，而羸疾日更加甚，又不幸卒遭急病絕而復蘇，於是頭運（暈）目眩，腳頓腹滯，諸虛證悉見，祭祀不能親，問政不能

勤，而咎謗所由來加也，誠恐一旦奄忽智不狐若為羞。乃令太史預相地得於
楊春上曠土，廷臣覆視，曰：宜益從術家。云者於余何顧哉，又謂是年甲子是
月丙子，皆合宜，起辦乃俯從營建焉，於是有司各事其事，效其勞，高因高，
下因下，經營相度，修理補削，於是磉出焉，合位置而相聯絡也，正中為吾永
宅。庚山甲何不陵不墳，止留平地作低塋，將來必令從霸陵，用瓦器而已，其
脉來之山曰引謙、蹈謙、隆謙、居謙、履謙，自遠而近也；其右山繚以牆，開
樓門曰謙宮，門前殿曰和謙殿，為後日香火憑依之所；後殿曰良謙殿，為供
奉安輿承歡之所，殿之東曰鳴謙堂，備臨幸奏樂也，殿之西曰溫謙堂，置尚
方服御也，宮門之內外設四廡，曰公謙、恭謙、禮謙、法謙，臣工宿處也。兩
殿之後，右設四院，曰從謙、用謙、依謙、持謙，嬪御隨侍處也。後殿後聯一
小閣，曰益謙，卑而足以望近景也。前別建堂廊，曰至謙，狹而足以祀諸舊姬
也。水之小者，小謙池也，作新月樣，橫正局前，淺而涸，儘堪積雨從青鳥術
也，水之大者，流謙湖也，縈迴灣轉，自右及左，深而清，夏不竭，秋不溢，
益因深，由以鑿成，又設竇以放于外田，蓄洩素具故也，湖半成而群魚已發
發，然不勝數，不待捕畜，益因勢而利導之故也，又于湖頭石畔，有水自地中
流出，觀其石則無隙可尋，而水常冷冷然，有聲瀏瀏然，最清注于湖，日夜不
停，寔由天成，疑有伏泉而難明也，因于是處略構水陸廠舍，架以竹葺，以茅
足蔽暑雨，泊小船二，亦曰順謙、穩謙，辰因風月歷泛于湖，採君子花，歌愛
蓮曲，爽然無他欲，益滿湖惟植此花而已也。湖之旁架起二榭，其一兩層稍高
而爽，是曰冲謙。其一三層，層愈低狹亦適，是曰愈謙，午風月夜，足以垂釣
湖之中，酌省工役；量留土石，築一大島，豎三小亭，命之曰雅謙、標謙、樂
謙，累之以山石，蔭之以花木，為磴為崗，為林為谷，飛禽走獸，以聚以畜，
而孔雀鳴，白兔伏，錦雞宿，各適其所矣。湖之上閒跨三橋，曰循謙、踐
謙、由謙，以濟不通而水陸自相連屬矣，其左山山之腳體謙亭在焉，設射垜
為射場也，山之腰執謙齊傍焉，翼以廊，以通于樓也，山之巔彌謙樓聳焉，稍
軒豁可以遠望也，包之以羅城，宛轉起伏，隨山勢而施設也，然此猶是人工，
未若四面群山連延環抱，望之若壁若障，不偏漏，是之謂天然羅城也，外門
凡三，曰務謙、自謙、尚謙；內門凡六，曰必謙、柔謙、撝謙、能謙、牧
謙、廉謙，皆門名也。乃隨其宜布其類為豆棚，為花棧，為果徑，為蔬畦，為
鹿洞，為魚沼，雖山土似乎磽瘠而裁之，亦易茂豢之，亦易給，其亦地氣使然
邪！總名之曰謙宮，後亦必謂陵，又合建神祠，列祀典錫封誥，亦稱之為謙

山神。云大凡名必顧義，非徒名也，夫何以吾之謙，而使臬山臬水，臬堂臬室，亦皆從之而為謙，彼其何咎乎哉？又果何知乎哉？并而彊加之名，果已能安乎哉？而吾何取於謙乎哉？其謙之為謙，果誠乎哉？夫謙者敬也，讓也，有而不居屈已下物者也，以予之蒙恥負罪，如此讓莫大焉，屈莫甚焉，有何才能功德而不居乎，第以素尚樸淡位居黃屋，而心常若布素；除是服章之外，無一毫葩麗，抑亦有而不居之義也，加以自營此宮之日，雷震和謙殿，亂民惑眾，犯闕天譴人怨，不期薦至，予心尚何有哉，而不敢不謙也。惟知始終一敬，殫竭心思，幸可維持補救萬一，則其謙者豈敢不誠乎？故因而儘名之，亦欲隨觸隨感，用自省戒拜自貶也，非如愚溪，非愚而拜，愚辱之，則遑問彼之安然與否，亦非敢必何虧何益，何害何福，而為此趨避也，且予之作是宮者，原念例有別廟，又有陵寢，不有預制，厥後臣子率循典故，難免遙阻煩勞，故并而節之，誠欲便而更。況此處又是山源之最下者，從前諸陵獨為甚近水土，平善無茂林峻嶺，頗易施工，殿宇雖多，而獨有和謙、良謙、彌謙別構新材，餘皆掇取舊屋，移彼就此，而其功役猶至三年始成，一切營繕勞賜之需，且以百萬計，則其勞費為何如，豈予所得已也。嗚呼！其禔成子高之言能不內媿哉。既成，乃親奉慈駕臨幸，陳御宴，進歌舞，又賜內外庭臣妾同落之體群情也，予豈好多儀為哉，然亦將效司空表聖，賦詩酌酒於其中，非特歌哭與聚於斯也。已是後辰，因清明披蓁謁陵，順路駐驆，擷甘芳，擇鮮肥，調珍羞，供歡奉云耳。辰因苦熱舒煩，暫往觀省，一年中不過二三度，不遑暇焉。或值南郊大祀，未能親執玉帛將事，則于茲遙拜放竹宮，故事少伸微。虔登高四望，面郊壇，背靈姥寺，可以明吾平生之何背也，生未能盡禮，死亦得永朝矣。右近昌陵，左對文廟，足以慰吾思慕欽仰之忱，他年魂魄得以永依，始終一道而已。至若新墳舊塚，四面纍纍，多少故人半登鬼錄，又有不知公卿凡庶，磊磊皆如是，猶登北邙望蒿里，白楊悲風，終古無已是，凡一生營營切切者果何為哉，又何必指新豐道而致慨者，學未成志，未副虛名，不足以抵寔最弱質，不足以幹繁務，致今淪疆未復，邊患未平，嗣續艱遲，為天下得人難；疾惡太甚，憤鬱太深，未免辰或躁怒亦必有故。然凡事每從寬厚，不敢妄取妄為，故久秉生殺之權，而未嘗不由司敗案成而擅殺一人也，以至悲喜亦不甚形，向來予所最悲者，惟侍疾之秋，升御床親灌藥，涕泗被面狂邊呼號，幸而陽氣漸回復，得少延侍問。至寧陵日，帥諸皇親大臣護梓宮，安于玄宮畢，磕首大慟，攀戀其側，幾不自覺有其身矣，諸大臣請

出，亦不之覺，東閣大學士武春謹乃執手擁出，誠人生之最悲者莫此若。他則或因見聞忠臣孝子之事，不覺悽然泣下，至于哽咽不能卒讀發聲者，其餘人所悲者，予不甚悲人；所喜者，予不甚喜。今好讀書，但苦不暇，不求甚解，不能彊記，苟有得亦不敢勦說雷同。凡著詩文，直寫胸臆，不假思索雕琢。昔勤正殿大學士張登桂，每調純乎天分，雖一言半識亦足為平生第一知己，故舊其可忘乎？予嘗謂歷代帝王賢庸不少，若以功名言，則漢文不及唐太；以德性言，則唐太又遠不及漢文，此亦天賦非可彊而能予非敢薄唐太，但竊願效漢文耳。故事事務寔孳孳以養民，固本為念，日夕決幾，判事、目覽、手批不遺餘力，雖亦不免有聲色禽貨之娛，仍亦不過尋常消遣，不計有無，寔不敢毫有病民妨政。然而企而未能，蓋由余德不足以化俗，才不足以作人，志大而識寡，求重而應輕。況且今之世界風俗是何世界風俗，不但偏方列國爭尚功利詐力，即文獻之邦，公卿士庶，亦閒多貪刻欺飾，習以成風，張薄功掩厚過，甘小利安大害，苟有一人一國之則眾？共愚之毀之，誠有甚於春秋戰國之世，雖孔孟復生，亦未如之何也已矣。夫以大清尊國而亦能自彊，則其他尚可言哉，今予內無繼體之歡，外多難平之事，眇然一身，憂咎叢致常人之情，猶不堪此。況於予乎？惟以一誠以御百慮，所恃者幾何，其亦自信夫有天而已，而予所信者，非敢盡信，夫運數之天而特信，夫道理之天信，道理之天則亦惟盡吾心焉而已矣。盡吾心焉，則謙所以保泰，吾不敢不從，而居謙以盡乎人事，泰所以著謙，吾亦不敢不勉其致泰，以彰乎天道，是則柔克而剛克存焉，謙卑而受謙係焉，不但不相反亦莫不相因以成，是之謂天道下濟君子有終者歟？自非飽經憂患，其孰與我知而與我言之，亦無可與歸處，則將來觀者又何煩哉，是以疢心苦志，匪朝伊夕，不覺有似乎狂狷者，微聖人。誰為起予，予亦將待惟天與聖以完予志，不敢以不可為而不為，不可化而不化，一日亦思盡一日之責焉耳。今予所紀寔，只皆予所獨知而眾莫得知，以少伸予志於天下，若夫事狀得失，自有史筆，予不贅；至於文法詞葩，無足論也。後來幸或能副予志，予將必有以續之，不然誰其續之亦宜深諒予心，慎毋事文飾為也，因為銘以自儆，云銘曰：陽春之上兮，惟予之宅矣；山卑而地僻兮，亦狀予謙，意以自責矣，誰與予同心以完予志兮，噫求之而未獲矣，惟天其鑒兮，我心有如此吞矣。

附錄二　嗣德御製越史總詠集序

（載於《御製越史總詠集》卷首，頁1～7）

　　生乎千百年之後，而能知乎千百年之前，非藉有史，其何以哉。故世世君臣士女，不可以不讀史，雖天命之性，良知良能，誰莫不有，若能不失其赤子之心，則雖「盡信書不如無書」，亦無妨害。其如中人以下常多，物欲交蔽，若非以古為鑑，善勸惡懲，雖欲盡人而賢之，每事而善之，反乎天性，立於無過之地，其勢亦不可得，此史所以不可不讀也。而讀史之難予謂南史更甚於北史，蓋北史固為卷帙繁鉅，人或資志惰乏，嘗苦難於卒讀。然而代有作者，衣鉢相承，筆法兮明，事文詳備，又有《通鑑綱目》，已礱栝穿貫，一覽便已了然。

　　若夫南史，自鴻厖以來，四千餘年，與北國相並，乃作者闕如，全無法則，間有記載，亦或失之荒唐，流於散晦，従未有良史善本，足以考鏡者，其間賢君良臣，名士烈女，著之於事業，蘊之為德行，想亦代不乏人，足為世法，亦皆溏漫遺逸，十不存一，此予每嘗痛惜惋恨於世君史臣之不能留意也，且我越本稱文獻之邦，従來久矣，使能著意纂修，後先接續一代有一代之史，得以足徵，則豈獨北史為能流行乎哉，卻乃不操南音，動徵北史，雖事非獲已，而人寔為之，嗟夫籍談忘祖，原伯落殖，其能免乎遺譏也耶，故予謂讀南史較難於北史，非高論也，苟非會通簡括，刪繁就約，誠恐愈久愈失，豈不更大可惜哉。

　　予於初年事簡，因命集賢院諸儒臣考究舊史，略編事迹，爰兮門定類擇其可詠者，各係以七言截句詩：

　　－曰歷代帝王：得五十首；

　　－曰后妃：得六首；

　　－曰尊臣：得九首；

　　－曰賢臣：得十九首；

　　－曰忠義：得三十五首；

　　－曰文臣：得十八首；

　　－曰武將：得二十六首；

　　－曰烈女：得五首；

　　－曰僭偽：得四首；

　　－曰奸臣：得十首；

一曰補詠：得三十首；

上自貉龍，下迄後黎，為類九十有一，得詩共二百十二首。

蓋由暇日常少繁務常多，故所作非一寺，檢閱非一人，雖積久乃成，而例則歸于一，人各有詩，詩各有磚，詩以提其要，傳以記其詳。

姑因舊文，未及潤正，不免踦駁匯晦，未合體裁，類亦略舉灼兮，未必衷於至當，惟可取更於初學者耳，但挈其領，則可舉全裘之體，嘗一臠，亦可知全鼎之味，籍談、原伯之誚庶乎可免，不亦猶愈乎。

至於褒貶取舍（捨），皆出自予意，不敢毫有假借苟且，顧嫌事文闕略，選料鑄詞，甚難稱意，故亦有僅能完篇，何有乎評閱為也。其於槃置不詠，如二徵、二曲，梅黑帝、馮布蓋、楊廷藝諸人，亦以不過暫興，無事可詠，他皆類此，非有闕也。

自以事繁識淺，不暇思索，率爾成章，何足垂示，矧於脫軒詠史之類，予特聞之，寔未曾見，誠非效顰爭美，接迹騷壇，近又多艱憂煩更甚故久秘庋不欲見知第念親藩儒臣一二同好者，每請刪（刊）行，以為越史蒿（蕎）矢，庶慰未聞亦念既費悶腸，棄知亦惜，爰命閣臣撿寫，付梓頒行，用以明予志存鑑戒而已，他日君臣士女，有志觀感於斯者，則君克盡乎君道，臣克盡乎臣道，士敦素行，女勵貞節，《春秋》成而亂臣賊子懼，固不敢希，而使人遷善遠惡，其亦不無小補也，若欲泛觀全史則有新定《綱目》，俟後書成刪布自可周知，但掇捨筆削於殘編累筆之餘，予亦未知可何知也，因述始末，以誌於簡端云。

紆徐明暢繪以雲霞濯以江漢未足喻也

臣綿寊奉閱

嗣德二十七年六月初五日

附錄三　《御製越史總詠集》詩篇全文漢字和越南漢越音

（摘自《御製越史總詠集》，法國藏版，嗣德三十年（1877）刊板，記號：Paris BN VIÊTNAMIEN A.29/1-11）

卷之一——帝王（上）二十首

1. 〈雄王〉　　　　　　　　　*Hùng Vương*

   文郎健國歷千年，　　　　Văn Lang kiến quốc lịch thiên niên,

   父道相乘十八傳。　　　　Phụ đạo tương thừa thập bát truyền.

   自恃酒兵能卻敵，　　　　Tự thị tửu binh năng khước địch,

   肯將鄰誼誤嬋娟。　　　　Khẳng tướng lân nghị ngộ thiền quyên.

2. 〈蜀安陽王〉　　　　　　*Thục An Dương Vương*

   螺城纔築弩纔誇，　　　　Loa Thành tài trúc, nỗ tài khoa,

   海上途窮悔已賒。　　　　Hải thượng đồ cùng hối dĩ xa.

   若悟興亡由一女，　　　　Nhược ngộ hưng vong do nhất nữ,

   和親何必鑒前車。　　　　Hoà thân hà tất giám tiền xa.

3. 〈趙武帝〉　　　　　　　*Triệu Vũ Đế*

   并吞甌貉豈能兵，　　　　Tính thôn Âu Lạc khởi năng binh,

   姻婭翻教事業成。　　　　Nhân Á phiên giao sự nghiệp thành.

   逐鹿曾聞方赤帝，　　　　Trục lộc tằng văn phương Xích Đế,

   卻從片語更輸誠。　　　　Khước tùng phiến ngữ cánh thâu thành.

4. 〈士王〉　　　　　　　　*Sĩ Vương*

   乘辰抱道足安邊，　　　　Thừa thần bão đạo túc an biên,

   我越文明自此先。　　　　Ngã Việt văn minh tự thử tiên.

   千古如生猶正氣，　　　　Thiên cổ như sinh do chính khí,

   平人謾說士王僊。　　　　Bình nhân mạn thuyết Sĩ Vương tiên.

5. 〈李南帝〉　　　　　　　*Lý Nam Đế*

   南征北拒欲經綸，　　　　Nam chinh bắc cự dục kinh luân,

   草昧規模暫濟屯。　　　　Thảo muội quy mô tạm tế truân.

   典澈風波深夜起，　　　　Điển Triệt phong ba thâm dạ khởi,

   空期世祚萬千春。　　　　Không kỳ thế tộ vạn thiên xuân.

6. 〈趙越王〉　　　　　　　　　*Triệu Việt Vương*

仗鉞分疆夜澤雄，　　　　　Trượng việt phân cương dạ trạch hùng,

復尋覆轍速途窮。　　　　　Phục tầm phúc triệt tốc đồ cùng.

龍鍪龜弩毫釐異，　　　　　Long mâu quy nỗ hào ly dị,

鴉海鵝毛兩樣同。　　　　　Nha hải, nga mao lưỡng dạng đồng.

7. 〈後李南帝〉　　　　　　　　*Hậu Lý Nam Đế*

君臣洲上乍渝盟，　　　　　Quân thần châu thượng sạ du minh,

倉卒軍前繫頸迎。　　　　　Thảng thốt quân tiền hệ cảnh nghinh.

地下若逢光復面，　　　　　Địa hạ nhược phùng Quang Phục diện,

莫云鴉海兩祠橫。　　　　　Mạc vân Nha hải lưỡng từ hoành.

8. 〈吳先主〉　　　　　　　　　*Ngô Tiên Chủ*

戎衣一洗白藤波，　　　　　Nhung y nhất tẩy Bạch Đằng ba,

南北分疆暫偃戈。　　　　　Nam Bắc phân cương tạm yển qua.

六載經營多少力，　　　　　Lục tải kinh doanh đa thiểu lực,

徒將成業委三哥。　　　　　Đồ tương thành nghiệp uỷ Tam Kha.

9. 〈吳後主〉　　　　　　　　　*Ngô Hậu Chủ*

義旗一返復鴻基，　　　　　Nghĩa kỳ nhứt phản phục hồng ki,

揖讓風光正此時〔註1〕。　　Ấp nhượng phong quang chính thử thì.

有罪不誅無罪罰，　　　　　Hữu tội bất tru vô tội phạt,

村前流矢更何悲。　　　　　Thôn tiền lưu thỉ cánh hà bi.

10. 〈丁先王〉　　　　　　　　*Đinh Tiên Hoàng*

蘆仗爭扶萬勝王，　　　　　Lô trượng tranh phù vạn thắng vương,

花閭定鼎迥尋常。　　　　　Hoa Lư định đỉnh quýnh tầm thường.

庭中養虎將誰罰，　　　　　Đình trung dưỡng hổ tương thuỳ phạt,

杜氏黎家日在傍。　　　　　Đỗ thị, Lê gia nhật tại bàng.

11. 〈黎大行帝〉　　　　　　　*Lê Đại Hành Đế*

十道威權士氣寒，　　　　　Thập đạo uy quyền sĩ khí hàn,

周公勳業卻閒看。　　　　　Châu Công huân nghiệp khước nhàn khan.

一朝龍袞加身上，　　　　　Nhất triều long cổn gia thân thượng,

欲討丁佃盍自觀。　　　　　Dục thảo Đinh Điền hạp tự quan.

〔註1〕本作「寺」，因忌諱嗣德皇帝名「時」因此省去「日」字旁。

12. 〈黎臥朝帝〉   *Lê Ngoạ Triều Đế*

　　無君無父又無民，　　　　Vô quân vô phụ hựu vô dân,

　　隋煬商辛總一人。　　　　Tuỳ dáng thương tân tổng nhất nhân.

　　從使萬金球弭疾，　　　　Túng sử vạn kim cầu nhị tật,

　　誰能醫國況醫身。　　　　Thuỳ năng y quốc huống y thân.

13. 〈李太祖〉   *Lý Thái Tổ*

　　十八子成雖有讖，　　　　Thập bát tử thành tuy hữu sấm,

　　禾刀木落豈無心。　　　　Hoà đao mộc lạc khởi vô tâm.

　　若非萬行傾誠語，　　　　Nhược phi Vạn Hạnh khuynh thành ngữ,

　　誰辨當年一哭深。　　　　Thuỳ biện đương niên nhất khốc thâm.

14. 〈（李）太尊〉

　　內難芟夷賴將才，　　　　Nội nạn sam di lai tướng tài,

　　四征屢索遠人來。　　　　Tứ chinh lũ sách viễn nhân lai.

　　西天曲調偕誰樂，　　　　Tây Thiên khúc điệu giai thuỳ lạc,

　　萬歲南山不自哀。　　　　Vạn tuế Nam Sơn bất tự ai.

15. 〈（李）聖尊〉   *Lý Thánh Tông*

　　狐裘獸炭念縲囚，　　　　Hồ cừu thú thán niệm luy tù,

　　一片仁心佛作儔。　　　　Nhứt phiến nhân tâm phật tác trù.

　　宮內觀音難濟苦，　　　　Cung nội quan Âm nan tế khổ.

　　資天高塔為誰修。　　　　Tư Thiên cao tháp vị thuỳ tu.

16. 〈（李）仁尊〉   *Lý Nhân Tông*

　　韶亂膺圖曆數長，　　　　Thiều sản ưng đồ lịch số trường,

　　運逢寧謐李家光。　　　　Vận phùng ninh mật Lý gia quang.

　　欲令庶績無遺憾，　　　　Dục linh thứ tích cô di thán,

　　必換洮江洗上陽。　　　　Tất vãn Thao Giang tẩy Thượng Dương.

17. 〈（李）神尊〉   *Lý Thần Tông*

　　得鹿臣諛輕受爵，　　　　Đắc lộc thần du khinh thọ tước,

　　平胡將略獨談經。　　　　Bình hồ tướng lược độc đàm kinh.

　　況當憑凡傳賢日，　　　　Huống đương bằng kỷ truyền hiền nhựt,

　　還聽文通曲筆停。　　　　Hoàn thính Văn Thông khúc bút đình.

18. 〈（李）英尊〉   *Lý Anh Tông*

納叛容奸又黷兵， Nạp bạn, dung gian, hựu độc binh,

紹明政績有何明。 Thiệu Minh chính tích hữu hà minh.

幾年興替惟人力， Kỷ niên hưng thế duy nhân lực,

太尉纔亡太尉生。 Tái uý tài vong, Thái uy sinh.

19.〈（李）高尊〉 *Lý Cao Tông*

襁褓悲嘆已自由， Cường bão bi tần dĩ tự do,

故將民瘼奉盤遊。 Cố tương dân mịch phụng bàn du.

占城曲裏多哀怨， Chiêm thành khúc lý đa ai oán,

歸化江頭水不流。 Qui Hoá giang đầu thuỷ bất lưu.

20.〈（李）惠尊〉 *Lý Huệ Tông*

君次宵奔也不羞， Quân thứ tiêu bôn dã bất tu,

禪門拔草更何愁。 Thiền môn bạt thảo cánh hà sầu.

佳人一笑能傾國， Giai nhân nhứt tiếu năng khuynh quốc,

天降狂僧亦未休。 Thiên tướng cuồng tăng diệc vị hưu.

卷之二──帝王（下）三十首

21.〈陳太尊〉 *Trần Thái Tông*

昭皇有尚催亡李， Chiêu Hoàng hữu thượng thôi vong Lý,

正首夤緣遽起陳。 Chánh thủ di duyên cự khởi Trần.

一代文明開創主， Nhứt đại văn minh khai sáng chủ,

乃甘山寺獨藏身。 Nãi cam sơn tự độc tàng thân.

22.〈（陳）聖宗〉 *Trần Thánh Tông*

蘭亭席上惇親語， Lan Đình tịch thượng đôn thân ngữ,

鹹子關頭砲敵機。 Hàm Tử quan đầu pháo địch ky.

若把紹隆較天寶， Nhược bả Thiệu Long hiệu Thiên Bảo,

何殊李耳竝韓非。 Hà thù Lý Nhĩ tịnh Hàn Phi.

23.〈（陳）仁宗〉 *Trần Nhân Tông*

兩却元兵奠舊邦， Lưỡng khước Nguyên binh điện cựu bang,

重興功德冠鴻厖。 Trùng Hưng công đức quán Hồng Bàng.

當年二帝回宮闕， Đương niên nhị đế hồi cung khuyết,

羞殺徽欽奉表降。 Tu sát Huy, Khâm phụng biểu hàng.

24.〈（陳）英宗〉 *Trần Anh Tông*

氛祲初消制度新，　　　　　Phân tẩm sơ tiêu chế độ tân,

不慚付畀啟昌辰。　　　　　Bất tàm phó tý khải xương thần.

後來絕飲全鴻業，　　　　　Hậu lai tuyệt ẩm toàn hồng nghiệp,

莫負官家捧表人。　　　　　Mạc phụ quan gia bổng biểu nhân.

25.〈（陳）明宗〉　　　　　*Trần Minh Tông*

立政曾因侍寢門，　　　　　Lập chính tằng nhân thị tẩm môn,

豈徒姿宇似仙源。　　　　　Khởi đồ tư vũ tự tiên nguyên.

如何貝錦終難辨，　　　　　Như hà bối cẩm chung nan biện?

捉虎真成上宰冤。　　　　　Trác hổ chân thanh thượng tể oan.

26.〈（陳）裕宗〉　　　　　*Trần Dụ Tông*

賣蒜私耕足自怡，　　　　　Mai toán tư canh túc tự di,

空教大寶付哥兒。　　　　　Không giáo đại bảo phó ca nhi.

穆棱若有知人鑑，　　　　　Mục Lăng nhược hữu tri nhân giám,

肯許鄒庚遽拯危。　　　　　Khẳng hứa Trâu Canh cự chửng nguy.

27.〈（陳）藝宗〉　　　　　*Trần Nghệ Tông*

舊物纔收重外家，　　　　　Cựu vật tài thu trọng ngoại gia,

一朝禦寇但詞葩。　　　　　Nhất triều ngự khấu đãn từ ba.

養兒賣姪還深信，　　　　　Dưỡng nhi mai điệt hoàn thâm tín,

詎識孤兒寄老鴉。　　　　　Cự thức cô nhi ký lão nha.

28.〈（陳）睿宗〉　　　　　*Trần Duệ Tông*

返飾初資骨肉兵，　　　　　Phản bố sơ tư cốt nhục binh,

已勤遠略拂群情。　　　　　Dĩ cần viễn lược phất quần tình.

金夫不辨奸臣計，　　　　　Kim phu bất biện gian thần kế,

空使千金葉敵營。　　　　　Không sử thiên kim diệp địch dinh.

29.〈（陳）廢帝〉　　　　　*Trần Phế Đế*

權歸赤觜恨何窮，　　　　　Quyền quy Xích chuỷ hận hà cùng,

廢立安知伯父衷。　　　　　Phế lập an tri bá phụ trọng.

靈德元君雖稍異，　　　　　Linh đức nguyên quân tuy sảo dị,

太陽未若玉清中。　　　　　Thái Dương vị nhược ngọc thanh trung.

30.〈（陳）順宗〉　　　　　*Trần Thuận Tông*

此日玉清何處避，　　　　　Thử nhựt ngọc thanh hà xứ tị?

昔年真教有人來。　　　　　Tích niên chân giáo hữu nhân lai.

縱能斷食纔無恙，　　　　　Túng năng đoạn thực tài vô dạng,

勿恃神仙辟穀才。　　　　　Vật thị thần tiên tịch cốc tài.

31.〈簡定帝〉　　　　　　　*Giản Định Đế*

逋姑一戰燼纔然，　　　　　Bô Cô nhứt chiến tận tài nhiên,

萬里長城已自捐。　　　　　Vạn Lý Trường Thành dĩ tự quyên.

此日西行何處返，　　　　　Thử nhật Tây hành hà xứ phản?

遊魂應不渡前川。　　　　　Du hồn ưng bất độ tiền xuyên.

32.〈重光帝〉　　　　　　　*Trùng Quang Đế*

一戎尺劍欲吞明，　　　　　Nhất nhung xích kiếm dục thôn Minh,

茄港功成志不成。　　　　　Gia cảng công thành chí bất thành.

天遣北轅臨水上，　　　　　Thiên khiến Bắc Viên lâm thuỷ thượng,

清流萬古共天清。　　　　　Thanh lưu vạn cổ cộng thiên thanh.

33.〈黎太祖〉　　　　　　　*Lê Thái Tổ*

藍山一怒起仁兵，　　　　　Lam Sơn nhứt nộ khởi nhân binh,

十載艱關帝業成。　　　　　Thập tải gian quan đế nghiệp thành.

曾說丈夫應不屈，　　　　　Tằng thuyết trượng phu ưng bất khuất,

猶令天慶占先聲。　　　　　Do linh Thiên Khánh chiếm tiên thanh.

34.〈（黎）太宗〉　　　　　*Lê Thái Tông*

冲齡踐祚賴前規，　　　　　Xung linh tiễn tộ lại tiền qui,

內外修攘望有為。　　　　　Nội ngoại tu nhương vọng hữu vi.

一自禮儀乘色笑，　　　　　Nhất tự lễ nghi thừa sắc tiếu,

荔枝園裡月花移。　　　　　Lệ chi viên lý nguyệt hoa di.

35.〈（黎）仁宗〉　　　　　*Lê Nhân Tông*

政出垂簾似牝雞，　　　　　Chính xuất thuỳ liêm tự tẫn kê,

初暾無奈密雲迷。　　　　　Sơ đôn vô nại mật vân mê.

文皇不解家庭變，　　　　　Văn hoàng bất giải gia đình biến,

終使鶺原作亂梯。　　　　　Chung sử linh nguyên tác loạn thê.

36.〈（黎）聖宗〉　　　　　*Lê Thánh Tông*

天祚黎家啟治朝，　　　　　Thiên tộ Lê gia khải trị triều,

騷壇唱和漸心驕。　　　　　Tao Đàn xướng hoạ tiệm tâm kiêu.

宮詞自續長門怨，　　　　Cung từ tự tục trường môn oán,

史筆誰刪尺布謠。　　　　Sử bút thuỳ san xích bố diêu.

37.〈（黎）憲宗〉　　　　*Lê Hiến Tông*

青宮久見月重輪，　　　　Thanh cung cửu kiến nguyệt trọng luân,

初政清明鑑未塵。　　　　Sơ chính thanh minh giám vị trần.

怨耦曾知長樂事，　　　　Oán ngẫu tằng tri Trường Lạc sự,

色荒猶自效前人。　　　　Sắc hoang do tự hiệu tiền nhân.

38.〈（黎）威穆帝〉　　　　*Lê Uy Mục Đế*

長樂何辜遽取殃，　　　　Trường Lạc hà cô cự thủ ương?

惟令大柄委三鄉。　　　　Duy linh đại bính uỷ tam hương.

殘軀砲裂名猶在，　　　　Tàn thân pháo liệt danh do tại,

難遏鄰邦喚鬼王。　　　　Nan át lân bang hoán quỷ vương.

39.〈（黎）襄翼帝〉　　　　*Lê Tương Dực Đế*

西湖湖上乍移舟，　　　　Tây Hồ hồ thượng sạ di châu,

倏爾霜鋒至碧溝。　　　　Thúc nhĩ sương phong chí Bích Câu.

廣廈重臺誰燕處，　　　　Quảng hạ trọng đài thuỳ yến xứ?

豬王空作鬼王儔。　　　　Trư vương không tác quỷ vương trù.

40.〈（黎）昭宗〉　　　　*Lê Chiêu Tông*

執契隨人歷險艱，　　　　Chấp khế tuỳ nhân lịch hiểm gian,

豺狼相競莫繩姦。　　　　Sài lang tương cạnh mạc thằng gian.

徒勞夜幸山西郡，　　　　Đồ lao dạ hạnh Sơn Tây quận,

曷若宮中宥鐵山。　　　　Hạt nhược cung trung hựu Thiết San.

41.〈（黎）恭帝〉　　　　*Lê Cung Đế*

國事人心久已離，　　　　Quốc sự nhân tâm cửu dĩ li,

尚專兄位贅旒垂。　　　　Thượng chuyên huynh vị nhuế lưu thuỳ.

來朝禪詔憑誰草，　　　　Lai triều thiền vị bằng thuỳ thảo,

此日方題賜扇詩。　　　　Thử nhật phương đề tứ phiến thi.

42.〈（黎）莊宗〉　　　　*Lê Trang Tông*

奮跡哀牢賴聖生，　　　　Phấn tích Ai Lao lại Thánh sinh,

中興日月復光明。　　　　Trung hưng nhật nguyệt phục quang minh.

修論版籍初多少，　　　　Tu luân bạn tịch sơ đa thiểu,

正統重新莫與京。 Chính thống trùng tân mạc dữ kinh.

43.〈(黎)英宗〉 *Lê Anh Tông*

旁支嗣器但由人, Bàng chi tự khí đãn do nhân,

跋扈將軍不可親。 Bạt hỗ tướng quân bất khả thân.

若遇鬩牆收大柄, Nhược ngộ huých tường thâu đại bính,

雷陽何事更蒙塵。 Lôi Dương hà sự cánh mông trần.

44.〈(黎)世宗〉 *Lê Thế Tông*

昇龍反正是誰謀, Thăng Long phản chính thị thuỳ mưu,

獨使平安禮數優。 Độc sử Bình An lễ số ưu.

但識尊攘思報德, Đãn thức tôn nhương tư báo đức,

不聞趙女復前讐。 Bất văn Triệu Nữ phục tiền thù.

45.〈(黎)敬宗〉 *Lê Kính Tông*

薰天尚父勢難同, Huân thiên thượng phụ thế nan đồng,

決計東津竭苦衷。 Quyết kế Đông Tân kiệt khổ trung.

飛彈無情容大憝, Phi đạn vô tình dung đại đỗi,

懸繩何事怨宸聰。 Huyền thằng hà sự oán thần thông.

46.〈(黎)神宗〉 *Lê Thần Tông*

丹穴薰蒸了不悲, Đan huyệt huân chưng liễu bất bi,

辰嬴自累沮昌辭。 Thần doanh tự luy trở xương tì.

末年復辟延殘喘, Mạt niên phục tịch diên tàn suyễn,

總賴摸棱占便宜。 Tổng lại mô lăng chiếm tiện nghi.

47.〈(黎)熙宗〉 *Lê Hy Tông*

三十光陰托大權, Tam thập quang âm thác đại quyền,

亞王殊禮自人專。 Á vương thù lễ tự nhân chuyên.

幸逢歲稔收全境, Hạnh phùng tuế nẫm thu toàn cảnh,

亦愧中興穢史傳。 Diệc quí Trung Hưng uế sẻ truyền.

48.〈(黎)裕宗〉 *Lê Dụ Tông*

萬方多難正凝思, Vạn phương đa nạn chính ngưng tư,

助桀憑誰亂舊規。 Trợ Kiệt bằng thuỳ loạn cựu qui.

況復建儲惟愛惡, Huống phục kiến trừ duy ái ố,

不聞元子一言悲。 Bất văn Nguyên tử nhất ngôn bi.

49.〈（黎）顯宗〉　　　　　　　　　*Lê Hiển Tông*

家讐國恥總水清，　　　　　　Gia thù quốc sỉ tổng thuỷ thanh,

拒虎迎狼兩不成。　　　　　　Cự hổ nghinh lang lưỡng bất thành.

畢竟忘心真石佛，　　　　　　Tất cánh vong tâm chân thạch Phật,

參禪喫餕付群情。　　　　　　Tham thiền, khiết tuấn phó quần tình.

50.〈（黎）出帝〉　　　　　　　　　*Lê Xuất Đế*

清師一敗祚隨移，　　　　　　Thanh sư nhất bại tộ tuỳ di,

薙髮從軍忍事夷。　　　　　　Thế phát tòng quân nhẫn sự di.

鄰誼倒顛無足論，　　　　　　Lân nghị đảo điên vô túc luận,

孤魂異域竟何之。　　　　　　Cô hồn dị vực cánh hà chi.

卷之三——后妃六首

51.〈繆后〉　　　　　　　　　　　　*Cù Hậu*

霸陵舊侶復潛來，　　　　　　Bá Lăng cựu lữ phục tiềm lai,

夜夜重門鎖鑰開。　　　　　　Dạ dạ trùng môn toả thược khai.

趙氏基國心已冷，　　　　　　Triệu thị cơ đồ tâm dĩ lạnh,

漢邦桑梓夢頻回。　　　　　　Hán bang tang tử mộng tần hồi.

52.〈依蘭元妃〉　　　　　　　　　*Ỷ Lan Nguyên Phi*

采桑陌上異羅敷，　　　　　　Thái tang mạch thượng dị la phu,

超類名鄉寵遇殊。　　　　　　Siêu loại danh hương sủng ngộ thù.

宮裏觀音猶不免，　　　　　　Cung lý Quan Âm do bất miễn,

贖貧佞佛亦何須。　　　　　　Thục bần nịnh Phật diệc hà tu?

53.〈保聖皇后〉　　　　　　　　　*Bảo Thánh Hoàng Hậu*

仁能遇下洽群情，　　　　　　Nhân năng ngộ hạ hợp quần tình,

更得剛腸將胄生。　　　　　　Cánh đắc cương trường tướng trụ sinh.

虎突象衝皆不避，　　　　　　Hổ đột tượng xung giai bất tỵ,

當熊漢殿莫專名。　　　　　　Đương hùng Hán điện mạc duyên danh.

54.〈保慈皇后〉　　　　　　　　　*Bảo Từ Hoàng Hậu*

雙香座蓐特深情，　　　　　　Song Hương toả nhục đặc thâm tình,

顧復他兒邁所生。　　　　　　Cố phục tha nhi mại sở sinh.

不為外家媒寵祿，　　　　　　Bất vi ngoại gia môi sủng tộc,

漢家明德媲方聲。　　　　　　Hán gia Minh Đức bễ phương thanh.

55.〈儷聖皇后〉　　　　　　　　*Lệ Thánh Hoàng Hậu*

斑魚蠱案不窮推，　　　　　Ban ngư trùng án bất cùng suy,

調護宮中各得宜。　　　　　Điều hộ cung trung các đắc nghi.

誤立優童詒自戚，　　　　　Ngộ lập Ưu Đồng di tự thích,

只緣柔順昧先知。　　　　　Chỉ duyên nhu thuận muội tiên tri.

56.〈嘉慈皇后〉　　　　　　　　*Gia Dụ Hoàng Hậu*

乘輿一去絕歸期，　　　　　Thừa dư nhất khứ tuyệt quy kỳ,

昭慶甘心作老尼。　　　　　Chiêu Khánh cam tâm tác lão ni.

世事隆窊猶不顧，　　　　　Thế sự long oa do bất cố,

忍看孤子履艱危。　　　　　Nhẫn khan cô tử lý gian nguy.

卷之三——尊臣九首

57.〈吳昌岌〉　　　　　　　　　*Ngô Xương Ngập*

平王三索已身孤，　　　　　Bình Vương tam sách dĩ thân cô,

南晉重迎競握樞。　　　　　Nam Tấn trùng nghinh cạnh ác xu.

肺腑不如肱股分，　　　　　Phế phủ bất như hoăng cổ phận,

應慚泰伯入勾吳。　　　　　Ưng tàm Thái Bá nhập Câu Ngô.

58.〈陳光啟〉　　　　　　　　　*Trần Quang Khải*

託身肺腑耀台階，　　　　　Thác thân phế phủ diệu thai giai,

鹹子章陽逐虺豺。　　　　　Hàm Tử, Chương Dương truc huỷ sài.

幸得國公相洗浴，　　　　　Hạnh đắc Quốc Công tương tẩy dục,

山河拂拭一朝佳。　　　　　Sơn hà phất thức nhất triều giai.

59.〈陳國峻〉　　　　　　　　　*Trần Quốc Tuấn*

為國忘家迥物情，　　　　　Vị quốc vong gia quýnh vật tình,

手中空杖武功成。　　　　　Thủ trung không trượng võ công thành.

後來北虜猶驚遁，　　　　　Hậu lai Bắc lộ do kinh độn,

白晝風雷匣劍鳴。　　　　　Bạch trú phong lôi giáp kiếm minh.

60.〈陳日燏〉　　　　　　　　　*Trần Nhật Duật*

沱江單騎服豺狼，　　　　　Đà Giang đơn kỵ phục sài lang,

重使元兵怕宋裝。　　　　　Trùng sử Nguyên binh bả Tống trang.

四世元勳兼四得，　　　　　Tứ thế nguyên huân kiêm tứ đắc,

千秋不媿郭汾陽。　　　　　Thiên thu bất quí Quách Phần Dương.

61. 〈陳國瓚〉　　　　　　　　　*Trần Quốc Toản*

六字旗開釋內慚，　　　　　Lục tự kỳ khai thích nội tàm,

萬夫披靡戰方酣。　　　　　Vạn phu phi mỹ chiến phương cam.

預知立建平元績，　　　　　Dự tri lập kiến bình Nguyên tích,

一自筵中手碎柑。　　　　　Nhất tự diên trung thủ toái cam.

62. 〈陳國瑱〉　　　　　　　　　*Trần Quốc Chân*

早建東朝壯本支，　　　　　Tảo kiến Đông triều tráng bản chi,

乃甘膠柱速身危。　　　　　Nãi cam giao trụ tốc thân nguy.

忠魂不似彭生豕，　　　　　Trung hồn bất tự Bành sinh thỉ,

何處狂蜂偶爾隨。　　　　　Hà xứ cuồng phong ngẫu nhĩ tuỳ.

63. 〈陳元旦〉　　　　　　　　　*Trần Nguyên Đán*

要路多艱勢路開，　　　　　Yếu lộ đa gian thế lộ khai,

禽詩自作自嘲詼。　　　　　Cầm thi tự tác tự trào khôi.

當年殉難惟莊定，　　　　　Đương niên tuẫn nạn duy Trang Định,

猶笑才非大廈才。　　　　　Do tiếu tài phi đạt hạ tài.

64. 〈陳顗〉　　　　　　　　　　*Trần Ngạc*

天位惟艱豈詐僣，　　　　　Thiên vị duy daign khởi tra từ,

孤忠難免鑠金辭。　　　　　Cô trung nan miễn thước kim từ.

萬寧寨外非王府，　　　　　Vạn Ninh tái ngoại phi vương phủ,

黃壤應慚一死遲。　　　　　Hoàng nhượng ưng tàm nhất tử trì.

65. 〈黎魁〉　　　　　　　　　　*Lê Khôi*

百戰艱關父子兵，　　　　　Bách chiến gian quan phụ tử binh,

歷敭中外樹能聲。　　　　　Lịch dương trung ngoại thụ năng thinh.

驪州遺廟千秋在，　　　　　Hoa châu di miếu thiên thu tại,

傳道循良第一名。　　　　　Truyền đạo tuần lương đệ nhất danh.

卷之四——賢臣十九首

66. 〈蘇憲成〉　　　　　　　　　*Tô Hiến Thành*

義重財輕是丈夫，　　　　　Nghĩa trọng tài khinh thị trượng phu,

伊周心迹世間無。　　　　　Y, Chu tâm tích thế gian vô.

臨終一語猶金石，　　　　　Lâm chung nhất ngữ do kim thạch,

星日爭輝四輔圖。　　　　　Tinh nhật tranh huy tứ phụ đồ.

67.〈陳見〉   *Trần Kiến*

興道門人國倚衡，   Hưng Đạo môn nhân quốc ỷ hành,

笏銘寵錫表高名。   Hốt minh sủng tích biểu cao minh.

盤殽一誤猶探吐，   Bàn xan nhất ngộ do tham thổ,

倘至貪泉必易程。   Thảng chí Tham Tuyền tất dị trình.

68.〈阮忠彥〉   *Nguyễn Trung Ngạn*

妙齡拔萃結殊知，   Diệu linh bạt tuỵ kết thù tri,

四代匡襄表令儀。   Tứ đại khuông tương biểu lịnh nghi.

始信介軒廊廟器，   Thuỷ tín Giới Hiên lang miếu khí,

平生不負自評詩。   Bình sinh bất phụ tự bình thi.

69.〈莫挺之〉   *Mạc Đinh Chi*

玉井蓮花挺異姿，   Ngọc tinh liên hoa đỉnh dị tư,

使星政府令名馳。   Sứ tinh chính phủ lệnh danh trì.

乃翁不肯為錢虜，   Nãi ông bất khẳng vi tiền lỗ,

奇貨安知後裔私。   Kỳ hoá an tri hậu duệ tư.

70.〈朱安〉   *Chu An*

上庠山斗世間師，   Thượng tường Sơn Đẩu thế gian sư,

心與人乖一去遲。   Tâm dữ nhân quai nhất thế trì.

七斬疏成天地鑒，   Thất Trảm Sớ thành thiên địa giám,

直聲不共有陳衰。   Trực thanh bất cộng hữu Trần suy.

71.〈張社〉   *Trương Đỗ*

三疏安知忤至尊，   Tam sớ an tri ngỗ chí tôn,

歸來終日閉柴門。   Qui lai chung nhật bết sài môn.

看誰賣國多金幣，   Khán thuỳ mại quốc đa kim tệ,

自由清貧詔後昆。   Tự do thanh bần chiếu hậu côn.

72.〈阮廌〉   *Nguyễn Trãi*

葩國詞章筆舌嫻，   Ba quốc từ chương bút thiệt nhàn,

平吳名溢鼎鐘間。   Bình Ngô danh dật đỉnh chung gian.

功成已愛崑山興，   Công thành dĩ ái Côn Sơn hưng,

其奈蛾眉不許還。   Kỳ nãi nga my bất hứa hoàn.

73.〈阮熾〉   *Nguyễn Xí*

將軍韜略自非常，　　　　　　　Tướng quân thao lược tự phi thường,
號令初聞豢犬長。　　　　　　　Hiệu lệnh sơ văn hoạn khuyển trường.
扶日登天知反掌，　　　　　　　Phù nhật đăng thiên tri phản chưởng,
論功應贖履霜防。　　　　　　　Luận công ưng phục lý sương phường.

74.〈潘天爵〉　　　　　　　　　*Phạm Thiên Tước*

紹平政績媿中材，　　　　　　　Thiệu Bình chính tích quí trung tài,
盡力回天霽怒雷。　　　　　　　Tận lực hồi thiên tể nộ lôi.
設使慭遺無此老，　　　　　　　Thiết sử ngận di vô thử lão,
危機不待荔枝來。　　　　　　　Nguy cơ bất đãi Lệ Chi lai.

75.〈裴擒虎〉　　　　　　　　　*Bùi Cầm Hổ*

柏臺簪筆抑權豪，　　　　　　　Bá đài trâm bút ức quyền hào,
一調何虧素節操。　　　　　　　Nhất điệu hà khuy tố tiết tháo.
更為平章存國體，　　　　　　　Cánh vị bình chương tồn quốc thể,
還同昔日解冤號。　　　　　　　Hoàn đồng tích nhật giải oan hào.

76.〈黎念〉　　　　　　　　　　*Lê Niệm*

三世忠勳萃一門，　　　　　　　Tam thế trung huân tuy nhất môn,
平戎征虜答君恩。　　　　　　　Bình nhung chinh lỗ đáp quân ân.
忘機又慕陶朱志，　　　　　　　Vong cơ hựu mộ Đào, Chu chí,
澹泊詩題貼滿軒。　　　　　　　Đạm bạc thi đề thiếp mãn hiên.

77.〈阮伯驥〉　　　　　　　　　*Nguyễn Bá Ký*

平生知遇為文章，　　　　　　　Bình sinh tri ngộ vị văn chương,
博史窮經勉聖王。　　　　　　　Bác sử cùng kinh miễn thánh vương.
細閱淳皇餘暇集，　　　　　　　Tế duyệt thuần hoàn "Dư Hạ Tập",
雲峰一疏未為狂。　　　　　　　Vân Phong nhất sơ vị vi cuồng.

78.〈覃文禮〉　　　　　　　　　*Đàm Văn Lễ*

萬金不易托孤心，　　　　　　　Vạn kim bất dị thác cô tâm,
雙手攀龍大位臨。　　　　　　　Song thủ phàn long đại vị lâm.
幸遇鬼王催盡節，　　　　　　　Hạnh ngộ quỷ vương thôi tận tiết,
長江毅魄晝陰陰。　　　　　　　Trường giang nghị phách trú âm âm.

79.〈馮克寬〉　　　　　　　　　*Phùng Khắc Khoan*

燕京萬里賦皇葩，　　　　　　　Yên Kinh vạn lý phú hoàng ba,

筆陣縱橫辨正邪。　　　　　Bút trận tung hoành biện chính tà.

防患難成專對易，　　　　　Phòng hoạn nan thành chuyên đối dị,

鄭家勢燄異明家。　　　　　Trịnh gia thế diệm dị Minh gia.

80.〈阮文階〉　　　　　　　*Nguyễn Văn Giai*

出自權門總六卿，　　　　　Xuất tự quyền môn tổng lục khanh,

中興籌畫幸功成。　　　　　Trung hưng trù hoạch hạnh công thành.

當年靖難膺殊寵，　　　　　Đương niên tĩnh nạn ưng thù sủng,

黎鄭誰知兩樣情。　　　　　Lê, Trịnh thuỳ tri lưỡng dạng tình.

81.〈阮寔〉　　　　　　　　*Nguyễn Thực*

歷世台司國老名，　　　　　Lịch thế đài tư quốc lão danh,

忠肝遠似魏玄成。　　　　　Trung can viễn tự Nguỵ Huyền Thành.

敬尊隱巢皆難免，　　　　　Kính Tôn ẩn tiểu giai nan miễn,

剩有辰嬴始力爭。　　　　　Thặng hữu thần doanh thuỷ lực tranh.

82.〈阮邁〉　　　　　　　　*Nguyễn Mại*

君側強臣勢莫除，　　　　　Quân trắc cường thần thế mạc trừ,

發姦摘伏費虛譽。　　　　　Phát gian trích phục phí hư dự.

府中魂斷難防口，　　　　　Phủ trung hồn đoạn nan phòng khẩu,

怨胤真成不朽書。　　　　　Oán giận chân thành bất hủ thư.

83.〈裴士暹〉　　　　　　　*Bùi Sĩ Tiêm*

百年文武鄭家臣，　　　　　Bách niên văn võ Trịnh gia thần

十事惟能觸逆鱗。　　　　　Thập sự duy năng xúc nghịch lân.

帝子他朝還作帝，　　　　　Đế tử tha triều hoàn tác đế,

歸田亦幸齒閒民。　　　　　Quy điền diệc hạnh xỉ nhàn dân.

84.〈范廷重〉　　　　　　　*Phạm Đình Trọng*

閫外專征將令嚴，　　　　　Khổn ngoại chuyên chinh tướng lệnh nghiêm,

誓將封豕一番殲。　　　　　Thệ tương phong thỉ nhất phiên tiềm.

邊籌會見城狐散，　　　　　Biên trù hội kiến thành hồ tán,

內難安知社鼠潛。　　　　　Nội nan an tri xã thử tiềm.

卷之五──忠義三十五首

85.〈范令公〉　　　　　　　*Phạm Lịnh Công*

前吳事業付平王，　　　　　Tiền Ngô sự nghiệp phụ Bình Vương,

獨有潛龍處士莊。　　　　　　　　Độc hữu tiềm long xử sĩ trang.

天策歸來仍舊物，　　　　　　　　Thiên sách quy lai nhưng cựu vật,

纔知嬰杵豈殊常。　　　　　　　　Tài tri Anh, Chử khởi thù thường.

86. 〈阮匐〉　　　　　　　　　　*Nguyễn Bặc*

小吏纔誅大將專，　　　　　　　　Tiểu lại tài tru đại tướng chuyên,

孤軍左袒去貪權。　　　　　　　　Cô quân tả tổ khử tham quyền.

英魂願作丁佃友，　　　　　　　　Anh hồn nguyện tác Đinh Điền hữu,

同廟羞看老婦緣。　　　　　　　　Đồng miếu tu khan lão phụ duyên.

87. 〈穆慎〉　　　　　　　　　　*Mục Thận*

烟波久已寄萍蹤，　　　　　　　　Yên ba cửu dĩ ký bình tung,

詎料君王邂逅逢。　　　　　　　　Cự liệu quân vương giải cấu phùng.

網裏無魚還有虎，　　　　　　　　Võng lý vô ngư hoàn hữu hổ,

西湖何患少魚龍。　　　　　　　　Tây hồ hà hoạn thiểu ngư long.

88. 〈阮楊〉　　　　　　　　　　*Nguyễn Dương*

嫪毒權隆兆姓仇，　　　　　　　　Lão Ái quyền long triệu tính cừu,

一朝騎虎勢難休。　　　　　　　　Nhất triều kỵ hổ thế nan hưu.

奪戈付爾求卿宰，　　　　　　　　Đoạ qua phó nhĩ cầu khanh tể,

何似丹心并不流。　　　　　　　　Hà tự đan tâm tinh bất lưu.

89. 〈陳平仲〉　　　　　　　　　*Trần Bình Trọng*

滔天黠虜勢如雲，　　　　　　　　Thao thiên hiệt lỗ thế như vân,

拖幕洲前忽覆軍。　　　　　　　　Thác mộ châu tiền hốt phúc quân.

不願北王甘作鬼，　　　　　　　　Bất nguyện bắc vương cam tác quỷ,

肯同太尉寫船文。　　　　　　　　Khẳng đồng thái uý tả thuyền văn.

90. 〈陳元晫〉　　　　　　　　　*Trần Nguyên Trác*

亂本真成呂易嬴，　　　　　　　　Loạn bản chân thành Lữ dịch Doanh,

身關休戚敢忘請。　　　　　　　　Thân quan hưu thích cảm vong tình.

見幾不早終遺恨，　　　　　　　　Kiến kỷ bất tảo chung di hận,

空媿新橋智水清。　　　　　　　　Không quý tân kiều tri thuỷ thanh.

91. 〈黎栝〉　　　　　　　　　　*Lê Giác*

季世文恬武不修，　　　　　　　　Quí thế văn điềm võ bất tu,

疲軍一潰竟難收。　　　　　　　　Bì quân nhân hội cánh nan thu.

惟將寸舌欺強虜，　　　　　Duy tương thốn thiệt khi cường lỗ,
留得人稱罵賊侯。　　　　　Lưu đắc nhân xưng mạ tặc hầu.

92. 〈陳渴真〉　　　　　　　*Trần Khát Chân*

慷慨平胡邁太師，　　　　　Khảng khái bình Hồ mại Thái sư,
陳朝大廈冀撐持。　　　　　Trần triều đại hạ ký xanh trì.
未聞市上全家哭，　　　　　Vị văn thị thượng toàn gia khốc,
忍使樓頭一劍遲。　　　　　Nhẫn sử lâu đầu nhất kiếm trì.

93. 〈裴夢苞〉　　　　　　　*Bùi Mộng Ba*

避敵軍王重保身，　　　　　Ty địch quân vương trọng bảo thân,
中流牽纜費敷陳。　　　　　Trung lưu khiên lãm phí phu trần.
林溪從此無蹤跡，　　　　　Lâm khê tùng thử vô tung tích,
恰似童謠靡有因。　　　　　Cáp tự đồng dao mỵ hữu nhân.

94. 〈黎景恂〉　　　　　　　*Lê Cảnh Tuân*

三策慇懃筆吐華，　　　　　Tam sách ân cần bút thổ hoa,
還將教職奉陳家。　　　　　Hoàn tương giáo chức phụng Trần gia.
金陵一去雙魂斷，　　　　　Kim Lăng nhất khứ song hồn đoạn,
未向深山問夢苞。　　　　　Vị hướng thâm sơn vấn Mộng Ba.

95. 〈鄧悉〉　　　　　　　　*Đặng Tất*

酣戰江前賊勢孤，　　　　　Hàm chiến giang tiền tặc thế cô,
東關不取取讒夫。　　　　　Đông quan bất thủ, thủ sàm phu.
君王自恃除明策，　　　　　Quân vương tự thị trừ Minh Sách,
早使吳胥屈屬鏤。　　　　　Tảo sử Ngô Tư khuất Chúc Lâu.

96. 〈阮表〉　　　　　　　　*Nguyễn Biểu*

軍中數語瀝肝腸，　　　　　Quân trong số ngữ lịch can trường,
為國捐軀壯國光。　　　　　Vị quốc quyên khu tráng quốc quang.
故址靈祠千古在，　　　　　Cố chỉ linh từ thiên cổ tại,
黎皇有道異明皇。　　　　　Lê Hoàng hữu đạo dị Minh Hoàng.

97. 〈阮景異〉　　　　　　　*Nguyễn Cảnh Dị*

父讎未雪國讎牽，　　　　　Phụ thù vị tuyết quốc thù khiên,
謨渡無功見已偏。　　　　　Mô Độ vô công kiến dĩ thiên.
但得忠肝紅似日，　　　　　Đãn đắt trung can hồng tự nhật,

長教殘賊滿腔煎。　　　　　　Trường giao tàn tặc xoang tiên.

98.〈鄧容〉　　　　　　　　　　*Đặng Dung*

　　蔡茹一戰賊將迍，　　　　Thái Gia nhất chiến tặc tương truân,

　　其奈天心不祚陳。　　　　Kỳ nãi thiên tâm bất tộ Trần.

　　細讀感懷詩數遍，　　　　Tế độc cảm hoài thi số biến,

　　行行血淚眼中新。　　　　Hàng hàng huyết lệ nhãn trung tân.

99.〈阮帥〉　　　　　　　　　　*Nguyễn Soái*

　　主虜豈甘求自免，　　　　Chủ lỗ khởi cam cầu tự miễn,

　　陳亡誓不與明生。　　　　Trần vong thệ bất dữ Minh sinh.

　　對棋早已爭先著，　　　　Đối kỳ tảo dĩ tranh tiên trước,

　　隨向長流問屈平。　　　　Tuỳ hướng trường lưu vấn Khuất Bình.

100.〈黎來〉　　　　　　　　　　*Lê Lai*

　　至靈山下四山幽，　　　　Chí Linh sơn hạ tứ sơn ưu,

　　自著黃袍誑楚猴。　　　　Tự trước hoàng bào cuống Sở hầu.

　　他日東都新社稷，　　　　Tha nhật Đông đô tân xã tắc,

　　肯教紀信獨安劉。　　　　Khẳng giao Kỷ Tín độc an lưu.

101.〈丁禮〉　　　　　　　　　　*Đinh Lễ*

　　湄洞翻傾崒洞功，　　　　My Động phiên khuynh Tuỵ Động công,

　　微君何用在泥中。　　　　Vi quân hà dụng tại nê trung.

　　將軍捷至人皆喜，　　　　Tướng quân tiệp chí nhân giai hỉ,

　　紐勝先憂獨乃翁。　　　　Nữu thắng tiên ưu độc nãi ông.

102.〈武睿〉　　　　　　　　　　*Võ Duệ*

　　純美孤吟哭夕陽，　　　　Thuần mỹ cô ngâm khốc tịch dương,

　　難將筆力拒鋒鋩。　　　　Nan tương bút lực cự phong mang.

　　正冠一拜藍山下，　　　　Chính quan nhất bái Lam Sơn hạ,

　　少答殊知姓字彰。　　　　Thiểu đáp thù tri tính tự chương.

103.〈黎俊傑〉　　　　　　　　　*Lê Tuấn Kiệt*

　　卑辭厚幣未如何，　　　　Ty từ hậu tệ mạc như hà,

　　金石聲聲永不磨。　　　　Kim thạch thanh thanh vĩnh bất ma.

　　螳臂拒輪雖莫敵，　　　　Đường tý cự luân tuy mạc địch,

　　義旗一片共山河。　　　　Nghĩa kỳ nhất phiến cộng sơn hà.

104.〈黎俊懋〉　　　　　　　　*Lê Tuấn Mậu*

反相先知孰與謀，　　　　Phản tướng tiên tri thục dữ mưu,

何堪覥面事姦偷。　　　　Hà kham điến diện sự gian du.

袖中懷石雖虛擲，　　　　Tụ trung hoài thách tuy hư trịch,

尚有心中石可投。　　　　Thượng hữu tâm trung thạch khả đầu.

105.〈譚慎徽〉　　　　　　　　*Đàm Thận Huy*

騷壇四七列群星，　　　　Tao Đàn tứ thất liệt quần tinh,

生有才名死有靈。　　　　Sinh hữu tài danh tử hữu linh.

偽詔追襃何處往，　　　　Ngụy chiếu truy bao hà xứ vãng,

中途鬼火已熒熒。　　　　Trung đồ quỷ hoả dĩ huỳnh huỳnh.

106.〈阮泰拔〉　　　　　　　　*Nguyễn Thái Bạt*

此日山河不忍看，　　　　Thử nhật sơn hà bất nhẫn khan,

也甘矇瞽獨心觀。　　　　Dã cam mông cổ độc tâm quan.

一朝唾面堪汙爾，　　　　Nhất triều thoá diện kham ô nhĩ,

非是婁家可自幹。　　　　Phi thị lâu gia khả tự can.

107.〈阮有嚴〉　　　　　　　　*Nguyễn Hữu Nghiêm*

有是門生有是師，　　　　Hữu thị môn sinh hữu thị sư,

更兼婦孺亦忠奇。　　　　Cánh kiêm phụ nhụ diệc trung kỳ.

不嫌別秧王陵母，　　　　Bất hiềm biệt duệ vương lăng mẫu,

甘與捐軀景倩兒。　　　　Cam dữ quyên khu Cảnh Thuyến nhi.

108.〈黎意〉　　　　　　　　　*Lê Ý*

葭莩情分敢遑安，　　　　Gia phu tình phận cảm hoàng an,

倡義勤王聳聽觀。　　　　Xướng nghĩa Cần Vương thủng thính quan.

進退椰洲由器小，　　　　Tiến thoái Gia Châu do khí tiểu,

千秋仍尚此忠肝。　　　　Thiên thu nhưng thượng thử trung can.

109.〈鄭惟悛、鄭惟憭〉　　　*Trịnh Duy Thoan-Trinh Duy Liệu*

兄弟間關護嗣兒，　　　　Huynh đệ gian quan hộ tự nhi,

卒能協定中興基。　　　　Tốt năng hiệp định trung hưng cơ.

包胥痛哭歸何處，　　　　Bao Tư thống khốc quy ha xứ,

曾是中華不若夷。　　　　Tằng thị Trung Hoa bất nhược di.

110.〈阮景模〉　　　　　　　　*Nguyễn Cảnh Mô*

驩州隨復又隨淪，　　Hoan Châu tuỳ phục hữu tuỳ luân,
力竭身纍志未泯。　　Lực kiệt thân luy chí vị dân.
衛律難搖蘇武節，　　Vệ luật nan dao Tô Vũ tiết,
足令愧死二心臣。　　Túc linh quý tử nhị tâm thần.

111.〈阮勵〉　　　　　*Nguyễn Lệ*
無幸寧死不寧誣，　　Vô hạnh ninh tử bất ninh vu,
義勇皆非豈丈夫。　　Nghĩa dũng giai phi khởi trượng phu.
縱異金藏心自剖，　　Túng dị kim tàng tâm tự phẫu,
肯同潘岳手能摹。　　Khẳng đồng Phan Nhạc thủ năng mô.

112.〈阮廷簡〉　　　　*Nguyễn Đình Giản*
丈夫豈為女兒謀，　　Trượng phu khởi vị nữ nhi mưu,
不死終當報國仇。　　Bất tử chung đương báo quốc thù.
大義凜然千古在，　　Đại nghĩa lẫm nhiên thiên cổ tại,
文山王蠋政堪侔。　　Văn sơn Vương Chúc chính kham mâu.

113.〈陳工爍〉　　　　*Trần Công Thước*
投書虎穴豈身憂，　　Đầu thư hổ huyệt khởi thân ưu,
回首丁寧預備謀。　　Hồi đầu đinh ninh dự bị mưu.
抗辨虜廷詞理正，　　Kháng biện lỗ đình từ lý chính,
死忠原不待沈舟。　　Tử trung nguyên bất đãi trầm châu.

114.〈黎冏〉　　　　　*Lê Quýnh*
異域崎嶇乞援師，　　Dị vực kỳ khu khất viện sư,
無如上國亦多欺。　　Vô như thượng quốc diệc đa khi.
獨能留髮歸桑梓，　　Độc năng lưu phát quy tang tử,
全節兼全父母遺。　　Toàn tiết kiêm toàn phụ mẫu di.

115.〈陳名案〉　　　　*Trần Danh Án*
新國中書謝爾曹，　　Tân quốc trung thư tạ nhĩ tào,
此身何奈陷猋牢。　　Thử thân hà nại hãm bệ lao.
吟成正氣歌堪續，　　Ngâm thành chính khí ca kham tục,
不愧烏臺義烈高。　　Bất quí Ô đài nghĩa liệt cao.

116.〈陳文涓〉　　　　*Trần Văn Quyên*
執靮從亡萬里遙，　　Chấp đích tùng vong vạn lý dao,

怒拋庭甓震清朝。 Nộ phao đình bích chấn Thanh triều.

歸骸絕勝三良殉, Qui hài tuyệt thắng tam lương tuẫn,

牧隸誰云儘鄙宵。 Mục lệ thuỳ vân tận bỉ tiêu.

117.〈陳光珠〉 *Trần Quang Châu*

草野微臣亦匪躬, Thảo dã vi thần diệc phỉ cung,

挺身攖難振頹風。 Đĩnh thân anh nạn chấn đồi phong.

也知忠義由真性, Dã tri trung nghĩa do chân tính,

莫道簪纓異蓽蓬。 Mạc đạo trâm anh dị tất bồng.

118.〈陳芳昺〉 *Trần Phương Bính*

拘放教他竟不從, Câu phóng giáo tha cánh bất tùng,

依稀信國舊芳蹤。 Y hy tín quốc cựu phương tung.

平生得力原何自, Bình sinh đắc lực nguyên hà tự,

誼斷名言稔著胸。 Nghi đoán danh ngôn nẫm trước hung.

119.〈阮曰肇〉 *Nguyễn Viết Triệu*

當年歃血若干人, Đương niên sáp huyết nhược can nhân,

其奈名邦有弄臣。 Kỳ nại danh bang hữu lộng thần.

百里睽離誰扞衛, Bách lý khuê ly thuỳ hãn vệ,

但將一慟殉君親。 Đãn tương nhất đồng tuẫn quân thân.

卷之六——文臣十八首

120.〈黎伯玉〉 *Lê Bá Ngọc*

兩朝元輔帝王師, Lưỡng triều nguyên phụ đế vương sư,

相將身兼又受遺。 Tướng tướng thân kiêm hựu thọ di.

臣道有終真罕得, Thần đạo hữu chung chân hãn đắc,

不孤仁廟注殊知。 Bất cô nhân miếu chú thù tri.

121.〈黎輔陳〉 *Lê Phụ Trần*

單身突陣翼王身, Đơn thân đột trận dực vương thân,

不負嘉名賜輔陳。 Bất phụ gia danh tứ Phụ Trần.

密議不宣臣道謹, Mật nghị bất tuyên thần đạo cẩn,

乃承昭聖敦彝倫。 Nãi thừa Chiêu thánh dịch di luân.

122.〈范應夢〉 *Phạm Ứng Mộng*

曾否精神莫感通, Tằng phủ tinh thần mạc cảm thông,

遽能遇合一宵中。	Cự năng ngộ hợp nhất tiêu trung.
却令熏腐循前轍，	Khước linh huân hủ tuần tiền triệt,
肖象旁求果異同。	Tiếu tượng bàng cầu quả dị đồng.

123. 〈韓詮〉 — *Hàn Thuyên*

國語文章始染翰，	Quốc ngữ văn chương thuỷ nhiễm hàn,
不忘敦本備參看。	Bất vong đôn bản bị tham khan.
瀘江徙鰐何神速，	Lô giang tỉ ngạc hà thần tốc,
博得君王賜姓韓。	Bác đắc quân vương tứ tánh Hàn.

124. 〈杜天覷〉 — *Đỗ Thiên Thự*

投筆戎軒劾執戈，	Đầu bút nhung hiên hiệu chấp qua,
西邊籌畫久研摩。	Tây biên trù hoạch cửu nghiên ma.
病中慷慨猶隨駕，	Bịnh trung khảng khái do tuỳ giá,
草葬遙希馬伏波。	Thảo táng diêu hi Mã phục Ba.

125. 〈段汝諧〉 — *Đoàn Nhữ Hài*

拜表還能拜詔書，	Bái biểu hoàn năng bái chiếu thư,
口中乳臭誚徒虛。	Khẩu trung nhũ xú tiếu đồ hư.
一言強虜皆歸命，	Nhất ngôn cường lỗ giai qui mạng,
習見成功慮轉疏。	Tập kiến thành công lự chuyển sơ.

126. 〈張漢超〉 — *Trương Hán Siêu*

殘碑古寺已蛛塵，	Tàn bi cổ tự dĩ chu trần,
欲障頹爛學未醇。	Dục chướng đồi lan học vị thuần.
富戶多情同列薄，	Phú hộ đa tình đồng liệt bạc,
執鞭應媿素王臣。	Chấp tiên ứng quí Tố vương thần.

127. 〈黎括〉 — *Lê Quát*

名都僻巷半招提，	Danh đô tịch hạng bán chiêu đề,
蔽障滋深孰點迷。	Tế chướng tư thâm thục điểm mê.
幸有一碑明正道，	Hạnh hữu nhứt bi minh chính đạo,
朱門高弟企昌黎。	Chu môn cao đệ xí Xương, Lê.

128. 〈裴伯耆〉 — *Bùi Bá Ký*

一入幽燕旅影單，	Nhất nhập u yên lữ ảnh đan,
自期繼絕慰忠肝。	Tự kỳ kế tuyệt uỷ trung can.

寂居橫驛空懷舊， Tịch cư hoành dịch không hoài cựu,

亦預明都一小官。 Diệc dự minh đô nhất tiểu quan.

129.〈同亨發〉 *Đồng Hanh Phát*

諫章連上斥群邪， Gián chương liên thượng xích quần tà,

以道匡君似可嘉。 Dĩ đạo khuông quân tự khả gia.

胡乃公廷彈太尉， Hồ nãi công đình đàn thái uý,

轉由曲徑拜私家。 Chuyển do khúc kính bái tư gia.

130.〈阮直〉 *Nguyễn Trực*

童齡早已有文名， Đồng linh tảo dĩ hữu văn danh,

謙退尤能養老成。 Khiêm thoái vưu năng dưỡng lão thành.

兩國狀元休泛諭， Lưỡng quốc trạng nguyên hưu phiến luận,

黎朝巨擘孰爭衡。 Lê triều cự phách thục tranh hành.

131.〈武聚〉 *Vũ Tụ*

却絹遙同暮夜金， Khước quyến diêu đồng mộ dạ câm,

臣心如水異君心。 Thần tâm như thuỷ dị quân tâm.

家無贍〔註2〕石怡然樂， Gia vô thiệm thạch di nhiên lạc,

廉節官常合飾襟。 Liêm khiết quan thường hợp sức hâm.

132.〈申仁忠杜潤〉 *Thân Nhân Trung Đỗ Nhuận*

遭際熙朝意氣浮， Tao tế hy triều ý khí phu,

君臣唱和效都俞。 Quân thần xướng hoạ hiệu đô du.

騷壇魁帥分元副， Tao Đàn khôi soái phân nguyên phó,

未識虞庭有是無。 Vị thức Ngu đình hữu thị vô.

133.〈郭有嚴、范謙益〉 *Quách Hữu Nghiêm-Phạm Khiêm Ích*

專對馳名國有人， Chuyên đối trì danh quốc hữu nhân,

能迴主眷倍榮身。 Năng hồi chủ quyền bội vinh thân.

異香恰與聯珠似， Dị hương cáp dự liên chu tự,

猶讓南昌大義伸。 Do nhượng Nam Xương đại nghĩa thân.

134.〈阮秉謙〉 *Nguyễn Binh Khiêm*

曾聞理學有程泉， Tằng văn lý học hữu Trình Tuyền,

世運隆汙默會先。 Thế vận long ô mặc hội tiên.

〔註2〕本作詹。

胡乃巧圖臣閏莫，　　　　　　Hồ nãi xảo đồ thần Nhuận Mạc,

希夷康節詎如然。　　　　　　Hi Di, Khang tiết cự như nhiên.

135. 〈武公道〉　　　　　　　　Võ Công Đạo

頭甘觸柱筆難書，　　　　　　Đầu cam xúc trụ bút nan thư,

卻妓還能色欲除。　　　　　　Khước kỹ toàn năng sắc dục trừ.

爭得中官先正士，　　　　　　Tranh đắc trung quan tiên chính sĩ,

鄭王循襲竟何如。　　　　　　Trịnh vương tuần tập cạnh hà như.

136. 〈段阮俶〉　　　　　　　　Đoàn Nguyễn Thúc

願當金革報君恩，　　　　　　Nguyện đương kim cách báo quân ân,

拔劍臨戎賊已奔。　　　　　　Bạt kiếm lâm nhung tặc dĩ bôn.

畢竟為誰難辨白，　　　　　　Tất cánh vi thuỳ nan biện bạch,

滔滔當日不勝論。　　　　　　Thao thao đương nhật bất thắng luân.

137. 〈吳仕〉　　　　　　　　　Ngô Sĩ

到處公餘寄酒詩，　　　　　　Đáo xứ công dư ký tửu thi,

菊松三徑忍相離。　　　　　　Cúc tùng tam kỉnh nhẫn tương ly.

掛冠若有逢萌志，　　　　　　Quải quan nhược hữu phùng manh chí,

貪鬼何須費責辭。　　　　　　Tham quỷ hà tu phí trách từ.

卷之七——武將二十六首

138. 〈范巨倆〉　　　　　　　　Phạm Cự Lượng

丁朝膴仕大將軍，　　　　　　Đinh triều vũ sĩ đại tướng quân,

奉命興師禦外氛。　　　　　　Phụng mệnh hưng sư ngự ngoại phân.

主少國疑圖報日，　　　　　　Chủ thiếu quốc nghi đồ báo nhật,

遽尊十道樹新勳。　　　　　　Cự tôn thập đạo thọ tân huân.

139. 〈黎奉曉〉　　　　　　　　Lê Phụng Hiểu

拔刀直犯定蕭牆，　　　　　　Bạt đao trực phạm định tiêu tường,

早自初年服兩鄉。　　　　　　Tảo tự sơ niên phục lưỡng hương.

一擲冰山饒產業，　　　　　　Nhất trịch Băng Sơn nhiêu sản nghiệp,

更逾王翦美田莊。　　　　　　Cánh du Vương Tiễn mỹ điền trang.

140. 〈李常傑〉　　　　　　　　Lý Thường Kiệt

堪用何須使自宮，　　　　　　Kham dụng hà tu sử tự cung,

但論將略有誰同。　　　　　　Đãn luân tướng lược hữu thuỳ đồng.

兩侵宋境威聲震，　　　　　　Lưỡng xâm Tống cảnh uy thanh chấn,

矧是么麼接壤戎。　　　　　　Thẩn thị yêu ma tiếp nhưỡng nhung.

141.〈楊嗣明〉　　　　　　　　*Dương Tự Minh*

不習豪奢駙馬郎，　　　　　　Bất tập hào xa phò mã lang,

內防外禦懋匡襄。　　　　　　Nội phòng ngoai ngự mậu khuông tương.

欲除穢德清宮禁，　　　　　　Dục trừ uế đức thanh cung cấm,

投鼠寧辭瘴癘鄉。　　　　　　đầu thử ninh từ chướng lệ hương.

142.〈武帶〉　　　　　　　　　*Vũ Đới*

既憂嫪毒亂宮闈，　　　　　　Ký lưu Lao Ái loạn cung vi,

大蹇朋來任〔註3〕指揮。　　　Đại kiển bằng lai nhậm chỉ huy.

象齒焚身由自取，　　　　　　Tượng xỉ phần thân do tự thủ,

不思養虎患誰歸。　　　　　　Bất tư dưỡng hổ hoạn thuỳ quy.

143.〈陳慶餘〉　　　　　　　　*Trần Khánh Dư*

賣炭功成賣笠多，　　　　　　Mãi thán công thành mãi lạp đa,

養鷹以鴨喻非訛。　　　　　　Dưỡng ưng dĩ áp dụ phi ngoa.

雲屯雞犬休調謂，　　　　　　Vân Đồn kê khuyển hưu điều tiếu,

貪詐堪令古謂何。　　　　　　Tham trá kham linh cổ vị hà.

144.〈范五老〉　　　　　　　　*Phạm Ngũ Lão*

薄伐牢占展壯猷，　　　　　　Bạc phạt Lao, Chiêm triển tráng du,

當辰名將罕為儔。　　　　　　Đương thời danh tướng hãn vi trù.

成功只在能同欲，　　　　　　Thành công chỉ tại năng đồng dục,

不負高吟企武侯。　　　　　　Bất phụ cao ngâm xí Võ Hầu.

145.〈韶寸〉　　　　　　　　　*Thiều Thốn*

諒江綏輯爪牙寧，　　　　　　Lạng Giang tuy tập, trảo nha ninh,

亦是當辰一面屏。　　　　　　Diệc thị đương thời nhất diện bình.

能使軍中懷去就，　　　　　　Năng sử quân trung hoài khứ tựu,

輿人頌語若重聽。　　　　　　Dư nhân tụng ngữ nhược trùng thinh.

146.〈陳吾郎〉　　　　　　　　*Trần Ngô Lang*

忍親娼兒濁紫宸，　　　　　　Nhẫn thị xướng nhi trọc tử thần,

潛通消息復興陳。　　　　　　Tiềm thông tiêu tức phục hưng trần.

〔註3〕本作壬，忌諱嗣德皇帝名任而少亻字旁。

宮中金甕終遭詒，	Cung trung kim ủng chung tao dị,
明哲伊誰善保身。	Minh triết y thuỳ thiện bảo thân.

147.〈丁列〉　　　　　　　*Đinh Liệt*

外則鈞識內舅甥，	Ngoại tắc quân thần, nội cữu sinh,
同心攀附弟兼兄。	Đồng tâm phàn phụ đệ kiêm huynh.
身經百戰匡王業，	Thân kinh bách chiến khuông vương nghiệp,
屢破明師矧狄兵。	Lũ phá Minh sư thẩn địch binh.

148.〈鄭可〉　　　　　　　*Trịnh Khả*

龍形虎眼善征誅，	Long hình hổ nhãn thiện chinh chu,
又戒禽荒豈武夫。	Hựu giới cầm hoang khởi vũ phu.
賊忌兵加終不死，	Tặc kỵ binh gia chung bất tử,
讒言婦手竟難虞。	Sàm ngôn phụ thủ cánh nan ngu.

149.〈陳元扞〉　　　　　　*Trần Nguyên Hãn*

越王奇相已先知，	Việt Vương kỳ tướng dĩ tiên tri,
委質軍門卻不疑。	Uỷ chất quân môn khước bất nghi.
可惜扁舟隨范蠡，	Khả tích biển chu tuỳ Phạm Lãi,
五湖不到在江湄。	Ngũ hồ bất đáo tại giang my.

150.〈黎察〉　　　　　　　*Lê Sát*

支棱伏卒運奇謀，	Chi Lăng phụ tôt vận kỳ mưu,
馘柳（昇）擒崔（聚）戰績優。	Quắc Liễu (Thăng) cầm Thôi (Tụ) chiến tích ưu.
獨是霍光原不學，	Độ thị Hoắc Quang nguyên bất học,
況乎不學更多尤。	Huống hồ bất học cánh đa vưu.

151.〈黎隻〉　　　　　　　*Lê Chích*

依山據險築堅城，	Y sơn cứ hiểm trúc kiên thành,
百萬貔貅藐勁明。	Bách vạn tỳ hưu miểu kính minh.
先取琴彭根本固，	Tiên thủ Cầm Bành căn bản cố,
東都諸路不難平。	Đông đô chư lộ bất năn bình.

152.〈阮文郎〉　　　　　　*Nguyễn Văn Lang*

潛扶襄翼紹丕基，	Tiềm phò Tương Dực thiệu Phi Ky,
幸得黃金鑄像奇。	Hạnh đắc hoàng kim chú tượng kỳ.
開國諸臣寧儘殿，	Khai quốc chư thần ninh tẫn điện,

莫非遙比戌申師。 Mạc phi dao tỷ thú thân si.

153.〈陳真〉 Trần Chân

諒源獻捷鎮京師， Lạng nguyên hiến tiệp trấn kinh sư,

掌握三軍志靡移。 Chưởng ác tam quân chí my di.

虎尾兔頭誰造語， Hổ vĩ thố đầu thuỳ tạo ngữ,

長城自壞悔何遲。 Trường thành tựhoaij hối hà trì.

154.〈鄭劍〉 Trịnh Kiểm

卵翼深恩竟不思， Noãn dực thâm ân cánh bất tư,

忍忘盜馬盜雞時〔註4〕。 Nhẫn vong đạo mã đạo kê thời.

臨終遺表愚兒襲， Lâm chung di biểu ngu nhi tập,

權柄從茲已下移。 Quyền bính tung tư dĩ hạ di.

155.〈武文淵、武文密〉 Võ Văn Uyên-Võ Văn Mật

因亂攖城據上游， Nhân loạn anh thành cứ thượng du,

同胞同氣復同仇。 Đồng bào, đồng khí phục đồng cừu.

雖非河北勤王倡， Tuy phi Hà Bắc cần vương xướng,

亦是河西向義流。 Diệc thị Hà Tây hướng nghĩa lưu.

156.〈黃廷愛〉 Hoàng Đình Ái

驅除偽莫致中興， Khu trừ nguỵ Mạc trí trung hưng,

諸將雲森罕比能。 Chư tướng vân sâm hãn tỷ năng.

原自得師充學識， Nguyên tự đắc sư sung học thức,

更加下士罔驕矜。 Cánh gia hạ sĩ võng kiêu căng.

157.〈黎及第〉 Lê Cập Đệ

安場引避假城成， An trường dẫn tị giả thành thành,

又使浮舟欲覆傾。 Hựu sử phù châu dục phú khuynh.

慣嗉鬩牆心曷定， Quán thốc huých tường tâm hạt định,

金川先已溺身名。 Kim xuyên tiên dĩ nịch thân danh.

158.〈黎伯驪〉 Lê Bá Ly

技勇兼優莫將雄， Kỹ dũng kiêm ưu Mạc tướng hùng,

幾番扶定彼頑童。 Kỷ phiên phò định bỉ ngoan đồng.

窮途反噬方歸正， Cùng đồ phản phệ phương quy chánh,

〔註4〕本寫「寺」因忌諱嗣德皇帝。

招叛難償助虐功。

Chiêu bạn nan thường trợ ngược công.

159. 〈范篤〉

Phạm Đốc

舟中匿卒孰能窺，

Châu trung nặc tốt thục năng khuy,

一戰丹涯賊已衰。

Nhất chiến Đan Nhai tặc dĩ suy.

聞道將軍多智略，

Văn đạo tướng quân đa trí lược,

更無嗜殺善行師。

Cánh vô thị sát thiện hành sư.

160. 〈阮有僚〉

Nguyễn Hữu Liêu

少年落魄已非凡，

Thiếu niên lạc phách dĩ phi phàm,

奮臂從戎即大戡。

Phấn tí tùng nhung tức đại kham.

使象陣前梟二賊，

Sử tượng trận tiền kiêu nhị tặc,

莫兵十萬盡貪。

Mạc binh thập vạn tận tham đàm.

161. 〈文廷胤〉

Văn Đình Dận

昇龍無備賊氛彌，

Thăng Long vô bị tặc phân di,

率旅勤王日夜馳。

Suất lữ cần vương nhật dạ trì.

秉燭熱鐺思滅賊，

Bỉnh chúc nhiệt đang tư diệt tặc,

燃香插仗俾懷疑。

Nhiên hương tháp trượng tý hoài nghi.

162. 〈阮潘〉

Nguyễn Phan

受刀解甲一身先，

Thọ đao giải giáp nhất thân tiên,

義激三軍共向前。

Nghĩa khích tam quân cộng hướng tiền.

玉珮深巢先失險，

Ngọc Bội thâm sào tiên thất hiểm,

呈光遠峙莫憑堅。

Trình quan viễn trĩ mạc bằng kiên.

163. 〈阮仲康〉

Nguyễn Trọng Khang

君父蒙塵坐視何，

Quân phụ mông trần toạ thị hà?

縛兄衝陣豈遑他。

Phược huynh xung trận khởi hoàng tha.

萬人同怒先吞賊，

Vạn nhân đồng nộ tiên thôn tặc,

不待鏖兵已棄戈。

Bất đãi ao binh dĩ khí qua.

卷之八——列女五首

164. 〈媚珠〉

Mỵ Châu

龜爪靈機已暗摧，

Qui trảo linh cơ kỷ ám tồi,

鵝毛錦褥尚招來。

Nga mao cẩm nhục thượng chiêu lai.

願為珠玉彰忠信，

Nguyện vi châu ngọc chương trung tín,

洗滌猶須井水杯。　　　　　Tẩy địch do tu tỉnh thuỷ bôi.

165.〈媚醯〉　　　　　　　　*Mỵ Ê*

蠻妻俚婦匪諸娥，　　　　　Man thê lí phụ phỉ chư nga,

國破夫亡矢靡他。　　　　　Quốc phá phu vong thỉ mỹ tha.

氈褥自纏投碧水，　　　　　Chiên nhục tự triền đầu bích thuỷ,

長聞夜夜哭重波。　　　　　Trường văn dạ dạ khốc trùng ba.

166.〈真氏〉　　　　　　　　*Chân Thị*

一笑傾城醉賊心，　　　　　Nhất tiếu khuynh thành tuý tặc tâm,

應機善紿孰能侵。　　　　　Ứng cơ thiện đãi thục năng xâm.

夫祠拜別將安適，　　　　　Phu từ bái biệt tương an thích,

自有龍泉已在襟。　　　　　Tự hữu long tuyền dĩ tại khâm.

167.〈阮氏金〉　　　　　　　*Nguyễn Thị Kim*

羈靮匆忙痛莫追，　　　　　Ky đích thông mang thống mạc truy,

釵鈿荊布久迷離。　　　　　Thoa điền kinh bố cửu mê ly.

朝朝絕粒朝歸殯，　　　　　Triêu triêu tuyệt lạp triêu quy thấn,

一盞砒霜竟與隨。　　　　　Nhất trản phê sương cánh dữ tuỳ.

168.〈潘氏舜〉　　　　　　　*Phan Thị Thuấn*

丈夫死事亦何悲，　　　　　Trượng phu tử sự diệc hà bi,

弱質雄心未易窺。　　　　　Nhược chất hùng tâm vị dị khuy.

江上從容親哭奠，　　　　　Giang thượng thung dung thân khốc điện,

潔身已定濯漣漪。　　　　　Khiết thân dĩ định trạc liên y.

僭偽四首

169.〈楊三哥〉　　　　　　　*Dương Tam Kha*

因緣姻婭肆鴟鴞，　　　　　Nhân duyên nhân á tứ si hào,

撫弟驅兄志氣驕。　　　　　Phủ đệ khu huynh chí khí kiêu.

舊物難爭還舊物，　　　　　Cự vật nan tranh hoàn cựu vật,

張公仍復齒吳朝。　　　　　Trương Công nhưng phụ xỉ Ngô triều.

170.〈胡季犛〉　　　　　　　*Hồ Quý Ly*

四輔圖成墨尚新，　　　　　Tứ phụ đồ thành mặc thượng tân,

蒲黃異服已加身。　　　　　Bồ hoàng dị phục dĩ gia thân.

未臨泉下逢陳主，　　　　　Vị lâm tuyền hạ phùng Trần chủ,

亦赴燕京見北君。　　　　　　Diệc phó Yên Kinh kiến Bắc quân.

171.〈胡漢蒼〉　　　　　　　　*Hồ Hán Thương*

棟梁奇對已生憎，　　　　　　Đống lương kỳ đối dĩ sinh tăng,

克肖姦兒可繼承。　　　　　　Khắc tiếu gian nhi khả kế chửng.

怪殺竝俘還竝釋，　　　　　　Quái sát tịnh phu hoàn tịnh thích,

莫非源濁鮮留澄。　　　　　　Mạc phi nguyên trọc tiển lưu trừng

172.〈莫登庸〉　　　　　　　　*Mạc Đăng Dung*

鐵山已沒有誰何，　　　　　　Thiết sơn dĩ một hữu thuỳ hà,

為賊為漁術愈多。　　　　　　Vi tặc, vi ngư, thuật dũ đa.

繫頸軍前還賜爵，　　　　　　Hệ cảnh quân tiền hoàn tứ tước,

胡為皇極尚偏頗。　　　　　　Hồ vi hoàng cực thượng thiên pha.

姦臣十首

173.〈杜釋〉　　　　　　　　　*Đỗ Thích*

逆弒丁丁讖語浮，　　　　　　Nghịch thí Đinh Đinh sấm ngữ phù,

徒然希覬速招尤。　　　　　　Đồ nhiên hi ký tốc chiêu vưu.

終藏簷霤承飛雨，　　　　　　Chung tàng diêm lựu thừa phi vũ,

入口流星止渴不。　　　　　　Nhập khẩu lưu tinh chỉ khát phầu.

174.〈黎文盛〉　　　　　　　　*Lê Văn Thịnh*

文學徒為進取資，　　　　　　Văn học đồ vi tiến thủ tư,

蠻奴私畜日矜奇。　　　　　　Man nô tư súc nhật căng kỳ.

神戈一擊昏氛散，　　　　　　Thần qua nhất kích hôn phần tán,

妖虎原來是太師。　　　　　　Yêu hổ nguyên lai thị thái sư.

175.〈杜英武〉　　　　　　　　*Đỗ Anh Vũ*

上林弟子意中人，　　　　　　Thượng Lâm đệ tử ý trung nhân,

別殿金吾不禁巡。　　　　　　Biệt điện Kim Ngô bất cấm tuần.

何幸歸泉全首領，　　　　　　Hà hạnh qui tuyền toàn thủ lĩnh,

公卿駢戮有誰神。　　　　　　Công khanh biền lục hữu thuỳ thần.

176.〈陳守度〉　　　　　　　　*Trần Thủ Độ*

昭皇有尚及靈慈，　　　　　　Chiêu Hoàng hữu thượng cập Linh Từ,

拔草生坑虐焰彌。　　　　　　Bạt thảo, sinh khang ngược diễm di.

走狗安知人道重，　　　　　　Tẩu cẩu an tri nhân đạo trọng,

陳家自是敗家規。　Trần gia tự thị bại gia quy.

177.〈陳益稷〉　*Trần Ích Tắc*

三眼何來復驟歸，　Tam nhãn hà lai phục sậu quy,

一生學行兩相違。　Nhất sinh học hạnh lưỡng tương vi.

平章降虜寧無恥，　Bình chương giáng lỗ ninh vô sỉ,

昭道書兒慎勿譏。　Chiêu đạo thư nhi thận vật ky.

178.〈陳克終〉　*Trần Khắc Chung*

矯情利口足欺人，　Kiều tình lợi khẩu túc khi nhân,

若是無才詎得親。　Nhược thị vô tài cự đắc thân.

捉虎問龍徒逞詭，　Tróc hổ vấn long đồ sính quỷ,

耐渠慢罵爾亡陳。　Nại cừ mạn mạ nhĩ vong Trần.

179.〈鄭惟懰〉　*Trịnh Duy Sản*

徒聞受走一偏言，　Đồ văn thụ tẩu nhất thiên ngôn,

倒指旌旗犯闕門。　Đảo chỉ tinh kỳ phạm khuyết môn.

朱雀池邊南澗上，　Chu Tước trì biên Nam Giản thượng,

巧逢假手雪前冤。　Xảo phùng giả thủ tuyết tiền oan.

180.〈鄭松〉　*Trịnh Tùng*

弟兄父子尚相圖，　Đệ huynh phụ tử thượng tương đồ,

何況君臣分誼殊。　Hà huống quân thần phân nghị thù.

入殿鞠成尋出府，　Nhập điện cúc thành thầm xuất phủ,

好還不爽在須臾。　Hảo hoàn bất sảng tại tu du.

181.〈阮公沆〉　*Nguyễn Công Hãng*

紛紛新法罔民財，　Phân phân tân pháp võng dân tài,

邃閣深謀暮夜陪。　Thuý các thâm mưu mộ dạ bồi.

都徙古碑猶未竟，　Đô tỷ Cổ Bi do vị cánh,

宣光一去已難回。　Tuyên Quang nhất khứ dĩ nan hồi.

182.〈阮有整〉　*Nguyễn Hữu Chỉnh*

扶黎滅鄭竟紛紛，　Phù Lê diệt Trịnh cánh phân phân,

暮北朝南避就勤。　Mộ Bắc triều Nam, tị tựu cần.

安世途窮終輒裂，　An thế đồ cùng, chung hoạn liệt,

百心安可事其君。　Bách tâm an khả sự kỳ quân.

卷之九——佳事補詠（上）

183. 〈貉龍百男〉　　　　　　*Lạc Long bách nam*

貉龍君，本非凡。　　　　Lạc Long Quân, bổn phi phàm.

娶嫗姬，生百男。　　　　Thú Âu Cơ, sinh bách nam.

我是龍類，你是仙類。　　Ngã thị long loại, Nể thị tiên loại.

水火相尅，男同易異。　　Thuỷ hoả tương khác, nan đồng dị dị.

半分歸海，半歸山。　　　Bán phân quy hải, bán quy sơn.

龍自游騰，仙自閒。　　　Long tự du đằng, tiên tự nhàn.

詩稱太姒百斯男。　　　　Thi xưng Thái Tự, Bách tư nam.

千古如一誰傳刪。　　　　Thiên cổ như nhất thuỳ truyền san.

184. 〈扶董兒〉　　　　　　*Phù Đổng Nhi*

武寧部　　　　　　　　　Vũ Kinh bộ

扶董鄉　　　　　　　　　Phù Đổng hương

三歲兒　　　　　　　　　Tam tuế nhi

碩且強　　　　　　　　　Thạc thả cường

能飲食　　　　　　　　　Năng ẩm thực

聲不揚　　　　　　　　　Thanh bất dương

聲不揚　　　　　　　　　Thanh bất dương

藏以俟　　　　　　　　　Tàng dĩ sĩ

適於此會逢賊起　　　　　Thích ư thử hội phùng tặc khởi

君王側席求能士　　　　　Quân vương trắc tịch cầu năng sĩ

兒忽言　　　　　　　　　Nhi hốt ngôn

驚鄉村　　　　　　　　　Kinh hương thôn

只求一馬與一劍　　　　　Chỉ cầu nhất mã dữ nhất kiếm

為王殺賊賊皆奔　　　　　Vị vương sát tặc, tặc giai bôn

功成身退縱馬飛　　　　　Công thành thân thoái túng mã phi

來從何來去何歸　　　　　Lai tòng hà lai, khứ hà quy.

185. 〈安陽神弩〉　　　　　*An Dương thần nỗ*

螺城纔築纔復崩　　　　　Loa Thành tài trúc tài phục băng

江使何來誇奇能　　　　　Giang Sứ hà lai khoa kỳ năng

鬼工人巧邂逅就　　　　　Quỷ công nhân xảo giải cấu tựu

堅城零弩意必萬世猶堪憑	Kiên thành linh nỗ ý tất vạn thế do kham bằng
趙兵歸	Triệu binh quy
仲始贅	Trọng Thuỷ chuế
有佳兒	Hữu giai nhi
得佳壻	Đắc giai tế
君王既不疑	Quân vương ký bất nghi
兒女更何知	Nhi nữ cánh hà tri
南北有辰或失好	Nam Bắc hữu thần hoặc thất hiếu
夫歸生死終相隨	Phu quy sinh tử chung tương tuỳ
牀第請親熱	Sàng đệ thỉnh thân nhiệt
安知弩機折	An tri nỗ cơ chiết
賊兵已迫城	Tặc binh dĩ bách thành
一發非初烈	Nhất phát phi sơ liệt
匆匆匹馬竟何之	Thông thông thất mã cánh hà chi
馬上仍然擁畫眉	Mã thượng nhưng nhiên ủng hoạ mi
兒耶賊耶悔已遲	Nhi gia tặc gia hối dĩ trì
哀哉一劍恩情離	Ai tai nhất kiếm ân tình li
鵝毛引路郎來追	Nga mao dẫn lộ lang lai truy
空聞井水洗珠璣	Không văn tỉnh thuỷ tẩy châu ky
媚娘違	Mỵ Nương vi
媚珠悲	Mỵ Nương bi
始終尋釁由女兒	Thuỷ chung tầm hấn do nữ nhi

186.〈士王仙〉　　　　　*Sĩ vương tiên*

鼎國紛爭年，	Đỉnh quốc phân tranh niên,
君侯獨安邊。	Quân hầu độc an biên.
禮讓可懷遠，	Lễ nhượng khả hoài viễn,
詩書開我先。	Thi, Thư khai ngã tiên.
似遜尉佗雄，	Tự tốn Uý Đà hùng,
而逾尉佗賢。	Nhi du Uý Đà hiền.
乘亂易霸據，	Thừa loạn dị Bá cứ,
易地則皆然。	Dị địa tắc giai nhiên.

干戈不暇及，	Can qua bất hà cập,
優游誦且絃。	Ưu du tụng thả huyền.
不但死如生，	Bất đãn tử như sinh,
已是士王仙。	Dĩ thị Sĩ Vương tiên.

187. 〈夜澤王〉　　*Dạ Trạch Vương*

夜澤王	Dạ Trạch Vương
夜澤王	Dạ Trạch Vương
宛在水中央	Uyển tai thuỷ trung ương
地利兮可據	Địa lợi hề khả cứ
道阻兮難詳	Đạo trở hề nan tường
葦蘆兮蒼蒼	Vi lô hề thương thương
泥淖兮汪汪	Nê náo hề uông uông
獨木船兮任出沒	Độc mộc thuyền hề nhậm xuất một
霸先歸兮誰能當	Bá tiên quy hề thuỳ năng đương
彼其之子兮何來	Bỉ kỳ chi tử hề hà lai
君臣洲兮畫強	Quân thần châu hề hoạch cường
得隴兮望蜀	Đắc Lũng hề vọng Thục
養虎兮遺殃	Dưỡng hổ hề di ương
大鴉海兮水渺渺	Đại nha hải hề thuỷ diểu diểu
長安城兮車彭彭	Trường An thành hề xa bành bành

188. 〈白藤戰〉　　*Bạch Đằng chiến*

白藤江面波流急	Bạch Đằng giang diện ba lưu cấp
白藤江心椿杙立	Bạch Đằng giang tâm thung dặc lập
奇兵倏走又倏來	Kỳ binh thúc tẩu hựu thúc lai
百萬漢軍魚腹入	Bách vạn Hán quân ngư phục nhập
公羨馘	Công Tiễn quắc
弘操擒	Hoằng Thao cầm
詭謀妙運由一心	Quỷ mưu diệu vận do nhất tâm
白藤江水未為深	Bạch Đằng giang thuỷ vị vi thâm

189. 〈范令公存孤〉　　*Phạm Lịnh Công（Tồn Cô）*

平王平王你何人	Bình Vương, Bình Vương, nễ hà nhân?

鴟鴞厲吻狼張脣	Si hào lệ vẫn, lang trương thần,
既毀其室又取子	Ký huỷ kỳ thất hựu thủ tử,
三索無休胡不仁	Tam sách vô hưu, hồ bất nhân,
令公令公亦人類	Lịnh công, Lịnh Công, diệc nhân loại,
菩薩其心君子志	Bồ Tát kỳ tâm, quân tử chí,
保存昌岌不忘吳	Bảo tồn Xương Ngập, bất vong Ngô,
杵臼程嬰非俊異	Trữ Cữu, Trình anh, phi tuấn dị,
令公始末何寥寥	Lịnh Công thuỷ mạt hà liêu liêu,
無乃仲連之徒塵外超	Vô nãi Trọng Liên chi đồ trần ngoại siêu.

190. 〈蘆花仗〉　　　　　　*Lư Hoa Trượng*

花閭洞	Hoa Lư động
出真王	Xuất chân vương
兒戲辰	Nhi hý thần
已殊常	Dĩ thù thường
群牧童	Quần mục đồng
咸推讓	Hàm suy nhượng
交手為輦，蘆花為旗	Giao thủ vi liễn, lô hoa vi kỳ
儼然天子之威儀	Nghiễm nhiên thiên tử chi uy nghi
里中父老共尊奉	Lí trung phụ lão cộng tôn phụng
豐沛氣象猶在茲	Phong Bái khí tượng do tại tư
十二使君費割據	Thập nhị sứ quân phí cát cứ
義旗所向都清夷	Nghĩa kỳ sở hướng đô thanh di
萬勝王	Vạn Thắng vương
大瞿越	Đại Cồ Việt
混一山河新日月	Hỗn nhất sơn hà tân nhật nguyệt
炎疆正統此肇始	Viêm cương chính thống thử triệu thuỷ
遠邁前王與宋比	Viễn mại Tiền Vương dữ Tống tỉ
云何遽盛還遽衰	Vân hà cự thịnh hoàn cự suy
馬上取焉能馬上治	Mã thượng thủ, yên năng mã thượng trị
行多暴戾自詒戚	Hành đa bạo lệ tự di thích
讖文圭角徒張奇	Sấm văn khuê giác, đồ trương kỳ.

191. 〈斫刀稅〉　　　　　　　　　*Thác đao thuế*

斫刀稅　　　　　　　　　　Thác Đao thuế

何人先起例　　　　　　　　Hà nhân tiên khởi lệ

共傳奉曉黎將軍　　　　　　Cộng truyền Phụng Hiểu Lê Tướng quân

當日威風真絕世　　　　　　Đương nhật uy phong chân tuyệt thế

為王前驅征占夷　　　　　　Vi vương tiền khu chinh Chiêm di

擒賊擒王奏凱歸　　　　　　Cầm tặc, cầm vương, tấu khải quy

不願封侯與重賞　　　　　　Bất nguyện phong hầu dữ trọng thưởng

但願擲刀作園池　　　　　　Đãn nguyện trịch đao tác viên trì

冰山山上絕嶺立　　　　　　Băng sơn, sơn thượng tuyệt đỉnh lập

一擲大刀里餘十　　　　　　Nhất trịch đại đao lý dư thập

多糜鄉裏起君家　　　　　　Đa Mi hương lý khởi quân gia

公稅從茲免供給　　　　　　Công thuế tòng tư miễn cung cấp

不惟此事獨高彊　　　　　　Bất duy thử sự độc cao cường

自昔少年已異常　　　　　　Tư tích thiếu niên dĩ dị thường

一飲數斗拔樹擊　　　　　　Nhất ẩm sổ đẩu bạt thụ kích

力服兩村爭界疆　　　　　　Lực phục lưỡng tài tranh giới cương

又提一劍誅三王　　　　　　Hựu đề nhất kiếm tru tam Vương

反掌之間定鬩牆　　　　　　Phản chưởng chi gian định huých tường

翊扶龍德正天位　　　　　　Dực phù long đức chính thiên vị

尉遲敬德休擅長　　　　　　Uất Trì, Kính Đức hưu thiện trường

一劍復一刀　　　　　　　　Nhất kiếm phục nhất đao

千秋勳烈高　　　　　　　　Thiên thu huân liệt cao

一刀復一劍　　　　　　　　Nhất kiếm phục nhất kiếm

千秋勳烈艷　　　　　　　　Thiên thu huân liệt diễm.

192. 〈阮揚戈〉　　　　　　　　　*Nguyễn Dương Qua*

阿房宮中陰穢鬱　　　　　　A Phòng Cung trung âm uế uất,

北門門內腥臊溢　　　　　　Bắc môn, môn nội tanh táo dật.

廣慈又見太尉來　　　　　　Quảng từ hựu kiến thái uý lai,

義士衝冠正茲日　　　　　　Nghĩa sĩ xung quan chính tư nhật.

協心戮力清宮禁　　　　　　Hiệp tâm lục lực thanh cung cấm,

元惡就擒將伏鑕　　　　　Nguyên ác tựu cầm tướng phục chất.

盤餐杯酒金味多　　　　　Bàn xan bôi tửu kim vị đa,

易令眾正移心術　　　　　Dị lệnh chúng chính di tâm thuật.

火頭小卒獨知幾　　　　　Hoả đầu tiểu tốt độc tri cơ,

膜目張腑戈直揮　　　　　Xân mục trương phủ qua trực huy.

不寧同死姦臣手　　　　　Bất ninh đồng tử gian thần thủ,

先為諸公絕禍機　　　　　Tiên vị chư công tuyệt hoạ ki.

嗚呼哀哉誰察微　　　　　Ô hô, ai tai, thuỳ sát vi,

稱兵犯闕咎誰歸　　　　　Xưng binh phạm khuyết, cữu thuỳ quy.

一旦駢誅自貽醜　　　　　Nhất đán biền tru tự di xú,

不如赴井猶光輝　　　　　Bất như phó tỉnh do quang huy.

193.〈占城音〉　　　　　*Chiêm Thành âm*

樂莫樂兮君王心　　　　　Lạc mạc lạc hề quân vương tâm,

哀莫哀兮占城音　　　　　Ai mạc ai hề Chiêm Thành âm.

樂中哀兮君不知　　　　　Lạc trung ai hề quân bất tri,

他人知兮難拯沈　　　　　Tha nhân tri hề nan chừng trầm.

不再傳兮不再振　　　　　Bất tái truyền hề bất tái chấn,

非祈韶兮之愔愔　　　　　Phi Kỳ Thiều hề chi âm âm.

194.〈劉家鄉兵〉　　　　　*Lưu gia hương binh*

占城曲未闋　　　　　Chiêm Thành khúc vị khuyết,

劉家已播越　　　　　Lưu gia dĩ bá việt.

哲婦真傾城　　　　　Triết phụ chân khuynh thành,

幼君已心悅　　　　　Ấu quân dĩ tâm duyệt.

滅盜復以盜　　　　　Diệt đạo phục dĩ đạo,

驅蛇而養蠍　　　　　Khu xà nhi dưỡng yết.

野心本難馴　　　　　Dã tâm bản nan huấn,

稱戈犯宮闕　　　　　Xưng qua phạm cung khuyết.

顛沛流離間　　　　　Điên bái lưu ly gian,

甘苦同飲啜　　　　　Cam khổ đồng ẩm xuyết.

母氏其奈何　　　　　Mẫu thị kỳ nại hà,

巨姦柄已竊　　　　　Cự gian bính dĩ thiết.

狂童壯更狂	Cuồng đồng tráng cánh cuồng,
棒喝難開發	Bổng hát nan khai phát.
妻兒恩愛深	Thê nhi ân ái thâm,
慧劍難斷絕	Tuệ kiếm nan đoạn tuyệt.
皇皇李祚經八傳	Hoàng hoàng, Lý tộ, Kinh bát truyền,
竟教少女持大權	Cánh giao thiếu nữ trì đại quyền.
兄狼弟虎扼亢背	Huynh lang, đệ hổ, ách kháng bối,
便儇正首又夤緣	Tiện hoàn Chính Thủ hựu di duyên.
捧匜承澤已優渥	Phủng di thừa trạch dĩ ưu ác,
擲巾締好增牽纏	Trịch cân đề hiếu tăng khiên triền.
忽聞昭皇已有尚	Hốt văn Chiêu Hoàng dĩ hữu thượng,
禪讓如斯空簡編	Thiền bhượng như tư, không giản biên.
拔草必拔根	Bạt thảo tất bạt căn,
吁嗟復何言	Hu ta, phụ hà ngôn.
妻兒比市物	Thê nhi, tỉ thị vật,
昔愛今何存	Tích ái, kim hà tồn.

195.〈鼎耳隄〉　*Đỉnh Nhĩ đê*

鼎耳隄	Đỉnh Nhĩ đê,
陳太築	Trần Thái trúc.
自源頭	Tự nguyên đầu,
至海曲	Chí hải khúc.
御狂流	Ngự cuồng lưu,
保人畜	Bảo nhân súc.
憶昔唐堯辰	Ức tích Đường Nghiêu thời,
洪水害最酷	Hồng thuỷ hại tối khốc.
四岳率舉鯀	Tứ nhạc suất cử Cổn,
方命又圮族	Phương mệnh hựu bĩ tộc.
九載績弗成	Cửu tái tích phất thành,
幸得禹能續	Hạnh đắc Vũ năng tục.
決川與濬澮	Quyết xuyên dữ tuấn khoái,
隨山而刊木	Tuỳ sơn nhi san mộc.

蒸民乃粒食	Chưng dân nãi lạp thực,
平成宅四隩	Bình thành trạch tứ úc.
只惟順水性	Chỉ duy thuận thuỷ tính,
不聞障河瀆	Bất văn chướng hà độc.
又聞中國黃河流	Hựu văn Trung Quốc Hoàng Hà lưu,
遷決不一無辰休	Thiên quyết bất nhất vô thời hưu.
宣防瓠子費補塞	Tuyên phòng, hồ tử, phí bổ tắc,
賈讓三策勞自籌	Giả Nhượng tam sách lao tự trù.
賈魯季馴迄于清	Giả Lỗ quí tuần hất vu thanh,
難復禹迹終貽憂	Nan phục Vũ tích, chung di ưu.
我國珥河微相同	Ngã quốc, Nhĩ Hà vi tương đồng,
發源雲南洮瀘通	Phát nguyên Vân Nam, Thao, Lô thông.
上游達海迂且遠	Thượng du đạt hải vu thả viễn,
一遇漲潦多澮洪	Nhất ngộ trướng lạo, đa hội hồng.
隨決隨填無異策	Tuỳ quyết tuỳ điền, vô dị sách,
年年勞費難成功	Niên niên lao phí nan thành công.
前人爭河已如此	Tiền nhân tranh hà dĩ như thử,
後人循襲誠難已	Hậu nhân tuần tập thành nan dĩ.
雖然有隄民既慣	Tuy nhiên hữu đê dân ký quán,
不敢更張視坍圮	Bất cảm cánh trương thị than bĩ.
雖然有隄非自陳	Tuy nhiên hữu đê phi tự Trần,
巨費長防茲肇紀	Cự phí trường phòng tư triệu kỷ.
196.〈蘭亭宴〉	*Lan đình yến*
蘭亭亭上開嘉筵	Lan Đình đình thượng khai gia diên,
籩豆有踐肴核連	Biên đậu hữu tiễn hào hạch liên.
三漿六膳不難致	Tam tương lục thiện bất nan trí,
八珍九醞羅於前	Bát trân cửu uẩn la ư tiền.
筵中是誰森冠紳	Diên trung thị thuỳ sum quan thân,
振振公族匪他人	Chấn chấn công tộc phỉ tha nhân.
君王友愛寔深至	Quân vương hữu ái thực thâm chí,
四方甘旨同懿親	Tứ phương cam chỉ đồng ý thân.

上下酢酬歡既洽	Thượng hạ tạc thù hoan kí hiệp,
惠氣和風充六合	Huệ khí hoà phong xung lục hợp.
不知晝永為情長	Bất tri hoạ vĩnh vi tình trường,
長枕大被還相接	Trường chẩm, đại bị hoàn tương tiếp.
有唐花蕚相輝樓	Hữu Đường Hoa Ngạc tương huy lâu,
雞狗笙歌耽逸遊	Kê cẩu sinh ca đam dật du.
何似蘭亭會上語	Hà tự Lan Đình hội thượng ngữ,
語語同樂兼同憂	Ngữ ngữ đồng lạc kiêm đồng ưu.
他年兩次退大敵	Tha niên lưỡng thứ thoái đại địch,
得力由茲先感激	Đắc lực do tư tiên cảm kích.
陳家風化固多慚	Trần gia phong hoá cố đa tàm,
惟有親勳超古昔	Duy hữu thân huân siêu cổ tích.

197.〈單騎平賊〉　　　*Đan kỵ bình tặc*

沱江叛昭文來	Đà Giang bạn, Chiêu Văn lai,
沱江服昭文回	Đà Giang phục, Chiêu Văn hồi.
一來一回豈容易	Nhất lai, nhất hồi, khởi dung dị,
腑大辱斗能先猜	Phục đại như đẩu, năng tiên sai.
又諳四夷異音俗	Hựu am tứ di, dị âm thục,
攻心自可化狼豺	Công tâm tử khả hoá sài lang.
此日單騎平角密	Thử nhật đan kỵ bình Giác Mật,
與昔今公獨見回紇猶髣髴	Dữ tích Lịnh Công độc kiến Hồi Hột, do phảng phất.
他年事業福德保終譽	Tha niên sự nghiệp phúc đức bảo chung dự.
亦與汾陽儘如一	Diệc dữ Phần Dương tẫn như nhất,
非惟蕃落之後身	Phi duy Phiên Lạc chi hậu thân,
謂之汾陽之後身亦非失	Vị chi Phần Dương chi hậu thân diệc phi thất.

198.〈昭陵石馬〉　　　*Chiêu Lăng thạch mã*

章陽度鹹子關	Chương Dương độ, Hàm Tử quan,
白藤江上水潺潺	Bạch Đằng giang thượng thuỷ sàn sàn.
兩破元兵幾得還	Lưỡng phá Nguyên binh, kỷ đắc hoàn,
武功昭著宇宙間	Vũ công chiêu trứ vũ trụ gian.

| 匪惟人力濟辰艱 | Phỉ duy nhân lực tế thời gian, |
| 昭陵石馬亦非閒 | Chiêu Lăng Thạch Mã diệc phi nhàn. |

卷之十——佳事補詠（下）

199.〈興道王杖〉　　　　　*Hưng Đạo Vương trượng*

杖下有錞危	Trượng hạ hữu thuần nguy,
不如無錞安	Bất như vô thuần an.
頭可斷賊不可降	Đầu khả đoạn tặc bất khả hàng,
平賊誠難仍未難	Bình tặc thành nan nhưng vị nan.
股肱骨肉兩無間	Cổ huyền cốt nhục lưỡng vô gian,
幹父之蠱忠孝殫	Cán phụ chi cổ trung hiếu đàn.

200.〈國公洗上相〉　　　　*Quốc công tẩy thượng tướng*

洗上相	Tẩy thượng tướng,
非洗軀	Phi tẩy khu.
平昔久不協	Bình tích cửu bất hiệp,
一洗誠意氳	Nhất tẩy thành ý phu.
山河剩腥羶	Sơn hà thặng tinh chiên,
一洗清舊汙	Nhất tẩy thanh cựu ô.
負荊刎頸今再見	Phụ kinh vẫn kinh kim tái kiến,
公爾忘私真丈夫	Công nhĩ vong tư chân trượng phu.
豈如杯酒未釋嫌	Khởi như bôi tửu vị thích hiềm,
下及黃泉猶與俱	Hạ cập hoàng tuyền do dữ câu
猶與俱	Do dữ câu,
胡為乎喪名償事何其愚	Hồ vi hồ táng danh phẫn sự hà kỳ ngu.

201.〈官家捧表人〉　　　　*Quan gia phủng biểu nhân*

古來遇合真多端	Cổ lai ngộ hợp chân đa đoan,
或因夢卜或遊觀	Hoặc nhân mộng bốt hoặc du quan.
未聞萬乘踽踽行	Vị văn Vạn Thặng cử cử hành,
資福寺前邂逅歡	Tư phúc tự tiền giải cấu hoan.
草表立成猶覺易	Thảo biểu lập thành do giác dị,
捧表長跪何其難	Phủng biểu trường quỵ hà kỳ nan.
滿庭風雨亦自若	Mãn đình phong vũ diệc tự nhược,

雷霽日迴由心丹　　　　　Lôi tễ nhật hồi do tâm đan.

全人骨肉社稷功　　　　　Toàn nhân cốt nhục xã tắc công,

俗眼休作乳臭看　　　　　Tục nhãn hưu tác nhũ xú khan.

202.〈鄧黎高義〉　　　　　*Trịnh-Lê cao nghĩa*

秦穆公葬生人　　　　　　Tần Mục Công táng sinh nhân,

黃鳥何不仁　　　　　　　Hoàng điểu hà bất nhân.

何如鄧與黎　　　　　　　Hà như Đặng dữ Lê,

戀慕終其身　　　　　　　Luyến mộ chung kỳ thân.

生為泰陵臣　　　　　　　Sinh vi Thái Lăng thần,

死為安生神　　　　　　　Tử vi An Sinh thần.

名面不欲君王知　　　　　Danh diện bất dục quân vương tri,

何況賜田爭千春　　　　　Hà huống tứ điền tranh Thiên Xuân.

203.〈四輔圖〉　　　　　　*Tứ phụ đồ*

周公輔成王　　　　　　　Chu Công phụ Thành Vương,

霍光輔漢昭　　　　　　　Hoắc Quang phụ Hán Chiêu.

武侯輔後主　　　　　　　Vũ Hầu phụ Hậu Chủ,

憲誠輔李高　　　　　　　Hiến Thành phụ Lý Cao.

丹青古為鑑　　　　　　　Đan Thanh cổ vi giám,

藝皇賜李犛　　　　　　　Nghệ hoàng tứ Quý Ly.

柞宮繪輔辰　　　　　　　Tạc cung hội phụ ỷ,

建元識力豪　　　　　　　Kiến Nguyên thức lực hào.

丁寧輔與取　　　　　　　Đinh ninh phụ dữ thủ,

永安一心胞　　　　　　　Vĩnh an nhất tâm bào.

當年若早逝　　　　　　　Đương niên nhược tảo thệ,

涇渭終混淆　　　　　　　Kinh Vị chung hỗn hào.

那知赤觜侯　　　　　　　Na tri Xích chuỷ hầu,

已上白雞樓　　　　　　　Dĩ thượng bạch kê lâu.

寄子與老鴉　　　　　　　Ký tử dữ lão nha,

老鴉安肯休　　　　　　　Lão nha an khẳng hưu.

昂然稱國祖　　　　　　　Ngang nhiên xưng quốc tổ,

愛護同兒儔　　　　　　　Ái hộ đồng nhi trù.

非惟此日事	Phi duy thử nhận sự,
始終已相投	Thuỷ chung dĩ tương đầu.
自藝迄于少	Tự Nghệ ngật vu Thiếu,
四世多深籌	Tứ thế đa thâm trù.
巧合四輔圖	Xảo hợp tứ phụ đồ,
足答寵眷優	Túc đáp sủng quyến ưu.

204. 〈逋姑捷〉 *Bô Cô tiệp*

逋姑捷軍氣揚	Bô Cô tiệp, quân khí dương.
彼勢弱我勢強	Bỉ thế nhược, ngã thế cường.
長驅迫東關	Trường khu bách Đông Quan,
破竹勢難當	Phá trúc thế nan đương.
胡為乎彷徨	Hồ vi hồ bàng hoàng,
胡為乎徜徉	Hồ vi hồ thảng dương.
大勳尚未集	Đại huân thượng vị tập,
讒夫已遽昌	Sàm phu dĩ cự xương.
長城忍自壞	Trường Thành nhẫn tự hoại,
之子誠無良	Chi tử thành vô lương.
猶豫來讒鋒	Do dự lai sàm phong,
明哲何自傷	Minh triết hà tự thương.
淪胥極簡定	Luân tư cực Giản Định,
況復論重光	Huống phục luân Trùng Quang.

205. 〈城南盟〉 *Thành Nam Minh*

今日索翠羽	Kim nhật sách thuý vũ,
明日索明珠	Minh nhật sách minh châu.
剝削民膏脂	Bác tước dân cao chỉ,
難飫饕餮徒	Nan ứ thao thiết đồ.
君門萬餘里	Quân môn vạn dư lý,
斯民其何辜	Tư dân kỳ hà cô.
堂堂大明國	Đường đường đại Minh quốc,
狡詐欺群愚	Giảo tra khi quần ngu.
滕口覓陳氏	Đằng khẩu mích Trần thị,

聲言除二胡	Thanh ngôn trừ nhị Hồ.
翦滅其官屬	Tiễn diệt kỳ quan thuộc,
郡縣其邑都	Quận huyện kỳ ấp đô.
黎庶共切齒	Lê thứ cộng thiết xỉ,
引領待一呼	Dẫn lĩnh đãi nhất hô.
藍山真主起	Lam Sơn chân chủ khởi,
牙爪齊爭驅	Nha trảo tề tranh khu.
馬鞍梟柳昇	Mã yên kiêu Liễu Thăng,
東關勢益孤	Đông Quan thế ích cô.
城南乃定盟	Thành Nam nãi định minh,
南北還舊區	Nam Bắc hoàn cựu khu.
兆姓登衽席	Triệu tính đăng nhẫm tịch,
三尺開泥塗	Tam xích khai nê đồ.
功德甚遠大	Công đức thậm viễn đại,
直與丁皇符	Trực dữ Đinh Hoàng phù.
復遇宣德讓	Phục ngộ Tuyên Đức nhượng,
不比永樂狙	Bất tỉ Vĩnh Lạc thư.
天書亦已定	Thiên thư diệc dĩ định,
疆域古來殊	Cương vực cổ lai thù.
歷觀彼吞噬	Lịch quan bỉ thôn phệ,
終不遂所圖	Chung bất toại sở đồ.
206. 〈滅占城〉	*Diệt Chiêm Thành*
蠢爾占城蠻	Xuẩn nhĩ Chiêm Thành man,
逖居林邑地	Địch cư Lâm Ấp địa.
篡奪內相尋	Soán đoạt nội tương tầm,
侵掠外愈肆	Xâm lược ngoại du tứ.
乍臣乍復叛	Sạ thần sạ phục phản,
數為邊氓累	Số vi biên manh luy.
豺狼性難馴	Sài lang tính nan huấn,
狐鼠慣潛避	Hồ thử quán tiềm tị.
誣妄託明兵	vu vọng thác Minh binh,

倨傲辱朝使	Cứ ngạo nhục triều sứ.
厥罪不容誅	Quyết tội bất dung tru,
神人共憤恚	Thần nhân cộng phẫn khuể.
王赫怒爰親征	Vương hách nộ, viên thân chinh,
進虎臣董貔兵	Tiến hổ thần, đổng tì binh.
六師發萬姓迎	Lục sư phát, vạn tính nghinh,
微雨閏和風鳴	Vi vũ nhuận, hoà phong minh.
遂進圍闍槃城	Toại tiến vi Đồ Bàn thành,
擒渠魁致御營	Cầm cừ khôi, trí Ngự dinh.
封府庫令嚴明	Phong phủ khố lệnh nghiêm minh,
三軍同踴躍	Tam quân đồng dũng dược.
一鼓武功成	Nhất cổ võ công thành,
獲俘獻太廟	Hoạch phù hiến Thái Miếu.
函首告藍京	Hàm thủ cáo Lam Kinh.
衣裳易氈毳	Y thường dịch chiêm thuế,
人煙嵐瘴輕	Nhân yên lam chướng khinh.
除兇雪恥企唐太	Trừ hung tuyết sỉ xí Đường Thái,
變夷為夏臻永寧	Biến di vi Hạ trăn vĩnh ninh.
修文奮武真英主	Tu văn phấn vũ chân anh chủ,
鴻德治效誰與爭	Hồng Đức trị hiệu thuỳ dữ tranh.
予閒振旅敷文德	Dư nhàn chấn lữ phu văn đức,
干羽兩階有苗格	Can vũ lương giai hữu miêu cách.
薄伐獫狁至太原	Bạc phạt Hiểm Duẫn chí Thái Nguyên,
未見犁庭而卷席	Vị kiến lê đình nhi quyển tịch.
甚至黷武漠北空	Thậm chí độc vũ mạc bắc không,
種類何嘗盡殲革	Chủng loại hà thường tận tiêm cách.
若然疾惡亦已甚	Nhược nhiên tật ác diệc dĩ thậm,
與廢繼絕焉逃責	Dữ phế kế tuyệt yên đào trách.

207.〈騷壇元帥〉

予聞三軍眾，	Dư văn tam quân chúng,
無帥焉能用。	Vô soái yên năng dụng.

又聞李杜壇，	Hựu văn Lý Đỗ đàn,
誰敢為之冠。	Thuỳ cảm vi chi quan.
詩翁與詩伯，	Thi ông dữ thi bá,
亦非自炫赫。	Diệc phi tự huyễn hách.
虞庭雖賡颺，	Ngu đình tuy canh dương,
戒勅猶未遑。	Giới sắc do vị hoàng.
苟幸逢豐樂，	Cẩu hạnh phùng phong lạc,
歡孚合體作。	Hoan phu hợp thể tác.
安用此九歌，	An dung thử cửu ca,
猥雜殊汨羅。	Ổi tạp thù Mịch La.
況乎互標榜，	Huống hồ hỗ tiêu bảng,
泰山齊土壤。	Thái Sơn tề thổ nhưỡng.
諛風日愈昌，	Du phong nhựt dụ xong,
大雅日愈喪。	Đại nhã nhật dụ táng.
叶	
縱教有所得，	Túng giáo hữu sở đắc,
安知道無極。	An tri đạo vô cực.
彼擊毬狀元，	Bỉ kích cầu trạng nguyên,
與朱壽將軍。	Dữ Chu Thọ tướng quân.
非常創名號，	Phi thường sáng danh hiệu,
千古留談笑。	Thiên cổ lưu đàm tiếu.
不然泥草詞，	Bất nhiên nễ thảo từ,
兢怨已多虧。	Cạnh oán dĩ đa khuy.
春花好採摘，	Xuân hoa hảo thái trích,
秋寔歹棄擲。	Thu thực đãi khí trịch.
周公才美多，	Chu Công tài mỹ đa,
驕吝亦不嘉。	Kiêu lận diệc bất gia.
時〔註5〕君既自侈，	Thời quân ký tự xỉ,
諸臣亦阿旨。	Chư thần diệc a chỉ.
四七誇璧奎，	Tứ thất khoa bích khuê,

〔註5〕原本作「寺」，因忌諱嗣德皇帝名「時」，今改正。

孰與雲臺齊。	Thục dữ vân đài tề.
古今寔難比，	Cổ kim thực nan tỷ,
責備不容己。	Trách bị bất dung dĩ.

208.〈九重臺〉　　　　　　*Cửu trùng đài*

鬼王歇豬王興	Quỷ Vương yết, Trư Vương hưng;
鬼王慕豬王矜	Quỷ Vương mộ, Trư Vương căng.
以豬易鬼亂相仍	Dĩ trư dịch quỷ loạn tương nhưng,
千丈城兮繞宮樓	Thiên trượng thành hề nhiêu cung lâu,
林寺觀兮引江流	Lâm tự quan hề dẫn giang lưu,
九重臺兮摩斗牛	Cửu Trùng Đài hề ma đấu ngưu.
泛西湖兮天光舟	Phiếm Tây Hồ hề thiên quang chu,
赭山木兮童林丘	Đổ sơn mộc hề đồng lâm khâu.
阿房續兮江都侔	A Phòng tục hề giang đô mâu,
塗膏血兮民窮愁	Đồ cao huyết hề dân cùng sầu.
作大殿兮猶未休	Tác đại điện hề do vị hưu,
盜賊起兮紛戈矛	Đạo tặc khởi hề phân qua mâu.
言不納兮忘近憂	Ngôn bất nạp hề vong cận ưu,
視草芥兮如寇讎	Thị thảo giới hề như khấu thù.
女隊裸兮尚耽遊	Nữ đội loã hề thượng đam du,
忽兵鋒兮至碧溝	Hốt binh phong hề chí bích câu.
殿未成兮鵲巢鳩	Điện vị thành hề thước sào cưu,
蘇大匠兮萬民仇	Tô đại tượng hề vạn dân cừu.
九重臺兮今何留	Cửu Trùng Đài hề kim hà lưu,
龍編城兮壓此州	Long Biên thành hề áp thử châu.

209.〈太子獄〉　　　　　　*Thái tử ngục*

黎鄭之辰是何辰	Lê Trịnh chi thời thị hà thời,
彝倫攸斁綱紀淪	Di luân du dịch cương kỷ luân.
自松迄森日愈熾	Tự Tùng ngật Sâm nhật du xí,
不知誰君誰是臣	Bất tri thuỳ quân thuỳ thị thần.
守佛喫駿佛亦殆	Thủ Phật khiết tuấn Phật diệc đãi,
舉錯隨他難自在	Cử thố tuỳ tha nan tự tại.

世濟其惡浮四凶	Thế tế kỳ ác phù tư hung,
一飯之間已速罪	Nhất phạn chi gian dĩ tốc tội.
牀第易誣不可道	Sàng đệ dịch vu bất khả đạo,
桓溫故智相傳蹈	Hoàn Ôn cố tri tương truyền đạo.
臣無君父敢有子	Thần vô quân phụ cảm hữu tử,
壁中忟后同情抱	Bích Trung thu hậu đồng tinh bão.
爾家廢立故事耳	Nhĩ gia phế lập cố sự nhĩ?
莫須有獄殺得忠	Mạc tu hữu ngục sát đắc trung.
忠臣孝子已凡幾	Trung thần hiếu tử dĩ phàm kỷ,
無可奈何辭更哀	Vô khả nại hà từ cánh ai.
經目令人猶髮指	Kinh mục lịnh nhân do phát chỉ,
熏身腐子何足論	Huân thân hủ tử hà túc luận.
盈庭糞土無一言	Dinh đình phân thổ vô nhất ngôn,
獨有阮勱亦何心	Độc hữu Nguyễn Mại diệc hà tâm.
乃能死義留忠魂	Nãi năng tử nghĩa lưu trung hồn,
士生於世貴忠義	Sĩ sinh ư thế quý trung nghĩa.
生死閒看短祿利	Sinh tử nhàn khan thẩm lộc lợi,
況乎曾讀聖賢書	Huống hồ tằng độc thánh hiền thư.
忍使惡名汙載記	Nhẫn sử ác danh ô tải ký,
嘗怪黎家與鄭家	Thường quái Lê gia dữ Trịnh gia.
君弱臣強能久何	Quân nhược thần cường năng cửu hà,
與陳創長未曾有	Dữ Trần sáng trưởng vị tằng hữu.
見聞有限世變多	Kiến văn hữu hiện thế biến đa.

210. 〈長派侯發〉　　　*Trường phái hầu phát*

聞嚴將軍頭	Văn nghiêm tướng quân đầu,
與秸侍中血	Dữ Kê Thị trung huyết.
又張睢陽齒	Hựu Trương Thư dương xỉ,
及顏常山舌	Cập Nhan Thưởng Sơn thiệt.
炎方豈無人	Viêm phương khởi vô nhân,
有長派侯髮	Hữu trường Phái Hầu phát.
始云大義伸	Thuỷ vân đại nghĩa thân,

終是陰謀設	Chung thị âm mưu thiết.
徒然歎忠臣	Đồ nhiên thán trung thần,
畢竟私偽孽	Tất cánh tư nguy nghiệt.
不特忘忠義	Bất đặc vong trung nghĩa,
薙辮遺體闕	Thế biện di thể khuyết.
能全中孝歸	Năng toàn trung hiếu quy,
大邦足愧殺	Đại bang túc quý sát.

211.〈馬僮〉   *Mã đồng*

彼馬僮何人焉	Bi mã đồng, hà nhân yên?
記姓名阮文涓	Ký tính danh, Nguyễn Văn Quyên.
執䪁靮隨至燕	Chấp ky đích, tuỳ chí yên,
心惟一路萬千	Tâm duy nhất, lộ vạn thiên.
左右不離朝夕惟虔	Tả hữu bất ly triều tịch duy kiền,
軍國事重非僮預然	Quân quốc sự trọng phi đồng dự nhiên.
獨敢陵辱義憤如煎	Độc cảm lăng nhục, nghĩa phẫn như tiên,
捍君于難擲甓奮拳	Hãn quân vu nạn, trịch bích phấn quyền.
區區何不顧	Khu khu hà cố,
精衛欲海填	Tinh Vệ dục hải điền.
莫是知有君不如有身	Mạc thị tri hữu quân bất như hữu thân,
所謂驅逐鳥雀之鷹鸇	Sở vị khu trục điểu tước chi ưng chiến.
前有阮楊戈	Tiền hữu Nguyễn Dương Qua,
後有文涓甄	Hậu hữu Văn Quyên chuyên.
火頭與馬僮	Hoả đầu dữ mã đồng,
登歌詠恐失傳	Đăng ca vịnh khủng thất truyền.

212.〈琵琶烈女〉   *Tỳ bà liệt nữ*

宮粧零落十五基	Cung trang linh lạc thập ngũ ky,
萍浪安能茇舍隨	Bình lãng an năng bạt xá tuỳ.
藜羹耦飯在何處	Lê canh lệ phạn tại hà xứ,
布袴荊釵誰與知	Bố khố kinh thoa thuỳ dữ tri.
誰與知空自悲	Thuỳ dữ tri không tự bi,
蒲柳若先秋	Bồ liễu nhược tiên thu,

草莽埋終葵	Thảo mãng mai chung quỳ.
一朝絕粒殉歸殯	Nhất triều tuyệt lạp tuẫn quy thấn,
芳心表白千秋垂	Phương tâm biểu bạch thiên thu thuỳ.
幸蒙聖主加旌表	Hạnh mông thánh chủ gia tinh biểu,
永勒貞珉勸秉彝	Vĩnh lặc trì mân khuyến bỉnh di.
大哉創業首風化	Đại tai sáng nghiệp thủ phong hoá,
豈似清朝權術為	Khởi tự thanh triều quyền thuật vi.